비트겐슈타인
논고 해제

WITTGENSTEIN TRACTATUS REVIEW

조중걸 지음

비트겐슈타인 논고 해제

1판 3쇄 펴냄 2021년 10월 5일

지 은 이 조중걸
펴 낸 이 정현순
편   집 오승원
디 자 인 이용희

펴 낸 곳 ㈜북핀
등   록 제2016-000041호(2016. 6. 3)
주   소 서울시 광진구 천호대로 109길 59
전   화 02-6401-5510 / 팩스 02-6969-9737

ISBN 979-11-87616-11-5 03160
값 22,000원

비트겐슈타인 세계로의 초대

WITTGENSTEIN

비트겐슈타인 논고 해제

TRACTATUS REVIEW

조중걸 지음

북핀

Never stay up on the barren heights of cleverness,
but come down into the green valleys of silliness.

- Ludwig Wittgenstein -

영리함이라는 불모의 고원에 머물지 말라.

어리석음이라는 녹색의 계곡으로 내려오라.

- 루트비히 비트겐슈타인 -

| 일러두기 |

1. 원전의 한글 해석은 독자 스스로가 원전을 해석하고 그 의미를 이해하는 데 도움을 주고자 철학적 이
   해에 중심을 두고 의역하였다.

2. 명제를 해제하면서 한글 해석이 오히려 독자가 원전의 뜻과 뉘앙스를 느끼고 이해하는 것에 방해가
   된다고 판단된 부분은 원전에 쓰인 영어 단어와 표현을 한글로 번역하지 않고 그대로 인용하였다.

3. 6장의 Formal Concept의 한글 번역은 [형상개념/형식개념]으로 그 의미에 큰 차이는 없다. 굳이 구
   분하자면 개념과 관련하여서는 형상개념으로, 논리형식과 관련해서는 형식개념으로 볼 수 있으며 이
   책에서는 형상개념으로 번역하였다.

하나의 철학에 대한 이해를 어렵게 하는 것은 전체 철학의 역사적 전개에 대한 지식과 이해의 결여와 또한 그 철학이 속해있는 철학 체계의 공간적 측면에 대한 예비학습의 결여이다. 그러나 "하늘 아래 새로운 것은 없다." 철학에서 새로운 것은 없다. 기존의 철학이 새로운 옷을 입고 나타날 뿐이다. 플라톤 이래의 각각의 철학 체계는 플라톤이 형성시켜 놓은 철학적 주제에 대한 나름의 답변일 뿐이다. 거기에 '놀람surprise'은 없다. 따라서 이해 불가능한 철학은 없다.

철학은 경이롭고 신비로운 즐거움을 주지만 그에 상당하는 대가를 요구한다. 그것은 이해하기 어려운 영역이다. 또한, 전문적인 영역이다. 그중에서도 본격적인 경험론(중세의 용어로는 유명론) 철학은 어렵다. 채워져 있는 어떤 것들의 포착보다 비워진 '공허'의 이해가 더 어렵다. 그 공허가 세계를 규정하는 투명한 뼈대이다.

실재론, 관념론, 합리론 등은 스스로 풍부하고 다양한 주제들을 소유한다. 우리는 거기에서 가능성과 희망을 발견한다. 의문은 해소되었다. 세계의 의미도 삶의 이유와 목적도 알려졌다. 선과 미, 윤리와 과학은 가능하며 또한 서로 간에 조화롭다.

경험론 철학은 모두를 꿈에서 깨운다. 행복하고 고요한 세계에 찬물을 끼얹는다. 세계는 삭막하고 공허해진다. 신, 윤리, 존재, 인식, 의의 등등의 모든 아름다운 것들이 세계에서 퇴거해야 한다. 경험론이 나서서 그것들의 퇴거를 요구하지 않았다. 애초에 그것들을 위한 방을 만들지 않았다. 경험론은 자산을 가지지 않는다. 거기에 그치지 않는다. 스스로 가지지 않는 것은 누구도 가질 수 없다고 선언한다.

경험론은 따라서 지식에 관한 것이 아니라 무지에 관한 것이고 모으는 것에 대해서가 아니라 버리는 것에 대한 탐구이다. 경험론은 '고상하고 가치 있는 것들'을 세계 밖으로 밀어내면서 이제 그 자리를 논리로 채운다. 그것은 세계 안에서 논리라는 딱딱한 것이 어떻게 우리의 운명을 결정짓는가에 대해 말한다.

비트겐슈타인의 철학은 논리logic에 대한 것이다. 여기에서 말해지는 논리는 세계 — 우리와 하나인 것으로서의 — 가 작동되는 원리에 대한 탐구이다. 그는 철학 세계에 무엇인가를 더하지 않는다. 지식을 비판critique하는 것이 철학의 역할이다.

"Just look. Never think.(단지 보라. 생각하지 말라.)"

《논고》전체를 요약하면 다음과 같다.

1. 세계의 상image은 우리 언어에 맺힌다. 즉 언어가 곧 세계이다. 여기에서 언어는 사유thought의 물적 표현tangible expression이어야 한다. 이러한 언어가 '뜻을 지닌 명제proposition with sense'이고 진정한 의미의 언어이며 동시에 세계이다. 이것이 말해질 수 있는 것what can be said이다.

2. 언어는 세계와 형식을 공유한다. 그 형식이 바로 논리형식이다. 그것은 말해질 수 없다. 그것은 구사되고 있는 언어의 **뼈대인바**, 단지 그것에 맞

춰서 말해지고 있는 언어에 의해 "보여져야 한다must be shown."

3. 말해질 수 있는 것what can be said은 그 말해지고 있는 것이 포함하는 기호sign들이 거기에 대응하는 상징symbol을 가질 경우로 한정된다. 명제의 기호들은 공허해서는 안 된다. 그것은 반드시 종속변수(상징)를 가져야 한다. 또한, 그 종속변수는 실증적인 것이 되어야 한다. 그 이외의 것들에 대해 우리는 '침묵'해야 한다. 따라서 형이상학, 윤리학, 신학, 미학 등의 '존재의의' 는 단지 자기부정에 있다. 즉 자신들이 존재의의를 갖지 못 하는 이유의 설명이 그것들의 존재 이유이다.

이것은 그러나 거기에 신앙이나 미, 윤리 등이 부재한다는 것을 의미하지는 않는다. 비트겐슈타인이 내내 말하고자 하는 바는 그것들에 대해 언급하지 말아야 한다는 것과 그것들이 부재한다는 것은 같은 말이 아니라는 사실이다. 우리는 단지 침묵해야 한다. 언어가 모든 소중한 것들을 망쳐왔으므로.

"What we cannot speak about we must pass over in silence."

(말해질 수 없는 것에 대해 우리는 침묵으로 지나쳐야 한다.)

《논고》는 난해하다. 그러나 난해함은 금고와 같다. 세 번의 딸깍거림이면 연약한 손에 의해서도 열린다. 소리를 내는 번호만 찾으면 된다. 이 '해제' 는 그 번호를 찾는 것에 대한 것이다. 그러나 단지 도움일 뿐이다. 찾아내는 장본인은 독자 자신이다.

비트겐슈타인은 친절하고자하는 수고를 들이지 않는다. 그는 이해의 많은 부분을 독자의 과제로 돌린다. 따라서 이 책의 이해를 위해서는 어느 정도의 예비학습이 필요하다. 독자는 먼저 철학 개요를 공부해야 한다. 허공에

색칠할 수는 없다. 또한, 책의 전개과정 중에 나오는 수학적 기호에도 준비가 되어 있어야 한다. 초보적인 논리학과 경우의 수$^{number\ of\ cases}$ 등에 대한 예비 학습이면 충분하다. 이러한 준비가 되었다면 이제 독자의 결의와 정열의 문제만이 남는다.

이 책의 구성은 다음과 같다.

1. 《논고》 전체 중 중심 되는 명제들을 발췌하고 해제한다.

2. 《논고》의 하나의 주제에 대해 여러 언명이 있는 경우 가장 어려운 것을 택했다. 독자 스스로 《논고》 전체를 공부할 때 그 학습을 수월하게 하기 위해서이다.

3. 바탕이 되는 원전은 구글^{Google}의 〈side-by-side-by-side〉 PDF를 택했다. Ogden/Ramsey와 Pears/McGuiness의 두 번역본과 독일어 원전 모두를 참고하였으며, 해석은 철학적 이해에 중심을 두었다. 따라서 상당히 많은 부분이 의역되었다.

4. 이 책은 일 년간 진행된 '논고 해제 강의록'을 기반으로 한 것이다. 그 강의는 《논고》 전체에 대한 것이었다. 그중 가장 중요한 것이 이 책에 간추려졌다. 이 사실이 이 책을 상당한 정도로 친절하게 — 친절하다면 — 만들었다.

5. 《논고》는 근본적으로 오랜 전통을 가진 경험론 철학에 대한 비트겐슈타인의 언어분석적 대응이다. 따라서 이 책은 철학사의 배경하에서 그의 '논리^{logic}'를 설명한다. 과거의 철학적 전통에 대한 학습이 이 책의 이해를 위해 도움 된다.

6. 현학이 철학을 망쳐왔다. 그것은 몰이해와 무지를 덮기에 좋은 이불이

다. 이 책에는 스콜라주의적 전문용어가 없다. 내용이 충실하고 솔직하다면 이것들은 쓸모없는 군더더기이다. "간결이 참의 증표^{Simplex sigillum veri.}"이다.

《논고》와 《탐구》의 차이는 특수상대성이론과 일반상대성이론의 차이와 같다. 아는 바와 같이 특수상대성이론은 가속도가 제로인 특수한 경우의 일반상대성이론이다. 마찬가지로 《논고》가 언어의 고정된 형식에 대한 연구라면, 다시 말해 논리가 선험적 경직성을 가진 특수한 경우의 언어의 연구라면 《탐구》는 게임의 규칙과 마찬가지로 참여자들의 동의에 의해 유연하게 바뀌는 일반적인 논리에 대한 연구이다. 따라서 전기 후기 비트겐슈타인에 대해 지나치게 많은 말을 할 필요는 없다. 후기의 비트겐슈타인이 젊은 날의 자신을 부정한 적이 없다. 특수상대성이론을 이해한 사람에게 일반상대성이론의 이해는 단지 정렬의 문제일 뿐이다.

필자는 《탐구》의 원고를 곧 정리할 계획이다. 시간과 정열이 허용하기를 바라고 있다. 《논고》 전체의 강의록 역시 출판을 기다리고 있다. 착수에 시간이 걸리고 있다. 집필이 다시 즐거움이 되는 순간을 기다리고 있다.

이 책은 항공우주연구원의 임석희 씨가 없었다면 기록조차 남지 않았을 원고를 기반으로 했다. 이 책에 어떤 가치가 있다면 그것은 마땅히 임석희 씨에게도 나누어져야 한다. 감사한다. 또한, 자료와 원고를 정리해준 어시스턴트 정보영 씨에게도 감사한다. 덕분에 많은 수고가 덜어질 수 있었다.

조중걸

WITTGENSTEIN TRACTATUS REVIEW

01:
FACTS
AND
THE
WORLD

사실과 세계

비트겐슈타인은 세계를 사실들의 총체로 본다. 그는 세계를 '기술되는 바로의 세계described world'로 간주한다. 기술되는 세계는 우리에게 수렴하는 세계이다. 즉 우리가 보는 바로의 세계이다. '세계는 단지 나의 얼굴'이라는 세계관은 이미 고대 그리스의 소피스트들에 의해 제기된다. '인간이 만물의 척도'라는 프로타고라스의 언명은 모든 것은 인간에게 수렴하는 것이지 거기에 인간으로부터 독립하여 객관적으로 존재하는 세계란 없다는 선언이다. 모든 세계는 나의 세계이며, 나의 세계는 언어에 의해 묘사되는 세계이고, '언어에 의한 묘사'가 곧 사실fact의 반영이다.

따라서 '사실로서의 세계'라는 비트겐슈타인의 규정은 단지 한 명의 철학자의 결의나 통찰에 의한 것은 아니다. 이것은 철학이 시작되는 바로 그 시점에서 시작된 세계에 대한 두 종류의 규정 중 매우 중요한 하나이기 때문이다. 플라톤이라면 아마도 사실(변화)은 변전하고 사물(존재)은 확고하다고 말했을 것이다. 또한, 사실은 사물의 내적 본질에서 스스로 연역되는 것이라고 말했을 것이다. 따라서 "세계는 사실의 총체가 아니라 사물의 총체이다."라는 선언을 할 것이다. 이것은 단지 플라톤만의 주장은 아니다.

철학사는 실재론(근대 이후에는 합리론)과 유명론(근대 이후에는 경험론)의 오랜 경쟁과 조정의 역사이다. 실재론자들은 세계의 총체를 사물의 위계적 도열로 간주하면서 그 사물들의 변화와 운동(곧 사실)은 사물에 내재한 본질에서 흘러나오는 것으로 여겼다. 따라서 사실은 세계에 있어 부수적 요소라고 말한다.

이에 반하여 경험론자들은 개별자만이 존재하고 그것은 기술description에 의해서만 뜻^{sense}을 획득한다고 말한다. 사실이 '우리의 사실'일 때 그 구성요소인 사물 역시 우리의 것일 뿐이다. 그리고 그 본질은 — 그것이 논리적으로 존재해야 한다는 사실 외에 — 어느 것도 알려져 있지 않다. 어떻게 우리가 소립자^{elementary particle}가 무엇인지를 알겠는가? 우리는 단지 최초의 원초적 명제^{elementary proposition}가 세계에 대한 원초적 사실^{atomic fact or state of affairs}의 기술이고 그것을 메꾸는 최초의 사물(비트겐슈타인이 대상이라고 말하는)이 있어야 한다는 것으로 사물에 대해 말할 뿐이다. 따라서 사물은 사실의 구성요소일 뿐이다. 사실이 먼저이다.

다시 말하면 세계는 우리에게 대상의 집합으로 다가오지 않는다. 대상은 단지 논리적으로 거기에 있어야 할 뿐이다. 우리에게 닿는 것은 명제, 즉 사례이다. 그리고 이 명제가 사실의 반영이다.

비트겐슈타인이 보는바, 세계는 경험과 분석에 의해 이해될 수 있다. 경험만이 분명하다. 그리고 그 경험은 분석되어 요소명제와 대상에 닿게 되는바 이것이 이 《논고》의 주제이다. 따라서 '세계는 사실의 총체'가 더 엄밀하게 표현하면 '사실이 선행하는 세계'가 된다.

The world is the totality of facts, not of things.

세계는 사물의 총체가 아니라 사실의 총체이다.

해제   이 명제는 비트겐슈타인의 철학에서 뿐만 아니라, 프레게, 러셀, 오스틴에 이르는 20세기 분석철학의 이해에 있어 매우 중요한 언명이다. 이들은 세계는 사물의 총체가 아니라고 말한다.

1)

그렇다면 '사물의 총체가 세계'라고 말한 철학자도 있는가? 물론 있다. 있을 뿐만 아니라 오히려 대부분의 철학자는 사물의 총체가 세계라고 말해왔다. 사실의 총체가 세계라고 말한 철학자들은 철학의 세계에서 언제나 소수파에 속했다. 그들은 냉소적인 허무주의자들이며 회의론자들이라는 부당한 비난을 받아왔다. 이들이 중세의 유명론자들이며 근대의 경험론자들이다.

사물과 사실의 차이는 '보편개념^{universal concept, common nature}'에 대한 규정 차이 이외에 아무것도 아니다. 어떤 철학자들은 세계는 사물의 형상^{form}의 집합에 의해 결정된다고 믿는다. 이들은 보편개념의 존재를 믿는다. 즉 보편개념은 우리 사유 속에 뿐만 아니라 실재에도 있다고 말한다. 이들이 실재론자이며 합리주의자들이다. 이들은 또한 세계의 본질은 존재론에 의해 설명되어야 한다고 믿는 사람들이다. 이 계보는 매우 굳건한 주창자들을 지니고 있다. 플라톤-아리스토텔레스-성 아우구스티누스-성 안셀무스-토마스 아퀴나스-데카르트 등. 우리가 일반적으로 실재론자^{realist}, 관념론자^{idealist} 혹은 합리론자^{rationalist} 등을 말할 때 이들은 모두 사물의 총체가 세계라고 믿는 사람들이다.

사물은 만약 그것이 '순수한 것(즉, idea)'이라면 내재적인 이유로 인해 모든 운동을 스스로에서 유출시킨다. 어떤 행성이 항성을 도는 운동을 한다고 가정하자. 그때 이들은 이 운동은 행성에 내재한 '고유의 본질^{innate nature}'에 의한다고 믿는다. 즉 행성이라는 사물의 회전운동은 바로 그 행성에 내재한 '행성다움'에 의해 설명된다. 아리스토텔레스는 이것을 '엔텔레케이아 entelecheia'라고 부른다. 다시 말하면 사물 속에 사실(변화와 운동)의 가능성이 이미 내장되어 있다.

경험론 철학자들은 제일 아래의 개별적 사물에서 시작하여 차례로 추상화하여 상승함에 따라 사물 사이에 위계적 질서가 확립되며 이 사실을 가정함에 의해 인간의 지식체계가 구성된다고 생각한다. 여기서 추상에 의해 생겨난 개념은 단지 경험이 포착한 유사성^{similarity}에 의한 것이지 선험적인 것은 아니다.

이와 같은 과정을 가정하는 것은 타협 없는 실재론자인 플라톤의 입장에서는 언어도단이다. 그는 먼저 가장 추상화된 이데아가 제시되고 거기에서 차례대로 덜 추상화된 — 한 마디로 질료가 개입되는 — 사물들이 유출된다고 가정한다. 이러한 도표가 제시된다면 세계에 대해 더 이상 말해야 할 것은 없다. 이것으로 충분하다. 즉 개념은 선험적인 것이다.

이것이 세계의 본질이기 때문이다. 그렇다면 그 사물들의 상태와 운동과 변화 — 이것이 바로 비트겐슈타인이 말하는 바의 사실인바 — 는 어떻게 설명되는가? 플라톤은 간단히 말한다. 그것은 사물의 입장에서는 결여이고 인간의 입장에서는 환각이라고. 거기에 변화와 운동 같은 것은 없다고. 그러한 것이 있다는 사실은 사물의 본연의 속성innate property이 전락해있기 때문이라고. 따라서 플라톤의 입장에서는 위에서 아래까지 형상으로서의 사물을 도열시키기만 하면 그것이 바로 세계라고 말할 수 있게 된다.

물론 플라톤 역시도 눈앞에 보이는 사물의 변화와 운동(즉 사실)을 부정할 수는 없었다. 그러나 그것은 세계의 본질일 수는 없다. 형이상학자들은 '존재하는 것을 존재하게 만드는 제1원리'를 찾고자 한다. 플라톤이나 아리스토텔레스에게 있어 제1원리는 이데아(혹은 form), 즉 (보편자로서의) 사물이었다.

경험론자들은 보편자에서 개별자들이 유출된다는 관념론자(혹은 실재론자)들의 주장과는 정반대의 입장에 선다. 그들은 보편자들은 비슷한 개별자들에 붙여진 임의적 명칭이라고 본다. 따라서 보편자는 선험성을 지닐 수 없다. 그것은 본유관념이 아니다. 이러한 경험적 명칭이 이제 돌아서서 오히려 선험성을 주장할 때 그것이 프레게Gottlob Frege가 말하는 '우리 언어의 괴상망측함the awkwardness of our language'이다.

2)
세계의 본질이 '사물이 아니라 사실not of things but of facts'이라고 말한다면, 그 언명은 엄밀하게는 세계의 본질에 대해서 알 수 없다 — 또한 알 필요도 없다 — 는 불가지론을 전제하고 있다. 말한 바와 같이 사물thing은 세계에 속하고 사실fact은 우리에게 속하기 때문이다. 사물에 의해 세계를 이해한다고 주장한다면 보편개념의 실재성을 가정해야 하지만 엄밀히 말했을 때 그것은 확인될 수 없는 것일 뿐만 아니라 확인할 필요도 없는 것이다.

확인될 수 없는 이유는 분명하다. 개별적 사물들은 실증적이지만 그것들의 추상화된 개념은 인식에 의한 검증이 불가능하기 때문이다. 감각 인식을 벗어난 사물들의 존재를 가정하는 것은 언어도단^{nonsense}이다. 우리는 개별자들을 인식한다. 그러나 그 추상화된 관념(보편개념) 자체를 인식하지는 못한다. 우리가 보는 것은 비슷하게 생긴 어떤 개별자들이다. 우리는 거기에 이름을 부여한다. 이름을 부여하는 것은 우리 자신이다.

이름은 그러나 프랑켄슈타인의 피조물이 된다. 그것은 어느 순간 우리로부터 독립한다. 그러고는 선험적인 본유관념임을 주장한다. 이것이 또한 앞에서 말한 '우리 언어의 괴상망측함'이다. 사물로서의 세계라는 이념은 이렇게 생겨난다. 그러나 지칭되는 상징^{symbol}을 갖지 못한 기호^{sign}는 무의미하다. 본유관념을 지칭하는 기호는 지칭 대상을 갖지 못한다. 다시 말하면 본유관념이라는 기호는 거기에 대응하는 상징을 갖지 못한다.

"그것은 우리가 만들어낸 이름일 뿐이다. 쓸모없으면 의미 없다."

여기에서 오컴의 면도날$^{Ockham's\ razor}$이 작동된다. 왜 거기에 추상화된 기호가 있어야 하는가? 왜 개별자만으로 해나갈 수 없는가? 개별자의 세계와 본유관념(이데아)의 세계라는 두 세계를 가정할 이유가 어디에 있는가? 이것은 근검의 원칙$^{the\ principle\ of\ parsimony}$의 위배이다. 모든 판단은 경험에 기초한다. 판결은 판례에 준한다. 판례집만으로 충분하다. 자연법은 과잉이다.

철학자들이 세계의 본질로서의 사물이라고 말할 때 그 사물은 세계의 본질에 관한 것이지만, 사실이라고 말할 때에는 그 사실은 세계의 표면만을 따라 흐르는 것이다. 세계의 본질을 사물에 둔다는 것은 우리의 인식이 대상에 준한다고 말하는 것이고 그것을 사실에 둔다는 것은 우리의 인식은 단지 우리의 감각 인식일 뿐이라고 말하는 것이다. 우리가 아는 것은 단지 발생하고 있는 사례^{case}들일 뿐이다. 그것이 왜, 어떻게 발생하고 있고 또 미래에 왜, 어떻게 발생하게 될지 알 수 없다. 모든 것은 우연^{contingency}이다. 단지 거기에 어떠어떠한 사건들이 발생하고 있을 뿐이다. 이 총체가 곧 세계이고 따라서 곧 자연과학이다. 세계에 대한 우리의 탐구는 발생하고 있는 사건의 묘사에 그쳐야 한다.

3)
하나의 예를 들어보자. 어쩌면 이 예는 매우 유효한 예일 수 있다.

사물로서의 세계와 사실로서의 세계는 말한 바와 같이 전자는 철학적 실재론 혹은 합리론에, 후자는 철학적 유명론 혹은 경험론에 대응한다. 따라서 비트겐슈타인의 이 간결한 언급은 그 내용에 있어 모든 시대와 모든 양상의 철학적 세계관을 모두 탐구하게 한다.

이것을 예증으로 설명할 수 있을 것 같다. 하나의 방을 가정하자.

1. '사물로서의 세계'라는 세계관을 가진 사람에게 그 방을 묘사하도록 해 보자. 그는 그 방안의 사물을 나열하는 것으로 방에 대한 묘사가 끝난다고 생각한다.

침대, 의자, 테이블, PC, 책꽂이 등.

2. 반면, '사실로서의 세계'라는 세계관을 가진 사람에게 그 방의 묘사를 부탁한다고 하자. 그는 다음과 같이 묘사할 것이다.

1) 침대가 남쪽으로 난 창문 끝 벽에 붙어 있다.
2) 그 반대편에 테이블과 의자가 있다.

3) PC가 테이블 위에 있다.

4) 테이블 오른쪽에 책꽂이가 있다.

우리는 일반적으로 사실로서의 세계가 방에 대한 묘사로 더 적절하다는 사실을 확인할 수 있다. 방의 사물들을 포함하는 명제에 의해 우리는 더욱 선명하게 어떤 방을 떠올릴 수 있기 때문이다.

다음과 같은 상황을 가정해 보자. 풍수지리에 완전히 몰두해 있는 사람이 방을 보고서는 갑자기 소리친다.

"이 방의 물건들의 배치는 완전히 잘못되어 있다. 그것들은 사물 본연의 위치를 벗어나 있다. 침대는 언제나 서쪽 벽에서 30cm 떨어져 있어야 하고, 의자와 테이블은 남쪽 벽에 붙어 있어야 하고, 책꽂이는 의자 오른쪽에 있어야 한다. 사물이 있을 때 이미 그 위치는 사물에 내재한 원리에 의해 정해진다."

이러한 사람에게는 명제(사실)가 무의미하다. 그는 플라톤주의자Platonist이다. 그러나 그의 말도 터무니없지는 않다. 신천옹albatross은 대양을 넘나들며 날아야 하고 말은 초원을 가로질러 달려야 한다.

사물과 사실 중 어느 것이 절대적으로 세계를 규정한다고 말할 수는 없다. 단지 플라톤은 사물을 택했고 비트겐슈타인은 사실을 택했을 뿐이다.

Any one can either be the case or not be the case, and everything else remains the same.

그 사례 외에 다른 모든 사례는 그대로 있으면서 어떤 것들이라도 사례일 수도 아닐 수도 있다.

해제 이 언명의 자구적 뜻은 다음과 같다. 먼저 여기서 사례^{case}라고 하는 것은 발생한 사건이다. 예를 들어 "비가 온다."라는 명제^{proposition}가 있다고 하자. 명제는 언제나 우리 마음속에 하나의 상징^{symbol}으로 자리 잡는다.

즉, "비가 온다."라는 명제는 아직은 사실^{fact}이 아니다. 그 명제가 사실임 혹은 사실이 아님은 그것이 하나의 논리형식에 준하는 것으로서만, 즉 하나의 잠재성으로서 잠자고 있는 한 드러나지 않는다. 그것이 사실 혹은 거짓임은 언명되었을 때 비로소 드러나게 된다. 이 언명을 명제 기호$^{propositional\ sign}$라고 말한다. 그 언명은 이제 실재^{reality}와 비교되어야 한다. 이때 그 언명은 true or false로 판정 난다. 비트겐슈타인은 여기서 case(사례)를 참인 명제로 규정하고 있다.

그랬을 때 be the case는 참인 경우이고 not be the case는 거짓인 경우이다. fact는 be the case만을 가리킨다. 또한, 여기에서 참은 단지 어떤 사건의 발생을, 거짓은 사건의 비발생을 말한다.

다음과 같은 예를 들어보자. *a*, *b*, *c*, *d*라는 네 개의 명제가 세계 전체를 규정한다고 하자. 그것을 각각 "비가 온다.", "덥다.", "바람이 분다.", "개가 짖는다."라고 가정하자. 이때 실제로는 비가 오고 있고, 춥고, 바람이 불고, 개가 짖지 않는다고 하자. 그렇다면 a라는 명제와 c라는 명제가 be the case이고, 나머지 두 명제는 not be the case이다.

*Def.*를 "정의한다."라고 하자. 세계의 사실들 혹은 사례들을 (a, b, c, d) *Def.*라고 하자. 예를 들어 (a, b)*Def.*이면 a와 b의 사건이 일어나고 c와 d의 사건은 잠자고^{dormant} 있다.

(a, b, d)*Def.*라고 하자. 이때 c는 발생하지 않았다(not be the case). 그러나 (a, b, c, d)*Def.*도 가능하다. 즉, (a, b, d)*Def.*의 세계는 c의 발생 혹은 비발생과 인과관계에 있지 않다. 다시 말하면 c가 비발생했기 때문에 a나 혹은 b가 발생하거나 혹은 비발생해야 할 이유는 없다.

어떤 사실들이 인과관계^{Kausalnexus, causal relation}에 있지 않는 한 하나의 사건이 다른 사건의 발생을 강제할 수는 없다. 따라서 1.21의 명제는 인과율에 대한 비트겐슈타인의 간접적인 부정이다. 그러나 분명하고 강력한 부정이다.

02:
ONTOLOGY

존재론

비트겐슈타인은 세계를 사실^{fact}의 총체로 구성한 다음 곧이어 그 사실의 구성요소에 대한 탐구로 나아간다. 비트겐슈타인은 별다른 정의나 설명 없이 곧장 'atomic fact$^{state\ of\ affairs}$'에 대해 말하며, 동시에 그 구성요소로서의 '대상$^{object,\ entity,\ thing}$'에 대해 말한다.

비트겐슈타인은 대상에 대해 말하며 그것들이 제시되었을 때 이미 가능한 세계 전체가 동시에 제시된다고 말한다. 어떻게 이것이 가능한가? 그는 대상에 이미 그 논리형식$^{logical\ form}$이 내포되어 있다고 말한다. 그는 대상의 총체를 기저^{substance}로 규정한다. 이제 모든 세계는 만들어졌다. 금화^{substance}가 제시되었고 잔돈푼$^{every\ world}$은 거기에서 저절로 떨어진다. 만약 우리가 예수의 "진리를 줄지니 그 안에서 자유로우리라."라는 금언을 여기에서 빌려 쓴다면 예수의 '진리'는 기저^{substance}이고 '자유'는 가능한 세계들이다. 기저는 세계의 내용과 형식을 규정한다. 이 기저의 내용을 재료로 그 형식만 지킨다면 어떤 세계라도 가능하다.

기저에 대한 탐구가 《논고》 전체의 주제이다. 대상과 그 형식으로 규정되는 기저가 곧 논리^{logic}이고 논리에 대한 탐구가 《논고》이다.

이 부분은 비트겐슈타인 철학에 있어 핵심적인 부분이며 동시에 상당히 난해한 부분이다. 이 부분에 대한 비트겐슈타인 자신의 혹은 《논고》 전문가들의 주석은 없다. 그러나 직관과 명석성을 잘 행사한다면 충분히 이해 가능할 뿐만 아니라 이해의 즐거움을 누릴 수 있다.

비트겐슈타인은 먼저 '사례(사실)는 원자적 사실$^{atomic\ facts,\ state\ of\ affairs}$의 존재'라고 말하며 그의 존재론을 개시한다.

인간 지식$^{human\ knowledge}$은 무엇인가? 그 대답은 사실 매우 간단하다. 지식에 대한 전통적인 의미에서의 인간 지식은 없기 때문이다. "18은 $2 \times 3 \times 3$이다." 라고 말하면 지식인가?, "'(x^2-1)은 ($x+1$)($x-1$)'이라고 하면 지식인가?" 혹은 "'인간은 언어×유희×도구×직립× · · · · · ·' 이라고 하면 그것은 지식인가?"

만약 "a는 a이고, a는 다시 a이다."가 지식이라면 위의 것들은 지식이다. 그러나 "동어반복은 지식일 수 없다."라고 한다면 위의 것들은 지식이 아니다. 그것들은 단지 분석이고 분석되어 나열된 요소들은 단지 분석의 대상에 대한 정의definition일 뿐이다. 여기에 새로운 것은 없다. 주부subject에 대해 새로운 무엇인가가 더해지지 않는다면 그것은 지식이 아니다. 이것에 굳이 지식이라는 이름을 붙인다면 그것이 바로 흄David Hume이 논증적 지식demonstrative knowledge이라고 말하는 것들이다. 비트겐슈타인 역시도 이것들을 지식이라고 부르지는 않는다. 비트겐슈타인은 단지 사실fact에 대한 지식만을 지식이라고 본다. 즉, 경험적empirical 지식만이 지식이다.

그렇다면 우리가 경험적 지식이라고 부르는 것의 정체는 무엇인가? 그 지식은 무엇에 대한 것인가? 비트겐슈타인에게 있어 궁극적으로 중요한 질문은 이것이다. 어떻게 사실의 존립existence이 가능한가? 그는 여기에 대해 간단히 대답한다. "논리적으로 가능하다." 그렇다면 그가 말하는 논리란 무엇인가? 일반적인 사실을 분석해나가면 원초적인 사실atomic facts에 닿게 되고 또한 그 원초적 사실(원자적 사실)들은 대상object들로 구성된다.

그렇다면 대상은 무엇이고 원초적 사실은 무엇인가? 이에 대한 비트겐슈타인의 대답은 명제 2에서부터 2.063에 걸쳐진다. 이 부분이 아마도 《논고》의 가장 핵심적이고 아름다운 부분 중 하나일 것이다.

여기서 주의해야 할 것은 비트겐슈타인이 세계의 토대를 '대상들^{objects}' 로 보았다고 해서 그것이 세계를 사물의 총체로 본다는 것을 의미하지는 않는다는 사실이다. 세계의 토대에 사물들이 있어야 하는 건 확실하다. 그러나 그것은 실증적으로 그러한 것이 아니라 '논리적'으로 그러하다. 분석의 종점에 사물이 있어야 한다는 것은 논리적으로 필연이다. 그러나 우리에게 실증적으로 주어지는 것은 언제나 명제, 즉 사실이다. 세계는 곧 언어이다. 어떻다 해도 세계는 사실의 총체이다. 여기서 대상의 존재가 실증적이지 않다고 말하는 것은 이중의 뜻을 지니고 있다. 대상은 우리의 경험으로 인식할 수 있지 않다. 우리는 단 하나의 대상의 예도 들 수 없다. 이것은 물리학자가 단 하나의 소립자의 예를 들 수 없는 것과 같다. 만약 예증이 불가능한 것을 비실증적이라고 한다면 대상은 비실증적인 것이다. 그러나 대상은 거기에 있어야 한다. 우리는 명제로 세계를 표현한다. 명제는 사실^{fact}에 대응한다. 그 사실은 분석되어 대상에 닿는다. 사실은 실증적이다. 어떠한 것이 실증적이며 동시에 그 구성요소가 비실증적이라면 그것은 모순이다. 이 의미에 있어서는 대상은 실증적이다.

If things can occur in atomic facts, this possibility must already lie in them. (A logical entity cannot be merely possible. Logic treats of every possibility, and all possibilities are its facts.)

만약 대상이 원초적 사실 안에서 발생한다면(존재한다면), 그 가능성은 그것들(대상들) 안에 이미 있어야 한다. (논리적 존재는 단지 가능한 것만은 아니다. 논리는 모든 가능성을 다루며 모든 가능성이 논리의 사실들이다.)

해제　　　일견 어려워 보이는 이 명제는 사실은 우리가 본능적으로 행사하고 있는 언어의 논리를 조금만 자세히 들여다보면 곧 알 수 있는 것이다. "개가 짖는다."라는 사실이 원초적 사실이라고 가정하자. '개'가 비트겐슈타인이 말하는 바의 대상^object, thing이라고 다시 가정하자. 이때 '개' 안에는 이미 "개가 짖는다."라는 사실이 가능성으로 들어 있다. 물론 "개가 문다." 혹은 "개가 뛴다." 등도 하나의 가능성으로 이미 '개'라는 대상 안에 들어 있는 것들이다. 우리가 '개'라고 말하는 순간 그 개념에 내재한 모든 사실은 이미 가정된다. 그렇지 않다면 우리는 '개'라는 대상을 언급할 수 없다. 이때 내재한 사실이 곧 여기에서 말하는 가능성^possibility이다.

　　또한, 논리에서는 단지 가능하기만 한 것은 없다. 예를 들어, "그것은 가능하다. 하지만 사실이 될 수는 없다."라고 말할 수는 없다. 논리적 실재 안에서 가능한 것들은 언제라도 사실로서 드러날 수 있다. 단지 어떤 가능성은 사실로 드러나고 어떤 가능성은 가능성으로 있으면서 언제라도 사실이 될 준비를 하고 있을 뿐이다.

If I know an object then I also know all the possibilities of its occurrence in atomic facts. (Every such possibility must lie in the nature of object.)

내가 어떤 대상을 안다는 것은 원초적 사실 안에서 그 발생 가능성 전체를 안다는 것이다. (모든 그러한 가능성은 대상의 본질 속에 있어야 한다.)

해제　　　이 명제 역시도 대상과 사실 사이의 관계, 대상과 세계 사이의 관계를 규정하는 매우 중요한 명제이다. 다시 '개'라는 동물을 예로 들자. 우리에게 '개'라는 대상이 제시되었을 때 우리는 그것을 안다고 말한다. 즉, 우리는 개라는 동물에 대해서 안다고 말한다.

　이때 우리의 앎을 분석적으로 살펴보기로 하자. 우리가 아는 것은 개라는 짐승을 포함하는 모든 명제를 안다는 것이다. 즉, '개'가 제시되자마자 우리는 "그것은 짖는다.", "그것은 문다.", "그것은 네 발로 걷는다." 등등을 즉시 머릿속에 떠올린다. 물론 현재 그 개가 걷고 있지 않을 수도 있고 물고 있지 않을 수도 있다. 그러나 이러한 것들은 개라는 대상의 가능성들이다. 우리가 개라는 동물에 대해 안다고 말하는 것은 이러한 개의 가능성을 모두 안다는 것이다. 그 가능성의 일부만 안다고 하면 우리는 그 동물에 대해 그만큼은 모르는 것이다. 이것이 무지이다.

2.0124

If all objects are given, then there are all possible atomic facts also given.

모든 대상이 주어진다면, 모든 가능한 원초적 사실들도 동시에 주어지는 것이다.

해제 비트겐슈타인은 본격적으로 그의 존재론을 피력하고 있다. 모든 대상은 그 안에 이미 모든 가능한 사실들facts을 내포하고 있다. 물론 현재의 세계는 하나이다. 그러나 가능한 세계는 무한대에 가깝다. 세계가 단지 두 개의 가능한 사실로만 구성되어 있다고 가정하자. 두 개의 가능한 사실을 각각 p, q라고 가정하자. 이때 가능한 세계는 네 개다.

여기서 T는 발생true을 F는 비발생false을 가리킨다.

p	q
T	T
F	T
T	F
F	F

물론, 실현된 세계는 단 하나이다. 만약, p, q, r이라고 하면 8개의 가능한 세계가 있다. 그 경우에도 실현된 세계는 하나이다.

이때 p는 이를테면, "개가 짖는다."와 같은 것이고, q는 이를테면, "말이 뛴다."와 같은 것이다. 그러나 개와 관련하여 가능한 사실이 얼마나 많은지를 생각하고 말과 관련하여 가능한 사실이 얼마나 많은지를 생각한다면 말과 개라는 대상만 제시된다고 해도 거기에서 얼마나 많은 가능한 사실이 폭발해 나오는지 추정할 수 있다.

모든 대상이 제시된다면 모든 가능한 원초적 사실들이 제시되는 것이며 따라서 모든 가능한 세계가 제시되는 것이다. 그리고 현재는 그 가능한 세계 중 하나의 세계이다. 내일 역시도 가능한 세계 중 하나가 될 것이다. 따라서 세계는 한편으로는 필연이고 다른 한편으로는 우연이다. 세계가 어떤 가능성(논리형식) 안에서만 발생한다는 점에 있어서는 필연이지만 그 가운데서 어떤 세계가 된다 해도 놀랍지 않다는 점에서는 우연이다.

2.013

Every thing is, as it were, in a space of possible atomic facts. I can think of this space as empty, but not of the thing without the space.

모든 대상은 이를테면 가능한 원자적 사실의 '공간' 안에 있다. 나는 대상 없는 공간을 생각할 수는 있지만, 공간 없는 대상을 생각할 수는 없다.

———

해제　　　이 명제는 대상의 formal property — 나중에 본격적으로 다뤄지는 — 와 관련해서 그 대상과 그 대상의 형식적 성격을 잠깐 언급한 것이다. 비트겐슈타인은 대상과 사실 사이의 관계를 좀 더 명확히 하고자 한다. 대상이 주어지자마자 그 대상을 포함하는 원초적 명제가 동시에 주어진다고 비트겐슈타인은 말한다. 이때 이 원초적 명제의 총체를 비트겐슈타인은 가능한 사실의 '공간'이라고 말한다.

우리는 앞에서 개를 포함하는 사실 몇 개를 예를 들어 살펴보았다. 이때 "~는 짖는다.", "~는 먹는다.", "~는 뛴다." 등등이 사실의 공간이다. 우리는 개라는 주어가 없이도 그 술어들의 공간을 염두에 둘 수 있다.

더욱 간단한 예를 들어 보자. 점수의 공간이 있다. 그것은 0점에서 100점에 걸쳐진다. 누군가가 70점을 맞았다고 하자. 이때 0점에서 100점까지의 점수 공간 없이 70점을 생각할 수는 없다. 그러나 70점 없이도 0점에서 100점까지의 점수 공간을 생각할 수는 있다.

대상 없는 공간은 가능하지만, 공간 없는 대상은 불가능하다. 따라서 공간이 대상에 앞선다. 대상 안에는 그 대상이 출현 가능한 사실이 이미 접혀서 들어가 있다. 이 출현 가능성은 대상 없이도 생각될 수 있다. 우리에게 변수 x가 가능한 것은 대상과 공간 간의 이러한 관계 때문이다. 우리의 추상적 사유란 이것에 다름 아니다.

2.0141

The possibility of its occurrences in atomic facts is the form of the object.

대상의 원초적 사실 안에서의 발생 가능성이 곧 대상의 형식이다.

해제　　비트겐슈타인은 이제 형식form에 대해 본격적으로 말하기 시작한다. 이 주제가 이 책 전체에 걸쳐진다. 우리는 어떤 대상의 본연의 속성property에 대해 생각할 수 있다. 이를테면, 개의 본연의 속성intrinsic property은 "짖는다.", "문다.", "달린다." 등이 될 것이다. 이때 이 본연적 (혹은 내적) 속

성이 곧 개의 형식이다. 그 개는 물론 흰색일 수도 검은색일 수도 갈색이 될 수도 있다. 혹은 큰 개일 수도 있고, 작은 개일 수도 있다. 그러나 이러한 외적external 속성은 개의 형식을 구성하지는 않는다.

Objects form the substance of the world. Therefore they cannot be compound.

대상은 세계의 기저(실체)를 형성한다. 따라서 그것들은 복합물일 수가 없다.

───────

해제   지금 기저라고 번역하고 있는 substance는 말 그대로 어떤 사물의 분석의 종단의 총합을 집합적으로 말한다. 우리는 일반적으로 분석에 의해 어떤 대상의 요소를 알 수 있다. 물리학에서는 원자핵을 분해하여 그 구성요소를 알고자 한다. 물리학자들은 그들이 발견하기를 희망하는 대상을 소립자elementary particle라고 이름 붙이고 분석의 종단에 그것이 있어야만 한다고 가정한다. 이때 소립자가 그들에게 기저이다.

간단한 예를 들어보기로 하자. $x^3 - x^2 + x - 1$이라는 정식이 제시되어 있다고 하자. 그 분석은 다음과 같이 진행될 수 있다.

$x^2(x-1) + (x-1)$, $(x^2+1)(x-1)$, $(x+i)(x-i)(x-1)$. 이때 $x^2(x-1) + (x-1)$이나 $(x^2+1)(x-1)$을 $x^3 - x^2 + x - 1$의 기저라고 하지는 않는다. 그 정식의 분석의 종단, 즉 $(x+i)(x-i)(x-1)$에 이르러서야 우리는 그 정식의 기저에 대해 말할 수 있게 된다. 이때 $(x+i)$, $(x-i)$, $(x-1)$이 이를테면 대상object이다.

수학교사가 "x^3-x^2+x-1을 복소수 범위에서 인수분해하라."고 말하거나 "78을 소인수분해하라."고 말할 때 원하는 것은 그 정식이나 숫자의 기저를 밝히라는 것이다.

즉, 기저를 구성하는 대상들은 분석의 종단에 있어야 한다. 그 이유는 단지 우리가 기저substance를 그렇게 정의했기 때문이다. 우리는 기저 없는 세계를 상상할 수 없다. 그것은 현존의 기초이기 때문이다. 이것은 기저가 무엇인지를 안다는 것과는 다른 문제이다. 기저가 있는 이유는 단지 거기에 그것이 있어야 하기 때문이다. 실존이 본질에 앞서듯 현존은 기저를 요청한다.

대상object은 기저의 구성요소이다. 기저의 구성요소는 분석의 종단에 있어야 하며, 따라서 단순simple해야 한다. 그것은 복합물compound이어서는 안된다. 만약 복합물이라면 단순자가 될 때까지 더 분석되어야 한다.

2.0211

If the world had no substance, then whether a proposition had sense would depend on whether another proposition was true.

세계가 기저를 가지고 있지 않다면 하나의 명제가 뜻을 가지느냐 그렇지 않으냐는 것은 다른 명제가 참이냐 아니냐에 달려있다.

———

해제   이 명제에서 비트겐슈타인은 '명제의 뜻'과 '명제의 참/거짓'에 대해 말하기 시작한다. 간단한 예를 들자. 누군가가 "개가 짖는다."라는 명제를 말한다고 하자. 그리고 우리는 개가 짖는지 그렇지 않은지를 아직 모른다고 하자. 그때 우리는 이 명제가 참인지 거짓인지를 알기 위해 실재reality와 비교할 수도 있고 귀찮거나 별로 중요한 문제가 아니라서 그렇게 하지 않을 수도 있다. 어쨌건 우리는 이 명제가 잘못된 것이라고는 생각하지 않는다. 즉, 이 명제는 "말이 된다." 이 말이 되는 것이 명제의 뜻sense of the proposition 이다. 명제의 뜻은 그 명제의 참과 거짓에서 독립한다. 그러나 명제의 뜻이 모든 것으로부터의 독립성을 갖지는 않는다. 그 명제는 기저의 테두리 안에 있어야 한다. 만약 "개가 난다."라는 명제라면 우리는 일제히 "말도 안 돼." 라고 소리칠 것이다. 당연히 그렇다. 왜냐하면, 기저 속에 개에게는 '난다'는 속성은 없기 때문이다.

기저가 없다고 가정하자. 그리고 누군가가 "개가 짖는다."라는 명제 를 말한다고 하자. 그때 우리는 이 명제가 뜻sense을 가졌는지 그렇지 않 은지를 알 수가 없다. 왜냐하면, 거기에 '개'가 없고 따라서 개의 형식도 또한 없기 때문이다. 이때 우리는 "개가 지금 짖고 있다."라는 다른 하나 의 명제를 가정하고 그것을 실재와 비교해 보아야 한다. 그때 개가 지금 짖 고 있다면 "개가 짖는다."라는 명제는 비로소 뜻을 갖게 된다. 즉 "개가 짖는 다."라는 하나의 명제의 뜻은 "개가 지금 짖고 있다."라는 하나의 명제가 참 임을 확인한 다음에야 뜻을 가지게 된다.

명제는 참과 거짓이 아직 판명 나지 않은 언명이다. 그것은 그러나 뜻을 가져야 한다. 따라서 유의미한 명제는 '참과 거짓의 판명을 기다리는 뜻sense 을 지니는 언명'이라고 정의하면 된다. 뜻sense이 참과 거짓truth and false에 앞 선다.

2.0231

The substance of the world can only determine a form, and not any material properties. For it is only by means of proposition that material properties are represented — only by the configuration of objects that they are produced.

세계의 기저는 형식만을 규정할 뿐이지 어떤 물질적 속성을 규정하는 것은 아니다. 왜냐하면, 물질적 속성이 표상되는 것은 단지 명제에 의해서일 뿐이기 때문이다. 또한, 그것들(물질적 속성들)이 나오는 것은 대상의 배열에 의한 것이기 때문이다.

———

해제　　　　비트겐슈타인은 기저와 그 물질적 속성에 관한 정의를 이어서 설명해 나간다. 우선 기저는 물질성$^{material\ property}$을 갖지 않는다. 물질성이라는 것은 이미 그것이 기저에 속해있지 않음을 의미하기 때문이다. 기저에 대한 설명을 위해 간단한 예증이 필요하다. 그러나 이것은 설명의 편의를 위한 예증일 뿐이다.

　　원소주기율표를 생각해 보자. 그것을 이를테면 기저로 가정하자. 각각의 원소를 대상들^{objects}, 원소주기율표 전체를 기저^{substance}로 가정하자. 이 경우, 주기율표에 속한 원소들의 어떤 결합에 의해 무수히 많은 수의 세계가 생겨날 수 있다. 그러나 원소들은 무작위로 결합하지 않는다. 어떤 원소들은 서로 결합하지 않는다. 예를 들어 수소 원자(H)와 헬륨 원자(He)의 결합은 불가능하다.

　　따라서 기저는 무작위가 아니다. 그것은 형식^{form}을 가진다. 또한, 이 기저는 어떤 물질적 속성을 가지지 않는다. 기저는 말한 바대로 분석의 종단이다. 물질적 속성을 가지고 있다면 그것은 이미 기저에 속하지 않는다. 덜 분석된 상태이기 때문이다. 예를 들면 물질적 속성을 가진 것으로서의 물 (H_2O)은 당연히 기저에 속하지 않는다. 우리는 이것을 분석하여 HHO로 정렬시킨다. 이때 H나 O는 물질적 성격을 갖지 않는다. 단지 어떤 결합에 의해 물질적 속성을 가질 준비가 되어 있을 뿐이다.

비트겐슈타인이 말하는 기저는 이와 같은 것이다. 대상[objects]들이 명제를 구성하고 그 명제들이 비로소 기저에 물질적 속성을 부여한다. 기저의 형식 가운데에서 그렇다.

2.024

The substance is what subsists independently of what is the case.

기저는 실재가 무엇이건 거기에서 독립하여 존속하는 것이다.

———

해제   여기에서 what is the case는 '사례가 무엇이건'이라는 뉘앙스로 번역하면 매우 적절하다. 따라서 기저[substance]는 subsist한다. 즉, 근간을 이루며 그 근저에 존재한다. 실재가 기저를 좌우할 수는 없다. 사례는 기저가 정한 형식 안에서 움직인다. 이만큼은 사례는 기저에서 독립하지 못한다. 기저는 사례에 앞선다. 그것은 모든 것에 앞서 세계의 형식을 정해 놓는다. 따라서 기저는 실재가 무엇이 되건 그와 독립하여[independently] 존재한다.

예를 들어 "개가 짖는다."라고 하자. 이 사례는 개라는 존재에 대한 기저 속의 규정에 대해 영향력을 행사하지 못한다. 개가 현재 짖고 있건 그렇지 않건 개의 기저를 변화시키지는 못한다. 개가 어떤 존재인가[possibility]는 이미 규정되어 있다.

There must be objects, if the world is to have unalterable form.

세계가 변경 불가능한 형식을 갖기 위해서는 거기에 반드시 대상(objects)들이 있어야 한다.

해제　　기저는 대상들로 구성된다. 우리는 일상적인 명제의 세계 속에 산다. 그러고는 이 명제를 기호화하여 사용한다. 우리는 그럭저럭 서로의 명제를 이해하고 살아간다. 이때 명제의 존재가 가능한 것(존재론)은 어떻게 해서인가? 명제란 무엇인가?

누군가 우리에게 54란 숫자를 제시했다고 하자.

"자, 이 옥수수 한 포대에 54달러요."라고 말했다고 하자. 그렇다면 우리는 54를 알아야 한다. 54는 $2 \times 3 \times 3 \times 3$으로 분석된다. 우리는 만족한다.

명제도 이와 마찬가지이다. 우리는 명제가 제시되었을 때 일반적으로 그 뜻^{sense}을 안다. 그러나 누군가가 "What do you mean by yours words?"라고 말한다면 그 명제를 분석해 주어야 한다.

"냄비에 물이 들어 있다."라는 언명이 제시된다고 하자. 누군가가 이 언명을 잘 이해하지 못하겠다고 하면 우리는 그것을 즉시로 분석해주어야 한다. 냄비란 무엇이고 물이 무엇인가를. 이때 냄비나 물은 복합물^{compound}이고 그것은 곧 명제이다. 분석의 종단의 대상^{object}만 제외하고는 모두가 명제이다.

냄비와 물에 대한 분석은 계속 진행되어 나갈 것이고 어디엔가 종점에 닿게 된다. 이 종점의 세계가 곧 기저^{substance}이고 기저의 구성요소가 대상^{object}이다.

따라서 object는 단순자$^{\text{the simples}}$이다. 기저는 물론 세계의 형식을 규정한다. 다른 말로 하면 기저의 구성요소인 대상들^{objects}이 형식을 결정짓는다. 이 형식은 제멋대로일 수 없다. 그렇다면 우리의 명제들은 모두 뜻^{sense}을 잃는다. 누군가가 "하얀색은 세 살이다."라고 말했다고 하자. 우리는 멍해지며 그 사람 눈을 자세히 살펴볼 것이다. 아마도 다른 행성에서 왔을 거라고 가정하며. 왜냐하면, 이 언명은 우리 세계의 형식을 벗어나 있기 때문이다. 세계의 형식은 변덕스러워서는 안 된다.

2.0271

Objects are what is unalterable and subsistent; their configuration is what is changing and unstable.

대상들은 불변하고 존속하는 것이다. 그러나 그것들의 배열은 변화하며 불안정한 것이다.

───────

해제 앞에서 우리는 원소주기율표의 예를 들어 세계의 기저에 대해 말했다. 기저를 구성하는 요소들^{objects}은 그대로이다. 단지 그 요소들의 결합이 다양한 것이다. 즉 원소는 그대로 있다. 그때 세계는 비물질적 내용(잠재적 내용)과 형식을 지니고 있다. 최초의 결합 — 어떤 결합이건 간에 — 이 생겨나는 순간 세계는 물질적인(감각적인) 것이 된다.

요소는 불변이다. 그것은 다만 형식을 내포한다. 결합은 형식을 준수하는 한 다양할 수 있다.

2.0272

The configuration of the objects forms the atomic facts.

대상의 배열이 원초적 사실을 형성한다.

해제   여기서 configuration은 무작위적인 배열이 아니라 어떤 형식에 따른 배열이다. 세계는 대상에서 시작한다. 그러나 그것은 우리에게 인식되지 않는 세계이다. 단지 '있어야만 하는' 세계이다. 최초의 감각적 속성은 이것들을 최초의 사실[atomic fact]로 만들었을 때 생겨난다. 원자들은 이를테면 최초의 결합에 의해 물질성을 띤다. 두 개의 수소 원자는 그 자체로는 물질성을 가지지 않지만 하나의 산소와 결합했을 때 '물'이라는 물질성을 가진다.

우리 세계의 기저는 안개에 덮여있다. 누구도 그것을 본 적 없다. 그러나 현존이 영위되고 있다. 따라서 그것은 거기에 있어야 한다. 10층에 사는 사람은 자기 안전이 9층에 의해 보장된다고 생각한다. 그러고는 그 아래 사람들의 안전은 다시 그 밑층의 안전에 의해 보장된다고 생각한다. 그렇게 이어져 1층에 이르고 1층은 다시 건물의 기초에 입각해 있다고 생각할 것이다. 그러나 누구도 기초를 확인한 적이 없다. 볼 수 없는 것을 어떻게 볼 것인가? 단지 10층에 사는 그는 10층의 삶이 가능하다는 사실로부터 그 근저의 기초가 든든하게 있을 것이라고 믿는다. 이것이 "실존은 본질에 앞선다."이다.

2.032

The determinate way in which objects are connected in an atomic fact is the structure of the atomic fact.

원초적 사실 안에서 대상들이 연결되는 정해진 양식이 곧 그 원초적 사실의 구조이다.

2.033

The form is the possibility of the structure.

형식은 그 구조의 가능성에 다름 아니다.

해제　　　대상들의 모임이 원초적 사실을 구성한다고 해도 그 대상들의 단순한 모아놓음(집합)이 원초적 사실을 만들지는 못한다. 대상들은 어떤 정해진 양식(대상됨에 의해 이미 정해진)에 따라 정렬되어야 한다. 이 정렬되는 양식이 구조structure이다. 그리고 비트겐슈타인이 형식이라고 할 때 그것은 곧 이 구조의 가능성을 말함이다.

예를 들어 "a는 b에 대해 어떤 관계에 있다."라는 사실을 aRb라고 정의하자. 이를테면 a는 '모자', b는 '테이블', R은 '위에'라고 하면 이 명제 기호propositional sign는 "The hat is on the table."과 같이 될 것이다. 그러나 b는 a 위에 있을 수 없다. 테이블이 모자 위에 있을 수는 없다. 모자는 테이블의 무게를 감당하지 못한다.

이때 우리는 a라는 사물과 b라는 사물은 R이라는 관계를 가진다고 한다. bRa라는 구조는 불가능하다. aRb의 구조structure만이 가능하다. 이 구조는 언제라도 실재reality에 맞춰 사용 가능하다. 왜냐하면, 이 구조는 형식에 속하기 때문이다. 그러나 bRa는 세계의 형식에 속하지 않는다.

2.04

The totality of existent atomic facts is the world.

존립하는 원초적 사실의 총합이 세계이다.

2.05

The totality of existent atomic facts also determine which atomic facts do not exist.

존립하는 원초적 사실의 총합이 또한 어떠한 원초적 사실이 존재하지 않는가를 규정한다.

2.06

The existence and non-existence of atomic facts are reality.

원초적 사실들의 존립과 비존립이 실재(reality)이다.

———

해제　　여기에서 비트겐슈타인은 세계를 단지 존립하는 사건의 총체로 규정한다. 이러한 규정은 사실상 매우 혁명적인 것이다. 전통적으로 세계란 곧 과학이 규정하는 바로의 세계였기 때문이다. 세계는 과학자들이 규정하는 바의 세계였다. 과학자들이 곧 예언자였다. 세계는 물리적 필연에 의해 여기 있게 되었다. 그러나 비트겐슈타인은 그러한 것은 없다고 말한다. 세계는 단지 발생하고 있는 사실의 총체일 뿐이다.

　세계에 대한 그의 규정을 이해하기 위해 다음과 같은 예를 들어 보자. 네 개의 명제를 가정하자. 이 명제들은 단지 실재[reality]의 가능성일 뿐이다. 그것은 존립^{existent}할 수도 있고 비존립^{non-existent}할 수도 있다.

1) "개가 짖는다."

2) "비가 온다."

3) "바람이 분다."

4) "덥다."

예로 든 네 개의 명제는 발생한 사실이 아니라 발생 가능한 사실일 뿐이다. 만약 1번과 3번이 존립하고, 나머지는 비존립했다고 하자. 그렇다면 세계는 1번 사실과 3번 사실의 합이다. 나머지 두 사실은 이를테면 잠자고 있다. 잠자고 있는 사실이 negative fact이다. 다시 말하면 세계는 존립과 비존립의 합이다. 존립뿐만 아니라 비존립도 세계의 일부이다. 단지 비존립은 현재 0 값을 지니고 있는 존립일 뿐이다.

2.06은 실재^{reality}에 대한 비트겐슈타인의 정의이다. 그것은 원초적 사실의 존립과 비존립이다. a, b, c, d 네 개의 사실을 다시 가정하고, 그 사실이 발생할 때 +a라고 정하고, 비발생일 때에는 그대로 두기로 하자. (+a, b, +c, d)의 세계는 네 개의 사건에 대해 무엇인가를 말한다. 이때 a의 실재^{reality}는 존립이고 b의 실재는 비존립이고...... 이것의 총체가 세계이다. 따라서 실재 전체가 곧 세계이기도 하다.

2.061

Atomic facts are independent of one another.

원초적 사실들은 서로 독립이다.

2.062

From the existence or non-existence of an atomic fact we cannot infer the existence or non-existence of another.

하나의 원초적 명제의 존립 혹은 비존립으로부터 다른 하나의 존립, 비존립을 추론할 수는 없다.

해제　　　위의 언명은 당연한 것이다. 원초적 사실들은 분석의 종단이다. 그것들은 당연히 서로 독립이다. 참고로 두 사실의 '독립성'에 관해서는 다음과 같이 정리될 수 있다.

첫 번째로, 예를 들어 "개가 짖는다."는 사실과 "내게 두통이 있다."는 사실은 서로 독립^{independent of one another}이다.

두 번째 경우는 추론이다. 이것은 $p \supset q$(p이면 q이다)의 경우이다. 예를 들어 p가 "비가 온다."라는 사실이고 q가 "땅이 젖는다."라는 사실이라고 하면 q는 p에서 추론된다고 한다. 이때 q를 p의 논리적 귀결^{logical consequence}이라고 한다. 예를 들면, $p \lor q$는 $p \cdot q$의 논리적 귀결이다. 즉, $p \cdot q$가 참이면 $p \lor q$는 무조건 참이다. "비가 오고 바람이 분다."가 참이면 "비가 오거나 바람이 분다."는 무조건 참이다. 우리는 이것을 추론^{inference}이라고 한다. 이것은 그러나 지식^{knowledge}이라고 불릴 수는 없다. 이와 관련해서는 지식에 대한 매우 까다로운 정의가 필요하다. 이 부분은 《논고》 제5장에서 본격적으로 다뤄지게 된다.

마지막 경우는 "서로 독립은 아니다."이다. 예를 들어 "바람이 분다."와 "춥다."는 경우에 따라 서로 독립일 수도 있고 그렇지 않을 수도 있다. 왜냐하면, 더운 바람도 있을 수 있기 때문이다.

여기에 x^3-x^2+x-1이라는 정식이 있다고 하자. 그것은 복소수 범위에서 $(x+i)(x-i)(x-1)$로 분석된다. 이것이 분석의 종단이다. 이때 $(x+i)$, $(x-i)$, $(x-1)$은 서로 독립이다. 추론의 관계를 보자. $(x+i)(x-i)(x-1)$이면 $(x-1)$이 존재한다. 즉 $(x+i)(x-i)(x-1)$이 참이면 $(x-1)$도 참이다. 마지막으로 $(x+i)$ $(x-i)$와 $(x-i)(x-1)$은 서로 독립적이지 않다.

03:
PICTURE THEORY

그림 이론

그림 이론은 비트겐슈타인의 철학적 방법론에서 매우 중요한 위치에 있는 이론이다. 아주 간단히 말해서 비트겐슈타인은 사실^{fact}에 대한 언어의 기술을 word-picture로 본다. 즉 사실은 하나의 그림이다. 그것은 단지 장차 기호 언어^{sign-language}로 그려질 그림일 뿐이다. 우리가 어떤 기술^{description}을 보면서 세계를 이해하는 것은 마치 우리가 페루지노의 〈마리아의 혼약〉을 보며 그 실제의 결혼을 보는 것과 같다.

그림은 하나의 가능성 있는 사실의 기술이다. 우리는 실제로 요셉과 마리아가 결혼을 했는지, 했다면 어떠한 양식으로 했는지 알지 못한다. 그렇지만 그림은 가능하다. 그림이 그림의 형식만 지킨다면 그려지지 못할 이유는 없다. 그림이 묘사하는 상황은 그 그림 내용의 참, 혹은 거짓에서 독립한다. 그림의 형식만 지켜진다면 그려지지 못할 그림은 없다.

그렇다면 그림 형식은 무엇인가? 비트겐슈타인은 여기에서 본격적으로 논리형식^{logical form}의 탐구에 나선다. 그림은 어떤 형식하에 세계에 대해 말한다. 그 형식은 반드시 지켜져야 한다. 그렇지 않다면 그것은 참인 그림, 혹은 거짓인 그림임에 앞서 도대체 '말이 되지 않는' 그림이기 때문이다.

그렇다면 그 논리형식은 무엇인가? 비트겐슈타인은 여기에서 처음으로 say/show 구분^{distinction}에 나선다. 그림은 형식 내에 있는 모든 주제를 다룰 수 있다. 예를 들면 고래와 상어와 조개와 불가사리의 바다를 그릴 수도 있고, 돌고래와 굴과 성게의 바다 세계를 그릴 수도 있다. 단지 형식만 지킨다면. 그렇다면 형식은? 우리는 그것에 대해 기술할 수 없다. 그 형식이 곧 우리 자신이기 때문이다. 무엇인가를 기술하기 위해서는 우리는 기술되는 세계 바깥에 있어야 한다. 그러나 우리는 우리 자신 바깥에 있을 수는 없다.

그림 형식, 논리형식, 표상형식, 언어형식 등은 모두 같은 의미의 여러 표현으로서 그것들은 우리 자신이며 곧 세계이다. '나는 나의 세계이기 때문'이다. 내가 나를 넘어설 수는 없다. 내가 나에 대해 묘사할 수는 없다.

우리 자신이란 논리적으로는 '언어형식(논리형식)' 외에 아무것도 아니다. 우리의 형식은 심지어 우리에 앞선다. 우리 형식이 없다면 거기에 우리는 없기 때문이다. 따라서 형식은 설명될 수 없다. 우리는 단지 형식에 맞는 언어의 사용에 의해 형식을 보여줄 수 있을 뿐이다.

스스로의 선함에 대해 말할 수 없다. 단지 선한 행위에 의해 그의 선함이 보여져야 한다. 만약 그가 선하다면 선이 곧 그이기 때문이다. 이것이 비트겐슈타인 철학을 일관해서 흐르는 말해질 수 있는 것what can be said과 보여져야 하는 것what must be shown 사이의 구분이다. 보여져야 하는 것은 말해져서는 안 된다. '나'를 말한다는 것은 형이상학적 오류이다. 거기에 '나'는 없다.

A picture represents a situation in logical space, the existence and non-existence of atomic facts.

하나의 그림은 논리 공간 안의 하나의 상황, 즉 원초적 사실들의 존립 혹은 비존립을 제시한다.

––––––

해제   먼저 하나의 상황은 어떤 사실들은 존립하고 어떤 사실들은 비존립하는 것을 나타낸다. 그리고 여기에 하나의 그림이 대응한다. 즉 그림은 상황을 기술^{describe}한다. 그러나 이 상황은 논리 공간^{logical space}안에 있는 것이어야 한다. 상어가 하늘을 날고 있는 상황은 있을 수 없다. 이것은 논리 공간을 벗어난 것이기 때문이다.

    샤갈은 물론 하늘에 떠있는 염소를 그린다. 그러나 그것은 과학이 아니다. 논리는 단지 과학 언어에 관한 것이다. 예술과 논리 혹은 철학은 서로 상관없다. 예술은 많은 경우에 새로운 시지각이라는 측면에서의 새로운 논리 도입의 시도이다.

A picture is a model of reality.

하나의 그림은 실재의 하나의 모델이다.

––––––

해제   이 명제에서 중요한 것은 "하나의 모델"이라는 것의 의미이다. 하나의 그림은 하나의 실재^{reality}일 수는 없다. 그림은 단지 그림 형식에 맞춰진 어떤 하나의 "가능한 상황"에 대한 것이기 때문이다.

A picture is a fact.

하나의 그림은 하나의 사실이다.

───────

해제　　　　이 명제에서 중요한 것은 '사실^{fact}'에 대한 정의이다. '사실'과 '참인 사실'은 엄격히 다르다. 일반적으로 '사실'이라고 하는 것은 아직 실재^{reality}와 비교되지 않은 것이다. 따라서 단지 참의 가능성을 가질 뿐이다. 이 가능성이 곧 이 사실의 형식이다.

Pictorial form is the possibility that things are related to one another in the same way as the elements in the picture.

그림 형식은 사물들이 그림의 요소들과 동일한 양식으로 서로 관련될 가능성을 말한다.

───────

해제　　　　그림에서 사물들은 서로 어떤 정해진 양식으로 관계 맺는다. 거기에는 일종의 공간적 합리성이 있다. 다 빈치의 〈동굴의 성모〉를 보면 성모는 아기 예수를 내려다보고 있고 성 안나와 아직 아기인 세례 요한은 마리아의 전면에 있고 성모의 뒤편에는 바위들이 있다. 우리는 2차원의 캔

버스에서 3차원의 공간을 읽는다. 이것이 가능한 것은 우리에게 그림을 읽는 것에 대한 어떤 방식이 내재해있기 때문이다. 이것을 예술에 있어서 '규약Konventionen'이라고 부른다. 이 규약이 이를테면 그림 형식이다.

그림에서 그림의 요소들(성모, 아기 예수, 성 안나, 세례 요한, 바위)은 서로 간에 어떠한 정해진determinate 방식으로 관계지어져 있다. 그림의 요소들이 이렇게 관계지어져 있다는 사실은 실재에 있어서 사물들 역시도 같은 양식으로 관계지어져 있다는 사실을 의미한다. 이때 그림 요소들의 관계를 '구조structure'라고 말하고 이 구조의 가능성을 '그림 형식pictorial form'이라고 부른다. 그 그림 형식은 이제 하나의 가능성이 된다. 그림의 요소들이 그 구조에 준해 그려지면 그 그림은 뜻sense을 획득한다.

2.161

There must be something identical in a picture and what it depicts, to enable the one to be a picture of the other at all.

하나의 그림과 그것이 묘사하는 것 — 묘사 당하는 것 — 에는 무엇인가 같은 것이 있어야 한다. 어떻든 간에 전자가 후자의 그림이 되기 위해서는.

2.17

What a picture must have in common with reality, in order to be able to depict it — correctly or incorrectly — in the way that it does, is its pictorial form.

실재(reality)를 묘사하기 위해 — 옳거나 그렇지 않거나 — 그림이 실재와 공통으로 가져야 하는 것, 즉 그림이 실재를 묘사하는 그 양식이 그림의 그림 형식(pictorial form)이다.

해제　　　앞에서도 말한 바와 같이 하나의 그림이 하나의 실재를 묘사하기 위해서는 그림과 실재 사이에 공유하는 무엇이 있어야 한다. 이 공유하는 것이 곧 형식이다. 예를 들어 우리는 라파엘로의 〈목장의 성모〉를 보고는 즉시로 그것이 무엇을 묘사depict한 것인가를 떠올린다. 이것은 그림과 실재가 무엇인가 공유하는 것이 있기 때문이다. 아마도 그 그림에는 선 원근법linear perspective, 대기원근법areal perspective, 단축법foreshortening 등의 형식이 사용되고 있고 그 형식이 또한 세계에도 있을 것이다. 이러한 기법 — 위에서 열거한 세 개의 기법보다 훨씬 더 많은 기법이 있을 것인바 — 이 곧 그림 형식pictorial form이다.

물론 이 그림은 실재reality를 그리지 않았을 수도 있다. 페루지노는 〈천국의 열쇠를 받는 베드로〉에서 주변 사람들의 복장이나 모습을 당시의 전형적인 피렌체 사람들의 복장과 모습으로 그렸다. 이것은 기원 1세기의 예수와 베드로와 기타 사도들의 모습이나 복식은 아니다. 더구나 그 배경은 '바티칸 바실리카'인바 예수는 로마에 간 적조차 없다. 따라서 이 그림은 '옳지 않게incorrectly' 그려진 것이다. 그렇다 해도 우리는 이 그림을 읽는다decipher. 그 이유는 이 그림이 그림 형식pictorial form을 지키고 있기 때문이다. 즉 이 그림은 뜻sense을 가진다. 이것이 1차적으로 중요하다. 그 그림이 참인 것truth이냐 그렇지 않은 것false이냐는 2차적인 것이다.

비트겐슈타인은 이어서 이 그림 형식이 곧 논리형식logical form이며 동시에 실재의 형식the form of reality이라고 말한다. 다시 말하면 비트겐슈타인은 이 그림의 형식을 일반적인 표상형식으로 밀고 가면서 이것이 곧 언어의 형식이라고 말할 준비를 한다. 이 언어의 형식이 곧 논리형식이 될 것이다.

2.172

A picture cannot, however, depict its pictorial form : it displays it.

그러나 그림은 자신의 그림 형식을 묘사할 수는 없다: 그림은 그림 형식을 제시할 뿐이다.

2.173

A picture represents its subject from a position outside it. (Its standpoint is its representational form.) That is why a picture represents its subject correctly or incorrectly.

그림은 자신의 주제를 그림 밖의 자리에서 표상한다. (그것의 시점이 곧 표상형식이다.) 그것이 그림이 자신의 주제를 옳게도 그르게도 표상하는 이유이다.

2.174

A picture cannot, however, place itself outside its representational form.

그림은 그러나 스스로를 그 표상형식 밖에 놓을 수는 없다.

———

해제   이 부분이 비트겐슈타인의 철학을 일관하여 흐르는 say/ show(말하기/보여주기) 구분이 또다시 제시되는 부분이다. 그림이 가능하기 위해서는 그 그림은 실재와 공유하는 형식(그림 형식)을 가져야 한다. 이렇게 그림은 실재^{reality}를 묘사한다. 그러나 그림은 그림 형식 자체를 묘사할 수는 없다.

여기에서 what can be said와 what must be shown이 갈린다. 우리는 화가에게 물어볼 수 있다.

"이 그림이 세계를 묘사할 수 있는 것은 어떻게 해서지요?"

화가가 무엇인가를 열심히 설명한다면 그것은 매우 우스꽝스러운 ^{ridiculous} 노릇이다. 그는 설명될 수 없는 것을 설명하려 하기 때문이다. 우리는 그림이 실재를 묘사할 수 있는 그 방법, 즉 그림 형식에 대해 모른다. 단지 그려지는 그림들이 그 형식에 입각해 있을 뿐이다. 이것이 '보여주기 ^{display'}이다. 그림 형식은 말해질 수 없고 단지 보여질^{be shown} 뿐이다. (따라서 예술가는 자기 예술에 대한 언급을 해서는 안 된다. 그것은 보여지는 것으로 끝난다. 거기에는 설명이 부가되어서는 안 된다.)

그림은 자신의 주제들을 그 바깥쪽에서 조망한다. 예를 들어 우리가 하나의 방을 묘사한다면 그 방안의 테이블, 의자, PC, 침대, 책꽂이들을 우리는 그 바깥쪽에서 묘사한다. 그때 그것을 바라보는 견지^{standpoint}가 곧 표상형식^{representational form}이다. 이 표상형식이 그림에 있어서 그림 형식^{pictorial form}이다.

우리는 그 견지를 벗어날 수 없다. 그것은 칸트적 의미에 있어서 선험적 ^{transcendental}인 것이다. 표상형식은 그림과 더불어^{with a picture} 있는 것이다. 그러나 그림의 주제들은 그림 안에^{within a picture} 있는 것이다. 형식만 지킨다면 우리는 그것들에 대해 자율적으로 기술할 수 있다.

다음의 예를 보자. 어젯밤에 어느 골목길에선가 폭행 사건 — 끔찍한 예를 드는 것이 유감이다 — 이 일어났고 그 용의자가 소환되었다고 가정하자. 형사는 어젯밤의 행적을 시간대별로 말해달라고 용의자에게 요청한다. 용의자는 7시에 어느 동네의 어느 마트에서 장을 보고, 8시 30분경에 어느 술집에선가 두 시간쯤을 보내고 귀가하여 잤다고 진술했다고 하자. 형사는 용의자의 진술에 고개를 끄덕거린다. 일단 말이 되기 때문이다. 그러나 형사의 끄덕거림과 진술에 대한 신뢰는 같은 말이 아니다. 형사는 그의 진술이 맞는지를 확인해야 한다. 즉 실재reality와 비교해 보아야 한다.

이때 비교해 보아야 하는 이유는 용의자의 진술 내용은 용의자의 진술의 주제들이기 때문이고, 그것은 진술 안쪽within에 있는 것이기 때문이다. 형사가 끄덕거린 것은 용의자의 '일단 말이 되는' 진술 형식에 대해서이지 그 내용에 대해서는 아니다.

이와 같이 주제가 그림 안에 있는 것이기 때문에 '옳은 혹은 그른correct or incorrect' 묘사가 가능하다. 위의 진술에 대하여 말하자면 참인 혹은 거짓인 진술이 가능하다. 그러나 그림은 스스로를 벗어나 스스로에 대해 묘사할 수 없다. 왜 그러한 형식으로 그려져야 하는지에 대해 그림은 말할 수 없다. 단지 그렇게 되어 있기 때문에 그렇게 그릴 뿐이다. 따라서 그림은 그려지는 형식에 관한 한 거짓일 수 없다. 그것을 벗어나는 순간 이미 그림이기를 그치기 때문이다.

What a picture represents it represents independently of its truth or falsity, by means of its pictorial form.

그림은 그림 형식을 통해 그 그림의 참과 거짓에서 독립하여, 그것이 표상하는 것을 표상한다.

What a picture represents is its sense.

그림이 표상하는 것이 그것의 뜻(sense)이다.

The agreement or disagreement of its sense with reality constitutes its truth or falsity.

그림의 실재에의 일치 혹은 불일치가 그 참과 거짓을 구성한다.

해제   이 부분은 나중에 "명제의 뜻은 명제의 참과 거짓에서 독립한다."로 집약되게 된다. 여기서는 먼저 그림과 관련하여 그 얘기를 하고 있다. 중요한 전제는 여기에서 비트겐슈타인이 말하는 그림은 일단 그림 형식을 지키고 있는 그림이라는 것이다.

There are no pictures that are true a priori.

선험적으로 참인 그림은 없다.

해제   그림 형식은 선험적이다. 그러나 그 뜻은 선험적이지 않다. 형식을 지키는 한 그림은 그 뜻에 있어 완전한 자율성을 갖는다. 따라서 그림의 참과 거짓은 실재와 비교되어 판정 난다. 즉 경험과 비교되어야 한다. 어떤 참인 형식 혹은 어떤 거짓인 형식은 존재하지 않는다. 모든 형식은 참이다. 그것이 곧 인간 본연이기 때문이다. 이것은 우리가 거짓을 말하지 않는다는 뜻은 아니다. 거짓을 말할 때조차도 그 형식은 참이라는 것이다.

04:
PRO-
POSITION
명제

　　　명제proposition 편에 이르러 《논고》는 점차 그 난해성을 더해 나간다. 이 부분에서는 특히 명제, 명제 기호propositional sign, 대상object, 이름name 등의 개념이 제시되는바 이 개념들에 대한 이해는 매우 난해하고 복잡하다. 비트겐슈타인은 어떠한 예증도 없이 도전적이고 간결하게 그의 의견을 전개해 나간다.

명제에 대한 그의 정의는 기존의 정의와는 현저하게 다르다. 비록 그 자신은 명제에 대한 어떤 명시적인 정의도 하지 않지만 명제에 대한 그의 언명을 차례로 따라가다 보면 기존에 우리가 알던 명제에 대한 개념과는 완전히 다른 개념을 그가 명제에 부여하고 있다는 사실을 알게 된다.

그는 명제에 대한 설명에 이어 곧장 명제의 형성 과정에 뛰어들며 명제의 상수constants와 변수variables 등을 제시하며 일반적인 명제의 추상화 과정을 설명해 나간다. 이 부분은 너무도 brilliant하여 과연 이보다 더 깊이 있고 선명한 통찰이 가능할까 하는 의문이 들 정도이다.

여기에서 비로소 대상object, 원자적 사실atomic fact 혹은 state of affairs, 사실fact 등과 거기에 대응하는 이름name, 요소명제elementary proposition, 명제proposition 등이 제시된다. 이중 전자의 셋은 세계에 속하고 후자들은 각각 전자에 대응하여 언어에 속한다.

'명제' 편에서는 또한 명제와 그것이 포함하는 표현expression의 관계도 제시된다.

마지막으로 더욱 중요한 것이 다뤄지는바 명제의 뜻과 그 명제의 참과 거짓의 관계에 대해서이다. 이 부분은 논리형식과 관련된 것으로 이것은 《논고》 전체를 일관하는 가장 큰 주제 중 하나이다. 여기에서 say/show distinction(말하기/보여주기 구분)이 더욱 자세히 다뤄진다.

3

The logical picture of the facts is the thought.

사실의 논리적 그림이 사유이다.

3.01

The totality of true thought is a picture of the world.

이 참인 사유의 총체가 세계의 그림이다.

해제   비트겐슈타인은 명제와 명제 기호를 연역하기 위해 먼저 사유에 대해 말한다. 비트겐슈타인에게 있어서 사유는 이를테면 '(형식을 갖춘) 마음속의 언어'이다. 그러므로 사유는 무의미senseless할 수 없다. 우리의 상상imagination 역시도 사유의 한 형태이다.

따라서 사유는 실재와 비교될 필요가 없다. 단지 뜻sense만 가지면 되기 때문이다. 사유가 그림과 다른 점은 사유는 단지 마음속에서 일어나는 과정이라는 점이다. 그림은 인식 가능한 물질적 표현을 하고 있다는 점에서 오히려 명제 기호propositional sign이다.

나중에 얘기되지만 사유가 마음속에서 구체화될 때 그것이 곧 '뜻을 가진 명제proposition with sense'이다. 사유thought는 따라서 마음속에서 상상이 되는 세계이고 true thought는 그 사유가 실재와 비교되었을 때 참으로 드러나는 경우이다.

Thought can never be of anything illogical, since , if it were, we should have to think illogically.

사유는 비논리적인 어떤 것이 될 수 없다. 왜냐하면, 만약 그렇다면 우리는 비논리적으로 사유해야 하기 때문이다.

———

해제   '인간임^{being human}'의 의미는 곧 논리적임^{being logical}의 의미이다. 논리가 곧 인간이고 인간이 곧 논리이다. 따라서 인간은 비논리적으로 사유할 수 없다. 그렇다면 그는 인간이 아니기 때문이다.

비논리적 사유^{illogical thought}는 따라서 형용모순^{contradictio in adjecto}이다. 비논리적이면 사유일 수 없고 사유는 비논리적일 수 없기 때문이다.

3.031

It used to be said that God could create anything except what would be contrary to the laws of logic. The truth is that we could not say what an 'illogical' world would look like.

신은 논리의 법칙에 반하는 세계만 아니라면 어떤 세계도 창조할 수 있다고 말해져 왔다. 그것은 우리가 '비논리적' 세계가 어떠한 것인가를 말할 수 없다는 것이다.

———

해제.   전반부는 오컴^{William of Ockham}의, 후반부는 비트겐슈타인 자신의 유명한 선언이다. 오컴은 그의 《논리 총서^{Summa Logicae}》에서 위의 전반부의 자신에 찬 발언을 한다. 또한, 창세기에서도 세계는 태초에 'formless and void'했지만, 신이 거기에 form을 부여했다고 말한다. 논리 없는 세계는 세계가 아니다. 우리 자신이 그런 세계를 상상할 수 없기 때문이다. 여기서 중요한 것은 '다른 논리'라는 것이 불가능하다는 사실이다. 우리는 그것을 말로만으로도 언급할 수 없다. 그것은 우리가 우리 밖에 있을 수 있다는 것을 의미하기 때문이다.

세계가 하나의 논리인 것은 우리 자신이 논리이기 때문이다. 세계란 우리가 보는 바로의 세계 이외에 아무것도 아니다. 그리고 우리가 보는 바가 곧 우리이다. 우리를 물들이는 언어 이외에 다른 우리는 없다. 앞에서 말한 바대로 논리는 선험적인 것이다. 우리는 그러한 종류의 선험성에 반할 수 없다. 그 순간 우리는 인간임을 그쳐야 하기 때문이다. 따라서 위의 언명은 세계란 곧 논리라는 철학을 말하는 것이다. 전반부는 신학적 입장에서, 후반부는 인간의 입장에서. 따라서 illogical world라는 언명은 존재하지 않는 언명이다. 형용모순이다.

In a proposition a thought is expressed perceptively through the sense.

사유는 명제 안에서 감각을 통해 인식되도록 표현된다.

해제   비트겐슈타인은 처음으로 명제의 정의에 대해 말하기 시작한다. 명제는 이를테면 사유의 인식적 측면이다. 명제에 이르러 우리는 서로 간에 사유를 공유할 수 있다.

We use the perceptible sign of a proposition (spoken or written, etc.) as a projection of a possible situation.

우리는 명제의 인지 기호(구어 혹은 문어 등등)를 가능한 상황의 투사로 사용한다.

해제　　　명제는 하나의 '가능성possibility'의 내용이고 명제 기호propositional sign는 그 가능성의 구체화된 물적 표현이다. 여기서의 perceptible sign은 명제 기호이다.

명제는 사유이다. 그 명제에 구체적 기호가 부여될 때 그것은 명제 기호가 된다.

우리는 x와 y가 어떤 관계에 있을 때 그것을 xRy라는 명제로 표현할 수 있다. 우리가 만약 x를 hat, R을 is on the, y를 table이라 하면 우리는 마음 속에서 어떤 그림인가를 그린다. 그것은 "모자 밑에 테이블이 있다."일 수도 있고, "테이블 위에 모자가 있다."일 수도 있다. 이것이 명제이다. 명제는 동일한 뜻을 지닌 명제 기호의 총체이다. 반면에 확정적으로 (모자; h, 탁자; t) hRt라고 한다고 하자. 이것이 명제 기호propositional sign이다.

3.13

A proposition includes all that the projection includes but not what is projected.

명제는 투사가 포함하는 모든 것을 포함한다. 그러나 투사되는 것을 포함하지는 않는다.

해제　　명제는 하나의 뜻^{sense}이다. 따라서 뜻이 같은 모든 투사를 포함한다. 그러나 막상 (지금) 투사되고 있는 것을 포함하지는 않는다. 지금 투사되고 있는 것은 명제의 뜻이 표현될 수 있는 여러 물적 표현 중 하나일 뿐이다. 위의 언명을 좀 더 쉽게 말한다면 명제는 심적^{mental}인 것이고 명제 기호는 가시적^{perceptible}인 것이다. 지금 투사되고 있는 것이 명제 기호^{propositional sign}이다.

비트겐슈타인이 규정하는 바의 명제와 명제 기호가 각각 무엇을 의미하고 서로 어떻게 다른가의 문제는 《논고》의 연구자들에게 큰 난제였다.

이것은 다음과 같이 이해될 수 있다.

명제와 명제 기호에 대해서는 먼저

1. 명제는 뜻^{sense}과만 관련하지만, 명제 기호는 뜻뿐만 아니라 감각적으로 인식되는 물질성도 포함한다.

2. 명제는 사유와만 관련하지만, 명제 기호는 그것의 객관화된 언표이다.

3. 명제는 이를테면 상징^{symbol}이고 명제 기호는 기호^{sign}이다.

4. 하나의 상징에 여러 개의 기호가 대응할 수 있는 것처럼 하나의 명제에 여러 개의 명제 기호가 대응할 수 있다.

5. 그러나 일반적으로 하나의 명제 기호에 여러 개의 명제가 대응할 수는 없다.

구체적인 예증을 들자.

1) Romeo loves Juliet.

2) Juliet is loved by Romeo.

3) Romeo has affection for Juliet.

위의 세 문장은 서로 다른 명제 기호이지만 하나의 명제이다. 비트겐슈타인은 "명제는 투사가 포함하는 모든 것을 포함하지만 지금 투사되고 있는 것을 포함하지는 않는다."고 말한다. 이 언명의 의미는 위의 예에서 분명히 드러난다. 명제는 어쨌건 뜻^{sense}을 포함한다. 그렇지만 그 뜻이 표현되는 — 현실화되는 — 양식은 포함하지 않는다. 위의 예에서 보자면 명제는 로미오와 줄리엣의 내적 관계(내용상의 관계)와만 관련하지만, 막상 물질화된 문장을 포함하지는 않는다.

명제를 악보로 명제 기호를 연주로 비유하면 또 다른 좋은 예증이 된다. 악보 역시도 감각으로 포착할 수 있는 어떤 소리의 투사이다. 이것은 이를테면 명제이다. 그것은 무엇으로도 연주될 수 있다. 예를 들면 피아노로도 바이올린으로도 첼로로도 연주 가능하다(조 옮김이 가능하다고 생각하자). 그러나 악보 자체만으로는 아직 연주되지 않은 것이다. 악보는 물론 감각으로 포착될 수 있다. 그러나 악보의 역할은 거기에 그친다. 명제의 역할도 마찬가지이다. 이 악보가 실제로 피아노로 연주되고 그것을 우리가 감상한다고 하

자. 이때 명제는 하나의 명제 기호를 입은 것이다.

Therefore though what is projected is not itself included, its possibility is.

따라서 투사되는 것이 그 자체로서 명제에 포함되지 않는다고 해도 그 가능성은 포함된다.

———

해제　　　위 언급 역시 로미오와 줄리엣의 예에 의해 쉽게 이해될 수 있다. 그것이 어떻게 표현될지를 명제만으로 알 수는 없다. 그러나 명제는 뜻을 가지고 있다. 뜻은 이를테면 가능성이다. 단지 그 뜻이 어떤 옷을 입을지가 아직 미정일 뿐이다. 어떤 악기에 의해 연주될지는 아직 알 수 없다. 그러나 어떤 악기건 간에 그 악보는 연주될 수 있다.

3.14

What constitutes a propositional sign is that in it its elements(the words) stand in a determinate relation to one another. A propositional sign is a fact.

명제 기호를 구성하는 것은 그 안에서 그것의 요소들(단어들)이 서로 간에 정해진 관계로 존립해 있다는 것이다. 명제 기호가 곧 사실이다.

———

해제　　　비트겐슈타인은 앞에서 pictorial form, representational

form, logical form, the way of projection에 대해 말해 왔다. 그는 명제 기호(사실은 sentence인바)에 관련해서는 이것을 determinate relation이라고 말하고 있다.

명제는 사실이 아니다. 그것은 사실의 가능성만을 가지고 있다. 물론 명제는 뜻을 가진다. 그러나 명제는 말해진 바와 같이 악보와 같은 것이다. 그것은 사실의 전 단계이다. 일단 연주되어야 사실이 된다. 그리고 그 연주가 옳게 연주되었는지 그렇지 않은지에 의해 참과 거짓이 결정된다.

xRy라는 명제 기호를 "x는 y 위에 있다.(x is on the y.)"를 표현하는 것이라고 하자. x, y는 아직 무엇인지 모른다. 이것은 사실의 가능성만을 가지고 있다. "모자(h)가 테이블(t) 위에 있다."고 하자. 이때 hRt라는 표현이 가능해진다. 이제 이것은 사실이 되고 참과 거짓의 검증을 받을 준비가 된다. 이것이 명제 기호이다.

3.143

That the propositional sign is a fact is concealed by ordinary form of expression, written or printed.

명제 기호가 하나의 사실이라는 것은 표현의 일상적 형태 — 필기된 것이건 인쇄된 것이건 — 에 의해 덮여진다.

———

해제　　　　비트겐슈타인은 자신의 철학에서 결정적으로 작동하게 될 대상과 원자적 사실(이름과 요소명제)과의 관계에 대한 논증에 나선다. 분석의 종단의 대상object을 제외하고는 모든 것이 사실이어야 한다. 대상만이 단순자이다. 대상을 제외한 나머지 사물thing은 이미 사실이다. 원소만이 대상이다. 그것들이 결합하기 시작하면 거기에 사물thing은 없다. 복합물은 하나의 사실이다. 사실에서 원초적 사실에 이르는 분석과정에는 사실들만이 있다.

aRb는 사물인가, 사실인가? 이것은 하나의 명제 기호이다. 그러나 사물은 아니다.

3.1431

The essential nature of a propositional sign becomes very clear when we imagine it made up of spatial objects(such as tables, chairs, books) instead of written sign. The natural spatial position of these things then expresses the sense of the proposition.

명제 기호의 근원적 본질은 글씨 기호 대신 그 명제가 공간적 대상들(탁자들, 의자들, 책들)로 이루어졌다는 것을 상상하면 매우 명료해진다. 이 사물들의 상호적인 공간적 위치가 명제의 뜻을 표현하게 된다.

———

해제   방room을 예로 들자. 이것은 사물인가, 사실인가? 비트겐슈타인은 1장에서 이미 세계를 사물의 총체가 아니라 사실의 총체라고 말하고 있다. 물론 많은 철학자가 비트겐슈타인 스스로 존재론ontology에서 세계의 기저substance를 구성하는 대상object들이라는 사물들을 가정했다는 것으로부터 그 역시도 사물thing의 본유성을 인정했다고 말해왔다.

탁자, 의자, 침대, 창문, 방문 등이 맺고 있는 상호적 관계에 의해 방room

이라는 기호가 만들어진다. 그러나 이 기호는 사물들이 맺고 있는 사실을 가리키고 있다. 이뿐만이 아니다. 방의 구성요소들도 사실이다.

하나의 예를 들면 비트겐슈타인의 논증이 좀 더 분명해진다.

"진공관은 음성신호의 증폭소자이다."라는 명제 기호propositional sign가 제시되었다고 하자. 우리는 곧 진공관, 음성신호, 증폭소자 등의 낱말들words로 새로운 문자기호를 도입한다. 이때 진공관, 음성신호, 증폭소자 등은 사물인가 사실인가? 비트겐슈타인은 단호하게 사실이라고 말한다. 마치 앞의 방이 사실의 집합인 것처럼. 왜냐하면, 그것들은 복합물이므로 문장에 의해 분석되기 때문이다.

진공관은 "그것은 히터, 캐소드, 그리드, 플레이트로 이루어져서 음성신호를 증폭한다."고 말해질 수 있다. 진공관은 사물이 아니라 사실이다.

"세계는 사물의 총체가 아니라 사실의 총체이다."

세계의 기저substance를 구성하는 대상들objects은 물론 사물이다. 그러나 그것은 우리에게 세계에 대해 무엇인가를 말해주지 않는다. 그것은 다만 '논리적으로logically' 존재할 뿐이다. 세계에 대해 말하는 것은 언제나 사실이다.

3.1432

We must not say, "The complex sign 'aRb' says 'a stands in relation R to b'", but we must say, "That 'a' stands in a certain relation to 'b' says that aRb."

우리는 "'aRb'라는 복합기호가 a가 R이라는 어떤 관계로 b와 존립한다."고 말해서는 안 된다. 오히려 "'a'가 어떤 관계로 'b'와 존립하는 것이 'aRb'를 말한다."고 말해야 한다.

해제　　이 언명은 다시 한번 복합기호(단순기호가 아닌)의 성격에 관한 비트겐슈타인의 확고한 의견을 말해주기 위한 것이다. aRb라는 복합기호는 어쨌든 "a는 어떤 관계로 b와 존립한다."를 지칭^{denote}한다. 이때 비트겐슈타인은 기호와 사실 중 단연 사실에 우선권을 둔다. aRb라는 기호 자체가 사실을 말하지는 않는다. 그 경우 기호가 하나의 사물로 작동하기 때문이다.

　예를 들어 '방^{room}'이라는 기호가 방에 있는 사물들 간의 공간적 관계를 규정짓는다면 이것은 방이라는 단어가 내재적 본질을 가지고 있다는 것이 되고 이것은 다시 플라톤을 비롯한 실재론자들의 이데아론이 된다. 거기에 방의 본질은 없다. 복합기호의 본질은 없다. 우리는 단지 어떤 사실에 어떤 기호를 대응시킬 뿐이다. 따라서 거기에 사실(혹은 사실들)이 있고 우리는 이것을 복합기호로 표시할 뿐이다. 탁자와 의자와 창문과 방문 등이 서로 어떠어떠한 관계를 맺고 있을 때 우리는 그것을 방이라고 부른다. '방'이라는 단어는 이미 사실(사물이 아닌)을 전제하는 것이다.

　비트겐슈타인의 위의 언명은 합리론과 경험론의 경계선이 기호학에 있어서 어떻게 그어지는가를 보이는 중요한 언명이다. 그는 자연스럽게 그의 기호론이 제시하는 바를 따라간다. 여기서의 요점은 사실은 간단하다. 기호는 사물에 대응하는가, 아니면 사실에 대응하는가? 피상적으로는 둘 다에 대응한다. 그러나 사물이 사실로 정의된다는 것을 고려하면 기호 — 이름^{name}을 제외한 — 는 모두 사실에 대응한다. 이것은 비트겐슈타인이 제시하는 바의 세계의 본질과 관련하여 중요한 언명이다. 중요한 것은 비트겐슈타인의 철학은 기호로 재구성되는 '경험론 철학'이라는 사실이다. 이것이 그의 철학에 고유의 개성과 가치를 부여하고 있다.

C. S. 퍼스(C. S. Peirce) 혹은 F. 소쉬르(Ferdinand de Saussure) 등도 매우 뛰어난 기호학자였다. 그러나 비트겐슈타인만이 기호학을 통해 하나의 철학을 재구성해서 내놓는다. 그의 세계는 방대하고 근원적이다.

3.144

Situations can be described but not named.

상황은 기술될 수 있지만 기명될 수는 없는 것이다.

───────

해제　　　　복합기호는 상황^{situation}에 관한 것이기 때문에 언제나 사실을 지칭하는 것이다. 그것은 이름이 아니다. 이름은 그 사실이 원초적 사실까지 분석되었을 때 그 사실을 구성하는 원초적 대상을 지칭하는 원초적 기호 primitive sign이다.

3.2

In a proposition a thought can be expressed in such a way that elements of the propositional sign correspond to the objects of the thought.

명제 속에서 사유는 명제 기호의 요소들이 사유의 대상들과 대응하는 방식으로 표현될 수 있다.

　　　　명제는 물론 사유의 소산이다. 그러나 사유는 그 표현을 찾는다. 다시 한번 악보의 예를 들자. 이 악보는 물론 명제이고 그것은 사유의 소산이다. 실제로 연주되는 것이 이를테면 명제 기호이다. 이 명제 기호의 궁극적인 요소들은 사유의 궁극적인 요소^{object}에 대응해야 한다. 사유는 명제에 물질성(혹은 피인지성)을 부여하고자 한다. 따라서 사유는 대상을 갖는다. 그래야만 사유가 표현될 수 있기 때문이다. 다시 말하면 피아노 건반 하나의 터치는 사유의 하나의 대상에 일치한다. 이때 이 대상이 object이며 피아노 건반 하나의 터치가 name이다. 사유에서 세계가 나오고 명제 기호에서 문장이 나온다.

3.201

I call such elements 'simple signs', and such a proposition 'completely analysed.'

나는 그러한 요소들을 '단순기호'라고 그리고 그러한 명제를 '완전히 분석된 것'으로 부르겠다.

3.202

The simple signs employed in propositions are called names.

명제에서 채용된 단순기호가 이름으로 불린다.

3.203

A name means an object. The object is its meaning.

이름은 대상을 의미한다. 대상이 이름의 의미이다.

해제　　이 언명들은 모두 언어분석의 공간에 대해 말하고 있다. 먼저 명제는 명제 기호에 의해 가시적 옷을 입는다. 악보는 연주되었을 때 음악이 된다. 명제는 어쨌건 가장 단순한 기호들simple signs까지 분석되고 이것이 명제에 있어서는 이름들names이라고 불리게 된다. 이것들은 세계에 있어서는 대상들objects에 대응한다.

명제이건 명제 기호이건 단순기호가 분석의 종단이다. 단지 명제에 있어서의 단순기호는 우리 마음속의 과정이고 명제 기호에 있어서의 단순기호는 가시적인 것들이다. 따라서 명제 기호에 있어서의 단순기호는 문장의 궁극적 단위이다.

다시 화학의 예를 들면 명제는 '마음속의' 원소주기율표이다. 명제 기호는 '책에 명시된' 원소주기율표이다.

여기서 meaning이라는 표현이 나온다. 이것은 sense와 엄격히 구분되어야 한다. 이 구분은 단지 성가신 현학은 아니다. sense는 명제의 뜻을 말하고 meaning은 대상의 '존재 값existence value'이다.

Objects can only be named. Signs are their representatives. I can only speak about them: I cannot put them into words. Propositions can only say how things are, not what they are.

대상은 이름으로 지칭될 수 있을 뿐이다. (대상에는 단지 이름만이 대응할 뿐이다.) 기호가 그것들의 (가시적인) 대변자이다. 나는 그것들에 '대해' 말할 수 있을 뿐이다. 나는 그것들을 '언어로 표현'할 수는 없다. 명제들은 "사물이 어떻다."를 말할 뿐이지 그것이 무엇인가를 말할 수는 없다.

해제   비트겐슈타인은 앞에서 '세계는 사물의 총체가 아니라 사실의 총체'라고 말한바 이 언명을 "세계는 명제의 집합이다."라고 바꿔 말해도 문제없다.

우리는 명제에 의해 세계를 이해한다. 대상object을 제외한 모든 것이 사실(명제)이다. 그러나 우리는 대상의 정체를 모른다. 이것은 앞에서 누누이 말한 바이다. 그것은 명제 속에서 사용될 뿐이다. 그것이 무엇인지는 용례에 의해 보여질 뿐이지 분석(정의)에 의해서 말해질 수는 없다.

먼저 비트겐슈타인이 여기에서 말하는 사물thing은 object를, 명제는 요소명제(원초적 사실에 대응하는)를 지칭하는 것으로 이해해야 한다. object에 대한 비트겐슈타인의 주장은 간단히 말해 그것은 정의definition될 수 없다는 것이다. 즉 더 이상 분석될 수 없다는 것이다. 분석은 한없이 진행될 수는 없다. 거기에는 종점이 있다. 그러나 누구도 종점을 발견할 수는 없다. 만약 그것이 발견된 것이라면 그것은 다시 분석되어야 하기 때문이다. 그랬을 때 분석의 종단은 단지 논리적으로만 존재하게 된다. 그것이 대상이다.

철학적 실재론은 종합에 의해 세계의 실재를 구한다. 그 종합의 절정이 데미우르게(Demiurge, 이데아 중의 이데아), 부동의 동자^{Primum Mobile Immotum}, 혹은 I am what I am 등이다. 또한, 기하학에 있어서는 공준^{postulate}이 여기에 해당한다. 경험론은 분석에 의해 세계의 실재를 구한다. 그들은 분석의 종단에 있는 것들이 세계의 기저^{substance}라고 생각한다. 실재론에서의 종합의 궁극은 원인을 가지지 않는다. 그 자체가 원인이다. 즉, causa sui^{cause itself} 혹은 causa prima^{the first cause}이다. 만약 그 궁극적 존재도 원인을 갖는다면 그 원인이 또다시 궁극적 존재가 되어야 하고 이것은 끝없이 계속될 것이기 때문이다. 만약 그렇다면 세계를 그릴 수 없다.^{cannot sketch the world}

경험론(혹은 유명론)은 이것을 뒤집어 놓는다. 여기에 현존이 있다. 우리는 현존의 위쪽으로 상승할 수 없다. 왜냐하면, 그것들은 실증적인 것이 아니기 때문이다. 경험론은 실증성에 의해 현존을 설명한다. 이 경우 현존의 기초를 (현존을 유출시킨 이데아가 아니라) 현존의 분석의 종점에 놓을 수밖에 없다. 거기에 있는 것, 즉 원초적 대상의 결합에 의해 현존이 있게 된다. "실존(현존)은 본질에 앞선다." 현존의 존재가 현존의 분석적 종점을 요구한다. 이것이 '단순자에 대한 요청^{demand for the simples}'이다. 우리는 현존을 유출시킨 최초의 것들^{object}에 대해 모른다. 또한, 몰라야 한다. 안다면 그것은 원초적인 것들이 아니기 때문이다. 따라서 그것들이 무엇인지를 말할 수는 없다. 요소명제는 사례에 대해 말할 뿐이지 대상에 대해 말할 수는 없다.

거듭 중요한 것은 '개념'의 문제이다. 그것이 '실재^{realia}'이냐 아니면 이름

^{nomina}이냐에 따라 철학은 합리론과 경험론으로 갈린다. 이것은 거듭 강조되어야 할 사항이다. 합리론자들은 개념이 생득적인 것이라고 말한다. 경험론자들은 개념은 유사한 것들에 대한 거듭된 경험이 응축시켜놓은 명칭일 뿐이라고 말한다. 즉 전자는 개념을 형이상학적인 것으로 보고 후자는 단지 심리적인^{psychological} 것으로 본다.

경험론자들이 세계를 '사실'의 총체로 보는 것은 개념(사물)의 생득성을 부정하기 때문이다.

3.23

The requirement that simple sign be possible is the requirement that sense be determinate.

단순기호(name을 지칭하는)의 (존재) 가능성에 대한 요구는 뜻의 확정성에 대한 요구이다.

해제　　　이 언명은 비트겐슈타인이 누누이 강조하는 것이다. 단순기호들의 총합은 세계의 기저^{substance}이다. 기저는 그 안에 논리형식^{logical form}을 이미 지니고 있다. 이것이 의미하는 것은 만약 우리의 언어가 이 기저 위에 있기만 하다면 그 언어가 (참 혹은 거짓과 관련 없이) 가능하다는 것이다.

원소주기율표가 존재하지 않는다고 하자. 그리고 H_2O라는 사물^{thing}이 제시되었다고 하자. 우리는 이 사물이 현재 어디에 있건 간에 ("주전자에 있다."고 누군가가 말한다고 가정하자.) 도대체 존재할 수 있는 것인가를 알 수가 없다. 원소주기율표는 원소와 그 원소의 결합 가능성(결합형식)을 이미 제시하고 있다는 전제하에서 그렇다.

HHe라면 어떤가? 이러한 것의 존재는 불가능하다. 수소 원자와 헬륨 원자는 결합하지 않는다. 그러나 그것 이상이다. 단순기호가 없다면 결합형식 이상으로 대상 자체가 무엇인지조차 모른다.

따라서 뜻^{sense}이 있기 위해서는 — 서로 말이 통하기 위해서는 — 반드시 거기에 단순기호의 집합인 기저^{substance}가 있어야 한다.

여기에서 비트겐슈타인이 '뜻이 확정적^{sense be determinate}'이라고 말하는 것은 간단하게 '말이 되는'이라는 뜻이다.

3.24

A proposition about a complex stands in internal relation to the proposition about its constituent part. A complex can only be given by its description, and this will either be right or wrong. The proposition in which there is mention of a complex, if this does not exist, becomes not nonsense but simply false.

That a propositional element signifies a complex can be seen from an indeterminateness of the proposition in which it occurs. We know that everything is not yet determined by this proposition. (the notation for generality contains a prototype.)

The combination of the symbols for a complex into a simple symbol can be expressed by a definition.

복합체에 관한 명제는 그 복합물의 구성요소에 대한 명제와 내적 관계에 있다. 복합체는 단지 그 기술(description)에 의해서만 주어질 수 있고 그때 이것은 참이거나 거짓이다. 복합체에 대해 언급하는 명제는 만약 그 복합체가 존재하지 않는다면 의미가 없지는(nonsense) 않고 단지 거짓일 뿐이다.

어떤 명제요소가 복합물을 지칭한다는 사실은 그 복합물을 지닌 명제의 불확정성에서 보여진다. 그 경우 우리는 그 명제가 무엇인가 확정적인 것을 남겨두고 있다는 사실을 안다.(일반화 기호가 그 전형을 포함한다.)

복합체의 상징들의 조합을 단일한 상징으로 축약시키는 것은 정의에서 보여질 수 있다.

———

해제　　　　3.24는 수수께끼 같은 명제들로 구성되어 있다. 이 언명들은 기피되거나 비난받았다. 비난은 '애매함'이 이유였다. 그러나 그렇지 않다. 오히려 이 부분은《논고》중 가장 선명하고 가장 불요불가결한 부분이다. 이 명제들이야말로 일반적인 명사들이 지닌 논리적 성격을 설명하기 때문이다.

먼저, 첫 번째 명제부터 분석해 보도록 하자.

"개가 고양이를 문다."라는 명제를 가정하자. 이때 개와 고양이는 물론 복합물complex이다. 단지 개에 대해서만 말하도록 하자. 개는 무엇인가? 우리는 짖음, 네 발, 꼬리 등을 개의 구성요소들constituent parts로 본다.

이때 "개가 고양이를 문다."라는 명제는 "개는 짖는 동물이다."라는 명제와 내적 관계internal relation에 있다. 또한 이 명제는 "고양이는 할퀸다."라는 명제와도 내적 관계에 있다. 다시 말하면 개와 고양이를 포함하는 명제는 개에 대한 그리고 고양이에 대한 명제와 내적 관계에 있다.

다른 하나의 예를 들자.

"지난달에 인플레이션이 있었다."라는 명제가 있다고 하자. 이때 우리는

$a, b, c, d, e, \ldots$ 등의 물가지수의 평균이 지난달에 그 전달보다 높아졌다는 사실을 안다. 그랬을 때 각각의 품목들의 물가지수가 지난달의 물가지수와 내적 관계에 있다고 말하게 된다.

가령 1. "택시요금이 올랐다." 라거나 2. "과일값이 올랐다."라거나 3. "그나마 쇠고깃값은 그대로였다." 등의 명제는 모두 "지난달에 인플레이션이 있었다."라는 명제와 내적 관계에 있다. 따라서 비트겐슈타인의 이 언명은 "복합물은 그 구성요소와 내적 관계에 있다."고 간단히 말해질 수 있다.

비트겐슈타인의 이 규정은 매우 중요하다. 만약 복합물에 대한 명제와 복합물의 구성요소들에 대한 명제가 내적 관계에 있지 않다면 분석은 불가능하기 때문이다.

"210 is an even number."라는 명제가 있다고 하자. 210은 10×21로 분석된다. 이때 "210 is an even number."라는 명제와 "210 is analyzed into 10×21."이라는 명제는 내적 관계에 있다. 다시 말하면 "복합물을 포함하는 명제는 그 복합명제의 구성요소를 포함하는 명제들로 분석될 수 있다." 분석이 가능하기 위해서는 반드시 내적 관계에 있어야 한다. 210은 10×21로 분석 가능하다. 왜냐하면, 210과 10, 210과 21은 서로 내적 관계에 있기 때문이다.

그렇다면 외적 관계도 있는가? 뜻이 있는^{with sense} 명제라면 모두 외적 관계에 있다.

단순자는 상설^{elucidation}에 의해, 복합물은 기술^{description}에 의해 제시된다. 두 개의 경우를 생각하자.

1) '개'

2) "개가 짖는다."

우리는 1)의 경우, "그래서 뭐가$^{so\ what?}$"라고 묻는다. 세계가 사물의 총체라고 규정하는 실재론자들은 물론 2번은 우연성이고 1번은 필연성이라고 말하며 1번으로 충분하다고 말할 것이다. 그러나 비트겐슈타인의 입장은 '사실'이 세계의 총체이다. 그러므로 사물은 기술^{description}에 의해 주어지지 스스로 존재할 수는 없다. 막상 그 복합물은 부존재한다고 하자. 이때 그것을 포함하는 명제는 '뜻이 없는^{nonsensical}' 것이 아니라 '거짓' 명제일 뿐이다. 예를 들어 "개가 짖는다."라고 말했는데 거기에 '개'는 없다고 하자. 이때 이 명제는 거짓이긴 하지만 어쨌든 뜻은 가지고 있다. 이 부분은 명제의 참과 거짓에 대한 정의와 관련하여 매우 날카로운 규정이다.

우리가 어떤 명제를 참이라고 혹은 거짓이라고 말할 때 그것은 무엇에 준하는가? 이것은 그 명제에 들어 있는 복합체의 존재 유무에 달린 것이다. 그것이 명제라면 그것은 무조건 논리형식을 지니는 것이고 따라서 뜻^{sense}을 지니는 것이다. 남는 것은 그것이 참이냐 거짓이냐의 문제이고 이것의 여부는 단지 그 명제에 있는 사물들의 존재 유무에 달려있을 뿐이다. 이 부분은 비트겐슈타인의 분석적 역량의 가장 빛나는 부분이다.

어떤 명제의 하나의 요소가 복합물을 지칭하는가 혹은 그렇지 않은가는 그 명제의 뜻의 불확정성으로 알 수 있다고 비트겐슈타인은 말한다. 여기서 뜻의 불확정성은 무엇을 의미하는가? x^2-1을 예로 들자. 우리는 이것을 불확정적이라고 말할 수 있다. 그것이 $(x+1)(x-1)$이 됐을 때 우리는 이제 그 뜻sense이 확정되었다고 말한다.

우리는 "그 명제의 모든 것이 결정되었다."라고는 말할 수 없다. 아직 분석의 종단에 있지 않기 때문이다. 그 대표적인 예가 일반성 기호이다. 여기서 비트겐슈타인이 일반성 기호라고 말하며 의미하는 것은 보통명사이다. 다시 "개가 짖는다."는 예로 돌아가자. 우선 '개'라는 사물은 하나의 복합체이다. 그런데 그 경계가 그 시점에 인식 가능한 어떤 일련의 집합에까지 이른다. 따라서 이 명제는 무엇도 확정하고 있지 않다. 두 개의 명제를 생각하자. 한 마리의 개가 있고 그 이름이 'Meloo'라고 하자(기호로 m). 다시 '개' 일반이 있고 그 기호를 d라고 하자. 그리고 "짖는다."를 함수 f라고 하자. fm은 단지 멜루 한 마리에 대해서만 말하고 있다. "멜루는 짖는다." 이것은 확정적이다.

일반성 기호는 미확정이다. fd는 d에 속하는 많은 것들의 미확정이다. 복합물을 지칭하는 여러 상징symbol들이 단일한 하나의 상징으로 조합되는 것이 곧 정의definition이다.

3.25

There is one and only one complete analysis of a proposition.

하나의 명제에는 단 하나의 그리고 단 하나의 완전한 분석이 있다.

해제   이 언명은 동일한 사실의 경우 그 분석의 종단은 모두 같다는

것을 의미한다. 예를 들어 x^3-x^2+x-1이라는 정식이 있다고 하자. 두 개의 분석 과정을 예로 들자.

1. x^3-x^2+x-1, $x^2(x-1)+(x-1)$
   $(x^2+1)(x-1)$, $(x+i)(x-i)(x-1)$

2. x^3-x^2+x-1, $x(x^2+1)-(x^2+1)$
   $(x^2+1)(x-1)$, $(x+i)(x-i)(x-1)$

1과 2는 동일한 '분석과정'을 갖지 않는다. 그러나 분석의 종단은 어느 경우나 $(x+i)(x-i)(x-1)$로 같다.

3.26

The name cannot be analyzed further by any definition. It is a primitive sign.

이름은 어떤 정의에 의해서도 더 이상 분석되지 않는다. 그것은 원초적 기호이다.

해제　　　이름은 명제의 종단에 있는 것으로서 세계의 대상^{object}을 지칭하는 것이다. 정의^{definition}는 앞에서도 말한 바와 같이 어떤 것^{thing}을 그 구성 요소로 분해하여 그것을 설명해 주는 것이다. 그러나 이름은 더 이상 분해될 수 없으므로 더 이상 정의될 수도 없다.

3.262

What does not get expressed in the sign is shown by its application. What the signs conceal, their application declares.

기호 안에서 표현되지 않는 것은 그 적용(쓰임)에 의해 보여진다. 기호가 감추는 것 역시 그 적용이 말한다.

———

해제　　　이 언명은 이름과 요소명제의 관계를 말하기 위한 매우 중요한 전제이다. 이름 혹은 그 물질적 대변자인 원초적 기호$^{\text{primitive sign}}$는 정의될 수 없다. 따라서 우리는 그것이 무엇인지 알 수 없다. 우리가 그것을 알게 되는 것은 그 용례에 의해서이다.

하나의 예를 들자면 사람들이 모여 Melody에 대해 말한다. Melody를 원초적 기호라고 가정하자. 그 모임의 신참자는 고유명사로 말해지는 Melody에 대해 모른다. 그는 사람들의 말을 주의 깊게 듣는다.

"어제 Melody가 구두를 물어뜯었어." 혹은 "이틀간 Melody 산책을 시켜주지 않았더니 아무한테나 짖더라고." 혹은 "퇴근할 때 Melody가 젤 좋아해. 꼬리가 빠질 정도로 흔들어. 하하하." 등등의 언급을 들었다고 하자. 그는 그때야 "아, Melody는 강아지를 일컫는구나." 하게 된다. 용례에 의해 그것이 무엇을 지칭^{signify}하는지 알게 되는 것이다. 우리는 이름^{name} 자체만으로 그것에 대해 알 수는 없다. 그것은 더 이상 분석되지 않기 때문이다. 우리가 이름에 대해 알게 되는 것은 위와 같은 용례에 의해서이다.

The meaning of primitive sign can be explained by elucidations. Elucidations are propositions which contain the primitive signs. They can, therefore, only be understood when the meaning of these signs are already known.

원초적 기호의 의미는 상설(elucidation)에 의해 설명될 수 있다. 상설은 원초적 기호를 포함하는 명제이다. 따라서 그것들은 이 기호들의 의미가 이미 알려져 있을 때에만 이해될 수 있다.

해제   이 언명은 어려운 것으로 알려져 왔다. 그러나 우리 언어 관습을 조금만 주의 깊게 살펴보면 이 언명이 품고 있는 의미가 의외로 단순하다는 사실을 알 수 있다.

원초적 기호를 명사로, 이 명사를 포함하는 명제를 상설^{elucidation}이라고 가정하자. 우리는 물론 이 명사의 의미를 처음에는 모른다. 왜냐하면, 원초적 기호$^{primitive\ sign}$이기 때문이다. 따라서 이 명사를 포함하는 명제(즉 elucidation)도 이해하지 못한다.

이렇게 우리의 언어가 고정된다면 언어는 불가능하고 따라서 세계도 불가능하다. 그러나 예를 들면 아이들이 언어를 배워 나가는 과정을 살펴보면 이 난국은 곧 극복될 수 있다는 사실을 알게 된다. 아이들은 name 과 elucidation을 매우 어설프게 같이 익혀나간다. 어느 것이 먼저인지를 알 수 없다. 인간에게 언어는 본능(형식)이기 때문이다. name의 의미는 elucidation에 의해 드러난다. elucidation은 name의 의미가 이미 알려졌기 때문에 이해된다. 이 둘은 서로 선순환이다. 이것은 신비이다. 그러나 존재하는 신비이다.

3.31

Every part of a proposition which characterizes its sense I call an expression.

나는 명제의 뜻을 특징짓는 명제의 모든 부분을 표현(expression)이라고 부르겠다.

Expression are everything — essential for the sense of the proposition — that propositions can have in common with one another.

표현은 — 명제의 뜻을 위한 필수적인 것으로서 — 명제가 서로 공유할 수 있는 모든 것이다.

An expression characterizes a form and a content.

표현은 형식과 내용을 특징짓는다.

———

해제　　“Meloo bites Lozzo.”라는 명제를 생각하자. 여기에서 이 명제의 의미를 특징짓는 것은 Meloo, Lozzo이다. bites는 Meloo와 Lozzo의 관계를 나타내는 것이기 때문에 expression이 아니다. 우리는 이 명제를 *MBL*이라고 하자.

이때 *M*과 *L*은 물론 다른 종류의 명제와 얼마든지 공유될 수 있다. 예를 들어 “Meloo is on the table.”, “Lozzo chases Mikey.”의 명제에서처럼.

Meloo라는 고유명사는 우리가 앞서 아는바 개에 속한다. 그리고 Meloo의 털 색깔은 black and white이고 눈이 크다고 하자.

만약 Meloo라는 표현expression이 제시된다면 Meloo를 포함하는 명제는 매우 제한적이 된다. "Meloo barks." 혹은 "Meloo has black and white hair." 혹은 "Meloo has big eyes." 등등은 형식과 내용을 지닌다. 그러나 "Meloo flies." 혹은 "Meloo is deep."과 같은 명제는 가능하지 않다. 왜냐 하면, Meloo의 형식을 벗어나기 때문이다.

3.311

An expression presupposes the form of all propositions in which it can occur. It is the common characteristic mark of a class of propositions.

하나의 표현은 그것이 (그 안에서) 생겨날 수 있는 모든 명제 형식을 전제한다. 그것은 하나 의 집합의 명제의 공통된 특징적 표지이다.

———

해제   Meloo라는 표현이 제시되었다고 하자. 그렇다면 Meloo를 포 함하는 명제는 무작위적인 것일 수는 없다. 그 명제는 일련의 형식을 지켜야 한다. "Meloo hits the cloud." 같은 명제는 불가능하다. Meloo가 그 안에 이미 내포하고 있는 가능성 있는 명제(logical form을 지키는 명제)가 아니기 때문이다. 따라서 Meloo를 포함하는 명제는 일련의 형식을 지켜야 한다. 다 른 말로 하면 Meloo는 이 형식을 지키는 일련의 명제들의 공통의 표지mark 인 것이다.

It is therefore presented by means of the general form of the propositions that it characterizes. In fact, in this form, the expression will be constant and everything else variable.

따라서 표현(expression)은 그 표현이 특징짓는 명제의 일반형식으로 제시된다. 사실상 이 형식에 있어서 그 표현은 상수가 되고 그 외의 모든 것은 변수가 된다.

———

해제　　앞의 예를 다시 상기하자. "Meloo bites x."라는 명제를 생각하고 이것을 fmx라고 하자. 여기서 f라는 함수는 전자가 후자에 대해 "문다."는 관계에 있는 함수이다. 예를 들어 fab라고 하면, "a bites b."이다.

　Meloo가 알려진 유일한 표현이라고 하자. 그렇다면, fma, fmb, fmc, … 등등의 일련의 동일 형식의 명제가 가능하다. 여기서 m은 고정되어 있고 a, b, c …등등은 변화하는 것이다. 따라서 위의 명제는 $(\exists x)fmx$가 될 것이다.

　비트겐슈타인이 말하는 바도 이와 같다. Meloo는 상수이고, 기타의 표현은 변수이다.

3.313

An expression is thus presented by a variable, whose values are the propositions which contain the expression.

이러한 식으로 표현은 변수에 의해 제시되고 그 변수의 값이 그 표현을 포함하는 명제가 된다.

해제   앞의 예에서와 마찬가지로 fmx에서 m은 x에 의해 제시된다. 즉 " — bites x."라고 할 때 m은 x라는 변수에 의해 제시된다. 또한, x의 값이 무엇을 취하는가에 따라 그 명제가 결정된다.

상수는 명제에 영향을 미치지 못한다. 그것은 고정되어 있다. 변숫값이 곧 명제이다.

3.315

If we turn a constituent of a proposition into a variable, there is a class of propositions all of which are values of the resulting variable proposition. In general, this class too will be dependent on the meaning that our arbitrary conventions have given to parts of the original proposition. But if all the signs in it that have arbitrarily determined meaning are turned into variables, we shall still get a class of this kind. This one, however, is not dependent on only convention, but solely on the nature of the proposition. It corresponds to a logical form — a logical prototype.

만약 우리가 명제의 한 구성요소를 변수로 바꾸면, 그 전체가 결과로 나오는 변수 명제 값인 일군의 명제가 있게 된다. 일반적으로 이 "일군" 역시도 우리의 임의적인 관습이 원래의 명제의 부분들에 부여한 의미에 의존한다. 그러나 임의적으로 결정된 의미를 지닌 모든 기호(sign)가 변수로 바뀌게 되면 우리는 그래도 이러한 종류의 (명제의) 일군을 가질 것이다. 그러나 이것은 우리의 관습에는 더 이상 의존하지 않고 전적으로 명제의 본질에 의존한다. 그것은 논리형식에 대응하는 논리 원형(logical prototype)이다.

다시 한번 앞의 예로 돌아가자. "Melody가 Lozzo를 문다[bite]." 는 사실을 fml이라고 표현하자. 여기서 f는 앞엣것이 뒤엣것을 문다는 관계를 의미한다. 여기서 이 명제의 한 구성요소인 l을 변수 x로 바꾼다고 하자. 그러면 우리는 $(\exists x)fmx$라는 명제를 얻게 되고, x에는 여러 상숫값이 확정될[determinated] 수 있으므로 이 명제는 일군[a class]을 내포하게 된다. 즉, fma, fmb, fmc, … 등이 나올 수 있다. 이것들 전부가 fmx의 결과적인 값[value]이다. 물론 이 명제 역시도 상당히 제한된 형식을 갖는다. f와 m이 상수[constant]이기 때문이다. 즉 f와 m이라는 기호[sign]에 우리의 (자의적인) 관습이 어떤 의미를 부여해 놓았고 이 명제의 값은 이 의미에서 자유롭지 않다.

만약 우리가 f와 m조차도 변수로 만든다고 하자. f는 단지 변수의 함수를 나타낸다. (그것은 어떤 함수라도 될 수 있다.) 그리고 m^{Melody} 역시도 하나의 변수로 만들자. 그렇다면 우리는 이를테면 fxy와 같은 명제를 얻게 된다. 여기서 "f는 x는 y에 대해 어떤 관계에 있다."는 변수적 사실을 나타낸다고 하자. 그렇다면 fxy는 단지 p라는 명제로 취급될 수 있다.

우리는 이미 명제들이 p, q, r 등으로 불리는 것, 그리고 $p \cdot q$, $p \vee q$ 등의 명제의 연산에 익숙하다. 이 익숙한 명제의 존재 가능성에 대해 비트겐슈타인은 매우 엄밀한 분석을 한다.

3.32

The sign is the part of the symbol perceptible by senses.

기호는 상징(symbol)의 부분인바 감각에 의해 포착되는 것이다.

　　여기에서 sign에 대한 정의가 나온다. 오컴은 (오늘날의) symbol에 대해 mental sign, sign에 대해 artificial sign이라고 이름 붙였다. sign(기호)과 symbol(상징)의 규정에 관한 한 오컴의 정의가 훨씬 선명하다.

　　예를 들어 우리가 한 마리의 개를 바라보며 그것을 개로 인지한다고 하자. 마음속의 개가 곧 상징이다. 그것은 명제proposition에 속한다. 이 개를 sentence나 writing 의해 '개'라고 쓰거나 말하는 순간 — 즉 명제 기호로 표현하는 순간 — 이제 상징에 속했던 물적 요소가 생겨난다. 이것이 기호이다.

　　소쉬르(F. Saussure)의 언어학에서는 sign은 기표signifiant, symbol은 기의signifié로 나타난다.

3.321

So one and the same sign (written or spoken, etc.) can be common to two different symbols — in which case they will signify in different ways.

따라서 하나이며 동일한 기호(쓰여진 것이건 말해진 것이건)가 두 개의 서로 다른 상징에 공통될 수 있다. — 그 경우에는 그들은 서로 다른 양식으로 표상한다(signify).

해제　　'배'라는 하나의 기호에 대해 생각해 보자. 그것은 복부belly를 가리키기도signify 하고, 과일의 한 종류pear를 가리키기도 한다. 즉 하나의 기호가 복부와 과일이라는 각기 다른 상징에 공통으로 사용되고 있다. 이때 우리는 그 '배'가 무엇을 지칭하는가를 그 지칭 양식way of signification을 보면 알수 있다.

"배가 아프다."라는 지칭 양식 (혹은 표상형식)이라면 복부를 가리킨다. "까마귀 날자 배 떨어진다."를 보면 이것은 과일을 가리킨다. 기호는 단지 사용 예, 즉 지칭 양식에서 의미를 가진다. 이것이 프레게의 "단어의 의미는 문맥 속에서 이해되어야 한다. The meaning of the words must be understood in the context of the sentence."는 유명한 금언이다.

3.322

Our use of the same sign to signify two different objects can never indicate a common characteristic of the two, if we use it with two different modes of signification. For the sign of course, is arbitrary. So we could choose two different signs instead and then what would be left in common on the signifying side?

두 개의 서로 다른 대상을 지칭하기 위해 동일 기호를 사용한다 해도, 만약 우리가 그 기호를 두 개의 서로 다른 표상형식(mode of signification)으로 사용한다면, 우리의 그 사용(동일한 기호의 사용)이 둘의 공통의 성격을 지칭할 수는 없다. 당연히 기호는 자의적인 것이기 때문이다. 따라서 우리는 두 개의 서로 다른 기호를 대신 선택할 수 있다. 그러고 나면 표상 측면에서 공통된 무엇이 남겠는가?

해제   비트겐슈타인은 "헤겔은 서로 다른 것들이 사실은 같은 것이라고 말하길 원하고 있는 것처럼 보인다. 반면에 나의 관심은 같은 것으로 보이는 것이 사실은 서로 다른 것이라는 사실을 보이는 데에 있다...."고 말

한 적이 있다. 비트겐슈타인이 기호와 관련해서 계속 강조하는 것은 기호와 실재reality는 관련 없다는 것이다. 이것은 철학사에 있어 중요한 문제이다. 기호는 보통명사이며 개념이며 보편자이며 이데아였기 때문이다. 그러나 중세의 로스켈리누스Roscellinus는 그것을 단지 음성신호로, 오컴William of Ochham은 사물 뒤post rem에 있는 '이름'으로 간주했다. 비트겐슈타인의 입장도 이들과 같다.

두 마리의 서로 다른 개가 있다고 하자. 우리는 '개'라는 기호를 각각의 개에게 부여한다. 여기까지에는 큰 문제가 없다. 문제는 개라는 기호가 스스로 생명을 얻어 각각의 개를 지배하는 실재reality로 자리 잡을 때 발생한다. 어떤 민족인가가 개와 여우를 구분 못 한다고 하자. 그래서 그 동물들에게 '개우'라는 명칭sign을 부여했다고 하자. 그렇다면 '개우'라는 기호는 이 동물들을 지배할 수 있는가? 우리는 즉시로 "그들은 하나의 기호를 서로 다른 두 상징symbol에 사용하는 오류를 범하고 있다."고 말할 것이다. 우리의 '개'의 경우도 마찬가지이다. 어쩌면 우리는 그 단일한 기호를 사실은 훨씬 세분화되어 grouping 되어야 할 동물들에 쓰고 있는지도 모른다. 이러한 견지에서 보자면 기호는 개별자에게만 부여하는 것이 바람직하다. 즉 "개별자만이 존재한다(오컴)."

14세기의 승려 성 안셀무스는 "마음속에 있으면 실재에도 있다."고 말한다. 이때 마음속에 있는 것은 기호이다. 마음속의 기호는 마음 밖에서 ─ 곧 세계에서 ─ 실재를 갖는다는 것이다. 비트겐슈타인은 이 주장을 반박한다. 기호는 자의적arbitrary인 것이고 단지 우리의 '지칭 양식mode of signification'에 의해 잠깐의 생명을 얻는 것이다. 기호는 우리의 사용에 의해 생명을 갖는 것이지 스스로 내용을 가진 것은 아니다.

앞에서 예를 든 '배'의 경우를 살펴보자. 이 기호는 일단 belly, pear, ship이라는 세 개의 상징에 대응한다. 우리는 배라는 기호가 어떻게 사용되느냐에 따라 그 상징을 알아내게 된다. 따라서 '배'라는 기호는 그 자체로서는 무의미하다. 중요한 것은 그 기호의 표상형식이다. 그럼에도 불구하고 그것이 스스로 절대적인 생명력을 가진 채로 존재한다고 주장한다면 그것은 먼저 "세계는 사물의 총체가 아니라 사실의 총체이다."라는 애초의 가정에 위배된다.

만약 우리가 '배'라는 기호 대신에 벨리, 페어, 쉽을 채용한다면 거기에 어떤 공통된 표상형식이 남겠는가? 따라서 상징과 기호체계에서 기호는 상징에 지배받고 이것은 기호의 표상형식에 의해 드러난다. 따라서 '배'라는 기호는 더 이상 필요하지 않게 된다. 그 기호는 벨리, 페어, 쉽에 의해 대체된다. 개라는 기호는 Meloo, Melody, Lozzo 등에 의해 대체될 수 있다.

우리의 보통명사, 즉 이데아는 언제라도 대체의 운명에 처한다. 왜냐하면, 보통명사는 그 자체로서 상징symbol을 가진 것이 아니기 때문이다. 보통명사는 하나의 기호이지만 그 지칭 대상symbol은 무한히 많다. 그러나 하나의 기호는 하나의 상징에 대해서만 자격이 있다. 따라서 엄밀하게는 보통명사는 사라지게 된다.

우리의 언어는 불완전하다. 따라서 우리의 하나의 기호는 여러 대상을 지칭할 수 있다. 이때 중요한 것은 그 하나의 기호가 어떻게 쓰이고 있는가를 살펴야 한다는 것이다. 만약 그것이 하나의 보통명사로 작동한다면 그렇게 사용해도 큰 문제는 없다. 우리가 '그 보통명사는 편의에 의해 도입된 유사기호pseudo-sign'라는 사실만 의식한다면.

비트겐슈타인이 기호와 상징체계를 분석하며 말하고자 하는 바는 이와 같다.

"하나의 기호는 하나의 상징만 지칭해야 한다. 아니면 여러 개의 기호가 하나의 상징을 지칭해도 문제 될 것은 없다. 그러나 하나의 기호가 여러 개의 상징을 지칭할 수는 없다. 하나의 기호가 여러 상징을 지칭한다면 이제 그것들은 표상형식의 차이에 의해 드러날 것이다. 만약 하나의 기호가 하나의 상징만을 지칭한다면 그것은 이상적인 언어이다. 이것이 논리적 언어이다."

'2 plus 2'나 '1 plus 3'나 동일하게 4이다. 그러나 '2 plus 2'가 3이 될 수도 4가 될 수도 있다면 비논리적이다.

3.326

In order to recognize a symbol by its sign we must observe how it is used with sense.

기호로 상징을 알아보기 위해서는 그 기호가 어떻게 뜻을 지니고 사용되는가를 보아야 한다.

3.327

A sign does not determine a logical form unless it is taken together with its logico-syntactical employment.

기호는 그 논리-문맥적 기용(채용, 사용됨)과 함께 고려되지 않는다면 논리형식을 결정짓지는 못한다.

위의 수수께끼 같은 두 언명은 역시 'symbol‑sign‑logical form'으로 이어지는 비트겐슈타인 고유의 논증이다. 먼저 기호는 그 자체로 의미 중립적meaning free인 것이다. 상징symbol에서 기호sign가 연역된 것은 아니다. 기호는 하나의 시스템으로 작동하는 구조주의적인 것으로서 각각의 기호는 상징에 대해서는 무표정한 것이다.

예를 들어 $A, B, C, ...$라는 상징들이 있고, $a, b, c, ...$라는 기호들이 있다. $(A, a), (B, b), (C, c)$라는 조합이 가능하다. 그러나 $(A, b), (B, a), (C, c)$라는 조합도 물론 가능하다. 이것이 의미하는 것은 상징과 기호의 결합은 자의적arbitrary이라는 사실이다. 따라서 기호는 그 용례에 의해, 즉 어떻게 쓰이고 있는가에 따라 알려질 뿐이다. 그러므로 기호가 논리형식을 규정지을 수는 없다. 논리형식을 규정짓는 것은 상징symbol이다.

우리에게 주어지는 것은 기호이지 상징이 아니다. 상징은 물질성을 가질 수 없기 때문이다. 그러나 기호만을 통해서는 그 기호의 상징이 무엇인가를 알 수는 없다. 따라서 그 기호가 논리형식을 갖춘 문맥 속에서 어떻게 사용되는가를 알아야만 그 기호의 상징symbol을 알 수 있고 그때에서야 비로소 이 기호는 논리형식을 규정짓는다.

3.328

If a sign is not necessary, then it is meaningless. That is the point of Ockham's maxim.

하나의 기호가 필요 없다면, 그 기호는 무의미하다. 이것이 오컴의 금언의 요지이다.

해제　　　기호^{sign}의 존재 이유^{meaning}를 결정짓는 것은 그 사용됨에 의해서이다. 그러나 그 '사용됨'이 과잉의 것이라면 이것은 마땅히 존재 이유를 잃는다. 앞에서도 언급한 것처럼 하나의 기호가 여러 개별적 사물들을 지칭할 수 있다. 그렇다면 그 기호는 그 역할을 개별적 기호들에게 물려주고 스스로는 사라져야 한다. '배'는 belly, pear, ship 모두에게 해당한다. 이때 '배'라는 기호는 소멸하고 그 역할을 belly, pear, ship에게 넘겨줘야 한다.

이것은 보통명사 전체에 걸쳐진다. 하나의 기호가 일군^{a class}을 가리킬 때 그것이 보통명사이다. 기호^{sign}의 첫 번째 필수요소는 그 지칭 대상이 있어야 한다는 것이다. 그러나 보통명사의 지칭 대상은 없다. '개'라는 보통명사를 생각해 보자. 거기에 Melody, Meloo, Lozzo 등등의 개별적인 개가 있다. 이것들을 유사성^{similarity}에 준해 집합적으로 '개'라고 부른다면 그것은 단지 음성신호로서 존재하는 것이지 실재하는 것이 아니게 된다. 그렇다면 이 기호는 지칭 대상이 없다. 실재(이 경우에는 symbol)가 없기 때문이다.

오컴의 금언은 '오컴의 면도날^{Ockham's razor}'을 의미한다. 이 금언은 완전한 몰이해 속에 처해 있다. 오컴의 이 금언과 '근검의 원칙^{principle of parsimony}'이 혼동되고 있다. "가장 적은 가설로 현상을 설명한다."는 것은 근검의 원칙이지 오컴의 면도날이 아니다. 오컴은 보통명사(당시에는 common nature, 혹은 universalium으로 불린)를 면도날로 베어내고자 했다. 보통명사를 통한 대상의 추상화는 결국 신에게 닿기 때문이다. 보통명사는 실재하지 않는다. 모든 보편자는 실재하지 않는다. 그것은 단지 인간의 마음속에 있을 뿐이다. 인간이 지식^{knowledge}이라고 말할 때 이것은 크게 두 가지를 말한다. 사물^{thing}에 대한 것과 사실^{fact}에 대한 것. 이 중 사물에 대한 것이 기호와 관련되고 사실에 대한 것이 명제(혹은 함수)와 관련된다.

논지를 선명하게 하기 위해 하나의 예를 들자. '위장'에 대해 생각해 보자. 이것은 하나의 사물thing이다. '위장'이라고 일컬을 때 이 보통명사는 거기에 대응하는 상징symbol을 가지고 있는가? 오컴은 "아니다."라고 말한다. 왜냐하면, 거기에 있는 것 — 즉 실재하는 것 — 은 개별적인 위장들이지 보편적인 것universalium으로서의 위장은 아니기 때문이다. 따라서 '위장'이라는 보통명사는 실재하지 않고 또한 위장 일반에 대한 지식은 허구이다.

이제 사실에 대해 알아보자. 이 사실은 인과율(중세시대에는 second efficacy)이라고 불린 것으로 근대에 이르러 흄Hume에 의해 'the law of causality'로 불리게 된다. "위장은 소화기관이다."라는 명제를 생각해 보자. 이때 '위장'은 원인이고 '소화기관'은 결과이다. 우리의 과학은 다름 아닌 인과율의 총체이다. 이 인과율은 그렇다면 진정으로 하나의 법칙law인가? 이에 대해 흄(David Hume)은 아니라고 말한다. 왜냐하면, 모든 인과율은 귀납추론에 의한 것이기 때문이다.

따라서 거기에 우리 지식이라고 할 만한 것은 없다. 이때 개별적인 사물들을 포괄하는 보통명사와 하나의 사실에서 다른 하나의 사실을 추론 가능하게 만드는 인과율을 잘라내는 것이 '오컴의 면도날'이다. 보통명사는 단지 우리의 짧은 경험이 추상화한 어떤 마음속의 현상일 뿐이다. 마음속에 있는 것은 단지 마음속에 있을 뿐이다. 만약 마음속에 있는 것이 실재 속에도 있다면(성 안셀무스) 언제라도 우리의 상상이나 환각이 실재한다는 사실을 인정해야 한다. 즉, 신조차도 우리 마음속에서 멋대로 규정지어진 것일 수 있다. 오컴은 그의 치밀한 논리학을 통해 보통명사의 실재성을 부인한다. 즉 보통명사를 잘라낸다.

비트겐슈타인은 오컴이 그의 《논리 총서》에서 한 것을 지금 《논고》 속에서 하고 있다. 기호sign는 지칭 대상(즉 symbol)만을 지칭해야 한다며 보통명사를 언어에서 제거한다.

"그것은 필요 없다not necessary. 그것 없이 해 나갈 수 있다. 그것이 왜 필요한가? 개별자만이 존재한다."

기호sign와 상징symbol 간의 관계는 분석철학, 언어학, 기호학 등에서 가장 중요한 주제이다. 기호가 기표signifiant라 한다면 상징은 기의signifié이다. 또한, 함수로 말한다면 기호는 독립변수이고 상징은 종속변수이다. 이때 중요한 것은 여러 개의 기호에 하나의 상징이 대응하는 것은 문제없지만 하나의 기호에 여러 개의 상징이 대응하는 것은 잘못된 것이라는 사실이다.

예를 들어 어떤 강아지에 Meloo, Melody 등의 두 이름을 붙여 주는 건 문제없지만, 여러 마리의 강아지에 하나의 이름을 붙여 주는 것은 논리적 오류이다. "Meloo!"라고 호명했을 때 여러 개가 대응한다면 혼란이다.

이것을 개별자와 보편자의 문제에 적용시키면 보편개념의 문제는 명석하게 해명된다. 보편자의 실재가 의미하는 것은 하나의 보편자(기호)에 여러 사물(상징)이 대응한다는 것이다. 만약 '꽃'을 거명한다면 그것은 수많은 상징을 지칭하는 것이 된다. 이것은 인식의 혼란이고 따라서 논리적 오류이다. 기호와 상징은 '일 對 일(1:1)' 혹은 '다 對 일(多:1)' 대응이어야 한다. '일 對 다(1:多)' 대응은 오류이다. 그런 것은 없다.

비트겐슈타인은 기호 자체만으로 그 유의미함을 판정할 수는 없다고 누누이 말한다. 기호가 의미를 갖는 것은 지칭 양식^{mode of signification}에 의해서이지 그 존재 자체에 의해서는 아니다. 하나의 기호가 여러 상징^{symbol}을 지칭할 수도 있다. 그만큼 우리 언어에는 불완전한 요소가 있다. 바람직한 것은 하나의 기호에 하나의 상징이 대응해 주는 것이다.

우리가 어떤 기호에 '쓸모'를 부여하기 위해 논리 문맥적^{logico-syntactical} 사용을 살펴야 하는 이유는 다음과 같다.

1. 기호는 그 자체로서 의미를 가진 것은 아니다. 그것의 의미는 문장 속에서의 사용에 의해서밖에는 알려지지 않는다.

2. "단어(기호)의 의미는 문맥 속에서 이해되어야 한다. The meaning of the words must be understood in the context of the sentence."(프레게)

하나의 예를 들자. 아이들이 술래잡기를 한다. 그중 한 소녀가 어두운 헛간에 숨는다. 술래가 헛간의 문을 열자 그 소녀가 말한다. "여기 아무도 없어요." 그러나 이 "여기 아무도 없어요."라는 명제 기호^{propositional sign}를 상징(혹은 의미) 그 자체로 해석하는 사람은 없다. 여기서 기호는 음성 덩어리일 뿐이다. 그 뜻은 논리 문맥^{logico-syntactic}으로는 오히려 그 반대의 의미이다. 당연히 논리 문맥으로 받아들여야 한다.

3. 하나의 기호가 여러 상징에 사용될 수도 있기 때문이다. 이 경우는 위에서 오컴의 금언의 예를 들어 자세히 설명했다.

A proposition possesses essential and accidental features.

Accidental features are those that result from the particular way in which the propositional sign is produced. Essential features are those without which the proposition could not express its sense.

명제는 본질적(essential) 성격과 우연적(accidental) 성격을 갖는다.

우연적 특징은 명제 기호가 도출되는 특정한 양식의 결과이다. 본질적 성격은 그것이 없다면 명제가 (아예) 그 의미를 표현할 수 없는 것이다.

해제   앞에서 든 예를 다시 들자. Melody라는 강아지가 Lozzo라는 강아지를 쫓아간다. 이것을 fml이라고 표현하자. 이때 m, l은 우연적 성격이다. f는 앞엣것이 뒤엣것을 쫓는다^{chase}를 의미한다. 이때 m, l은 특정한 ^{particular} 것들이고 따라서 여기에서 명제의 우연적 성격이 나온다. 이때 m과 l이 변수^{variable}로 치환된 다른 명제를 생각하자. 이것은 fxy로 표현될 수 있다. 이때의 f는 x, y의 값^{value}이 무엇이건 "앞엣것이 뒤엣것을 쫓는다."라는 어떤 하나의 형식을 나타낸다. 만약 이러한 형식이 없다면 명제는 어떤 뜻도 표현하지 못한다. 이때의 fxy를 본질적 성격$^{essential\ feature}$이라고 할 수 있다. 본질적 성격이란 결국 하나의 논리형식에 다름 아니다.

The essential in a proposition is therefore that which is common to all propositions which can express the same.

따라서 명제의 본질적인 것은 동일한 뜻을 표현할 수 있는 모든 명제에 공통된 것이다.

And similarly, in general what is essential in a symbol is what all symbols that can serve the same purpose have in common.

그리고 마찬가지로 상징(symbol)에 있어 본질적인 것은 동일한 목적을 지칭하는 모든 상징이 공통으로 가진 것이다.

———

해제 위에서 우리는 "m이 l을 쫓는다."를 fml로 표현했다. 이것은 m chases l의 뜻이다. 만약 우리가 gml을 "l is chased by m."이라고 한다면, fml이나 gml이나 같은 뜻을 표현하고 있다. 이때 같은 뜻을 표현할 수 있는 그것, 즉 어떤 동일한 논리형식(위의 경우 fxy와 gxy)이 명제의 본질적 특징이다.

예를 들어 '개'라는 상징에 대해 생각해 보자. 우리는 여러 경우에 여러 마리의 각기 다른 개를 생각하게 된다. 즉, 개의 여러 상징을 마음속에 그린다. 각각의 개들은 동일한 어떤 공유되는 목적을 위해 봉사하고 있다. 이때 그 각각의 개들은 공통으로 무엇인가를 가진다. 이것이 개의 상징(마음속의 개)의 본질적^{essential}인 것이다.

So one could say that the real name of an object was what all symbols that signified it had in common. Thus one by one, no sort of composition is essential for a name.

따라서 대상(object)의 진정한 이름은 그 대상을 지칭하는 모든 상징(symbol)이 공통으로 가진 것이다. 따라서 차례로 전개되는 것은 어떤 종류의 구성(composition)도 이름에 본질적인(필연적인) 것은 아니라는 사실이다.

───────

해제   이름^{name}이 대상^{object}에 대응한다. 이 이름은 상징^{symbol}의 본질적 성격$^{essential\ feature}$이다. 이름은 여러 상징에 의해 표현될 수 있다. 이것은 마치 어떤 사물(이를테면 '개')이 여러 상징으로 마음속에 맺히지만, 그 사물의 본질적 성격은 이 여러 상징이 공통으로 지니는 것과 같은 것이다.

이름도 이와 같다. 대상의 상징^{symbol}은 여러 옷을 입을 수 있다. 그러나 대상에 부응하는 이름(단순자)은 이 상징들의 옷이 벗겨져도 남는 그 무엇이다.

3.342

Although there is something arbitrary in our notations, this much is not arbitrary — that when we have determined one thing arbitrary, something else is necessarily is the case.

우리의 표기법에는 무엇인가 자의적인 것이 있지만, 그렇게까지 자의적이지는 않다. 우리가 하나를 자의적으로 결정지으면 다른 어떤 것은 필연적으로 사례가 된다.

———

해제   "Meloo chases Lozzo."와 "Lozzo is chased by Meloo."는 같은 내용에 대한 다른 표기^{notation}이다. 우리는 이 표기가 '우연히' 그렇게 되어 있다는 사실을 인정한다. 아마도 같은 내용에 대해 얼마든지 다른 표기법이 있을 수도 있었다. 따라서 어떤 특정한 표기법은 자의적인^{arbitrary} 것이다. 이만큼은 우리 언어는 자의적이다.

그러나 언어의 구조^{structure}는 자의적이 아니다. 어쨌건 우리는 멜로가 로쪼를 쫓아가고 있는 상황을 언어를 통해 '볼'수 있다. 즉 어떠한 종류의 사실^{fact}을 인지할 수 있다. 이것이 가능한 것은 거기에 논리형식$^{logical form}$이 있기 때문이다. 표기는 자의적이지만 이 표기가 어떤 형식을 준수하고 있는 것은 확실하다. 그렇지 않다면 언어에는 질서가 없게 되기 때문이다. 우리는 어떤 사실을 '가능한' 여러 표기 중 하나로 나타낸다. 따라서 우리 표기의 자의성은 가능성의 테두리 내에 멈추게 된다.

3.3421

A particular mode of signifying may be unimportant but it is always important that it is a possible mode of signifying. And this happens as a rule in philosophy: again and again the individual case turns out to be unimportant, but the possibility of each individual case discloses something about the essence of the world.

어떤 특정한 지칭 양식은 중요하지 않을 수 있다. 그러나 그것이 하나의 가능한 지칭 양식이라는 것은 항상 중요하다. 이것은 철학에서는 하나의 법칙으로서 나타난다. 거듭 강조하는 바 개별적 사례는 중요하지 않은 것으로 되지만 각각의 개별적 사례들의 가능성은 세계의 본질에 대해 무엇인가를 밝혀준다.

────────

해제　　　비트겐슈타인은 여기에서 다시 명제와 논리형식에 대해 부연 설명한다. "Meloo chases Lozzo."라고 표현할 때의 지칭 양식은 단지 하나의 우연적 사례일 뿐이다. 중요한 것은 멜루가 로쪼를 쫓아가는 내용의 지칭 양식이 "Meloo chases Lozzo."로 표현될 수 있다는 사실이 중요하다. 즉 표현보다 표현의 가능성이 더욱 중요하다. 왜냐하면, possibility가 곧 form 이기 때문이다.

세계는 우리의 언어이다. 그 언어가 어떤 형식에 의해 운영된다면 세계에도 거기에 대응하는 어떤 형식이 있어야 한다. 언어와 세계는 어떤 형식을 공유한다. 누구도 이 형식을 어길 수는 없다. 언어와 우리와 세계는 사실은 하나이기 때문이다.

3.343

Definitions are rules for translating from one language into another. Any correct sign-language must be translatable into any other in accordance with such rules: it is this that they all have in common.

정의(definition)란 하나의 언어를 다른 언어로 번역하는 "규칙"이다. 모든 제대로 된 상징체계는 이 규칙에 따라 번역될 수 있어야 한다. (번역될 수 있는) 모든 것이 공통으로 가지고 있는 것이 이것이다.

———

해제　　　《논고》의 이 명제는 극도로 축약된 매우 어려운 논리 전개이고 3.3441 명제의 결론으로 이르는 단서가 되는 중요한 명제이다.

　　우리는 예를 들면 "A dog barks."를 "어떤 개가 짖는다."로 번역한다. 이것이 이렇게 번역될 때 그것이 번역될 수 있는 이유는 무엇인가? 그것들에게는 공통으로 존재하는 그 무엇이 있기 때문이다. 즉 '번역 당하는 언어'와 '번역된 언어' 사이에는 공통으로 규정되는 어떤 규칙이 있다. 이 규칙이 바로 정의^{definition}이다.

　　우리는 3.3421에서 "특정한 지칭 양식은 중요하지 않지만, 그것이 가능한 지칭 양식이라는 사실은 중요하다."고 배웠다. 이때 가능함을 규정짓는 것이 법칙^{rule}이고 그 법칙은 정의^{definition}에 의해 구체적으로 적용된다. 번역은 이 가능한 지칭 양식에 준한다.

　　심지어는 예를 들어 우리는 'dog'을 개로 번역한다. 이 둘 사이에는 어떤 공통의 요소가 있기 때문이다. 우리는 또한 이것을 x라고도 할 수 있다. 만약 f를 "짖는다."라는 술부로 정의하게 되면, 우리는 "개가 짖는다."를 fx라고 표현할 수 있고 심지어는 명제 전체를 p라고도 정의할 수 있다. 즉 모든 명제는 결국 p, q, r... 등의 어떤 명제로도 정의될 수 있다. 우리는 다음과 같이 말할 수 있다.

　　"개가 짖는다."는 명제를 p로 정의^{definition}하자.

3.344

What signifies in a symbol is what is common to all the symbols by which it can be replaced according to the rules of logical syntax.

상징에서 지칭하는 것은 모든 상징에 공통되는 그 무엇이고 그 상징은 논리 구문의 법칙에 준해 대치될 수 있는 것이다.

3.3441

We can, for example, express what is common to all notations for the truth-functions as follows: it is common to them that they all, for example, can be replaced by the notations of '$\sim p$'(not p) and '$p \vee q$' (p or q).

예를 들면 우리는 다음과 같이 진리함수를 위한 모든 표기에 공통되는 것을 표현할 수 있다. 모든 표기는 예를 들면 '$\sim p$'(not p) 와 '$p \vee q$' (p or q)로 대치될 수 있는 공통점을 가진다.

해제　　　여기서 비트겐슈타인은 4장과 5장에서 자세히 전개하게 될 원초적primitive 기호와 논리 상수logical constant의 기초가 되는 이론을 전개하기 시작한다.

모든 상징체계 (결국은 기호 체계)는 단지 $\sim p$와 $p \vee q$로 모두 대치될 수 있다. 예를 들어 "p이면 q이다.($p \supset q$)." 같은 경우는 '$\sim p \vee q$'로 대치될 수 있다. $p \cdot q$는 $(\sim p \vee \sim q)$로 표현될 수 있다. 즉 $\sim$(not)과 $\vee$(or)로 모든 진리함수가 표현될 수 있다. 이것을 말한 사람은 B. 러셀이다.

상징체계는 따라서 모두 공유되는 어떤 속성을 가진다. $\sim\sim p$는 p와 같다. 즉 $\sim\sim p$는 p로 대치될 수 있다. $\sim\sim\sim p$는 다시 $\sim p$로 대치될 수 있다.

만약 ~p를 가정한다면 p와 관련된 모든 명제는 그것 하나로 수렴된다. 이것이 p라는 명제 (무수히 많은)가 서로 공통으로 가지고 있는 것이다. 즉 모든 명제는 3.3421에서 말하는 바와 같이 여러 표현의 가능성을 가진다. 이것 역시도 일종의 번역이다.

러셀, 프레게, 퍼스(C. S. Peirce), 쉐퍼(Henry M. Sheffer) 등의 철학자와 기호학자들은 모두 논리 상수를 나름으로 가장 간략화한다. 그중에서도 Dr. Sheffer의 Sheffer stroke는 매우 유명한 것으로 전산의 기초인 Boolean logic에 응용된다. 이 부분은 다음 장에서 상술된다.

논리 상수가 가진 이러한 성격이 비트겐슈타인으로 하여금 논리 상수는 세계의 실재reality를 구성하는 원초적 요소는 아니라는 논증에 힘을 실어 주게 된다. 러셀과 프레게는 논리 상수를 기반으로 하는 논리체계를 구성함에 의해 거기에 대응하는 세계를 구성할 수 있다고 가정했다.

비트겐슈타인은 그렇지 않다고 말한다. 그는 세계의 '원초적 기호primitive sign'는 대상을 지칭하는 이름name 외에는 없다고 말한다. 비트겐슈타인은 이 점에 있어 단호하고 분명하다. 원초적 기호는 다른 것으로 대치될 수 없다. 분석의 종단에 있는 기호가 어떻게 다른 기호로 전환될 수 있는가? 그런데 논리 상수는 서로 전환 가능하다. 따라서 그것들은 원초적 기호가 아니다. 그것은 세계의 기반이 될 수 없다.

05:
LOGIC
논리

이 장에서는 '논리'의 개념에 대한 탐구가 이루어진다. 비트겐슈타인의 '논리'는 아주 간단히 말했을 때 '세계와 언어가 공유하는 표현의 어떤 형식'이다. 그러나 우리가 언어라고 부르는 그것은 상당히 위험한 요소를 내포하고 있다. 논리적 형식을 가지고 있지만 사실은 명제일 수 없는 것들이 언어에는 있기 때문이다.

만약 현재의 언어가 아니라 '뜻을 가진with sense' 명제가 우리의 본연의 언어라면 어떤 문제도 발생하지 않는다. 그러나 우리는 언제나 '우리 언어의 괴상망측함awkwardness of our language'(프레게)에 말려든다. 즉 논리형식을 지니고 있지만 사실은 언어의 세계에서 밀려나야할 것들이 사유를 위장한 채 존재하고 있다. "언어는 사유를 위장한다.Language disguises thought."

이 명제들 — 즉 뜻이 없는 명제들 proposition without sense — 은 형이상학, 신학, 윤리학, 미학 등과 관련된 것들이고 또한 보편개념, 인과율 등과 관련된 것들이다. 비트겐슈타인이 말하는 언어비판critique of language은 이러한 언어를 언어의 세계에서 구축하기 위한 것이다.

우리에게 논리는 선험적인transcendental 것이다. 논리는 우리 외부에서 찾아지지 않는다. 그것은 또한 설명될 수도 없다. 이것이 논리가 하나의 형식이며 그것도 내적 형식intrinsic form인 이유이다. 우리는 주제와 변주에서 그 둘이 내적 통일성을 갖는 음악이라는 사실을 그 내적 형식이 같다는 사실에서 알아낸다. 이것이 논리형식이다. 어떤 명제가 가능하다는 것은 그 명제가 논리형식을 지키고 있다는 사실 이외에 아무것도 아니다.

명제의 이러한 성격이

1. 거짓을 가능하게 하고,
2. 상상을 가능하게 하고,
3. 비존재(보편자, 신 윤리 등등)를 불러들일 수 있게 한다.

인간은 거짓을 말할 수 있는 동물이다. 상상이 가능하기 때문이다. 같은 동기로 인간에게 예술과 과학 역시 가능하다. 인간은 참과 거짓의 검증 없이도 하나의 세계를 구축하기 때문이다. 이것이 과학에서는 실험experiment이다. 논리형식만 지킨다면 무엇도 가능하다.

비트겐슈타인은 명제의 뜻sense과 그 명제의 참과 거짓 사이의 독립에 대해 여러 각도에서 설명한다. 모든 명제는 가능한 세계의 표현이지 실재하는 세계의 표현은 아니다. 명제는 논리형식을 지켰기 때문에 명제이지 참(혹은 거짓)이기 때문에 명제인 것은 아니다.

중요한 것은 형식이지 내용이 아니라는 것은 아무리 강조해도 지나치지 않는다. 이것은 비단 논리에서의 문제만도 아니다. 예를 들면 예술은 형식유희이지 거기에 내포된 내용의 문제는 아니다. 따라서 예술은 "무엇을"의 문제가 아니라 "어떻게"의 문제이다. 사회 참여적 예술의 실패는 이미 논리적으로 예측되고 있다. 형식이 내용에 틈을 열어주는 순간 모든 것을 망치기 때문이다. 미술에서 주제가 배제되어야 하고 문학에서 서사가 배제되어야 한다. 그리고 어느 경우에나 윤리가 증발한다.

'실천하는 지성' 등의 주장도 비논리이다. 그것은 이 둘이 서로 배타적이어서는 아니다. 서로 관계없는 것을 당위로 묶었기 때문에 비논리이다. 행위는 내용이고 지성은 형식이다. 행위는 행위이고 지성은 지성이다. 원한다면 실천을 해도 좋다. 그렇지 않다면 또한 실천하지 않아도 좋다. 이것과 지성은 관계없다.

지성은 단지 하나의 지적형식이다. 그것이 세계를 바꿀 의무는 없다. 엄밀히 말하자면 세계를 바꾸고자 하는 지성인 — 지성인이란 것이 있다 하고 — 도 있고 그렇지 않은 경우도 있다. 지성은 세계의 모습에 대한 나름의 지적 체계이다. 그것뿐이다.

4.

A thought is a proposition with sense.

사유는 뜻을 지닌(with sense) 명제이다.

해제 뜻을 지니지 않은 명제가 있는가? 비트겐슈타인은 사유와 명제를 같은 것으로 규정하지 않는다. 즉 뜻을 지닌 명제만이 사유이다. 만약 우리가 신학과 관련한 혹은 미학, 윤리학 등과 관련한 명제를 제시한다면 그것들은 사유가 아니다. 그것들은 명제의 형식form을 갖추고 있지만 진정한 명제authentic proposition는 아니다. 신, 윤리, 아름다움 등은 사유될 수 없는 것이다. 사유될 수 있는 것은 오로지 실증적인 것, 즉 분석의 종단에서 대상object들과 만나게 되는 것들, 혹은 — 같은 얘기지만 — 각각의 기호가 대응하는 상징을 갖는 것들이다.

4.001

The totality of propositions is the language.

명제의 총체가 언어이다.

해제 중요한 것은 사유의 총체가 언어가 아니라 명제의 총체가 언어라는 것이다. 즉 언어에는 '뜻이 없는nonsensical' 혹은 사유 없는thoughtless 명제가 끼어들어 있다는 것이다.

Man possesses the ability to construct languages capable of expressing every sense, without having any idea how each word has meaning or what its meaning is — just as people speak without knowing how the individual sounds are produced.

Everyday language is a part of the human organism and is no less complicated than it. It is not humanly possible to gather immediately from it what the logic of language is.

인간은 각각의 단어가 어떻게 의미를 획득하고 또한 그 의미가 무엇인가에 대한 생각 없이도 언어를 구성하는 능력을 보유한다. 마치 어떻게 개별적 음성들이 산출되는 것을 모르는 채로 말하는 것처럼.

일상적 언어는 인간의 유기적 기관의 일부분일 뿐만 아니라 그 기관보다 심지어 덜 복잡하지도 않다. 일상적 언어에서 언어의 논리가 무엇인가를 즉각적으로 구축하는 것은 인간 능력에 있지 않다.

Language disguises thought. So much so that from the outward form of the clothing it is impossible to infer the form of the thought beneath it, because the outward form of the clothing is not designed to reveal the form of the body, but for entirely different purposes. The tacit conventions on which the understanding of everyday language depends are enormously complicated.

언어는 사유를 위장한다. 너무도 잘 위장해서 옷의 외부 형태로부터는 그 이면의 사유 형식을 추론하는 것이 불가능하다. 왜냐하면, 옷의 외부 형태는 몸의 형태를 드러내는 것이 아닌 전적으로 다른 목적을 위해 만들어졌기 때문이다. 일상적 언어가 기초하는 암묵적 관습은 엄청나게 복잡하다.

해제　　　비트겐슈타인은 매우 우아한 비유를 사용해서 언어의 함정, 즉 사유의 위장에 대해 설명한다. 여기서 말해지는 내용은 사실 간단하다. 앞에서도 말한 바와 같이 언어^language는 크게 둘로 갈린다. 하나는 proposition with sense이고 다른 하나는 nonsensical proposition(proposition without sense)이다. 중요한 것은 이 두 종류의 명제가 모두 언어의 형식을 갖고 있다는 사실이다.

두 명제를 생각하자. "에베레스트 산은 높다."와 "신은 전능하다." 두 명제 모두 (얼핏 보아) 논리형식을 지킨다. 이 두 명제 모두 "하마는 마리아나 해구이다."와 같은 명제는 아니다. 그러나 후자(신은 전능하다.)는 사유가 아니다. 이 명제는 물론 사유의 형식(논리형식)을 준수한다. 그래서 기만적이다. 우리는 이러한 명제를 무심히 듣고 무심히 말한다. 그러나 이 명제는 언어 비판에 의해 언어의 세계에서 구축되어야 한다. 다시 말하면 이 명제는 논리형식의 외양을 지니고 있지만, 사실은 논리형식이 아니다. 그 명제를 구성하는 기호가 상징을 갖지 않기 때문이다.

여기에서 큰 오해가 있을 수 있다. 제3의 명제의 대두이다. 많은 전문가들이 nonsensical proposition의 예로 "The red is 2 years old."와 같은 문장을 든다. 그러나 이 문장은 이미 논리형식을 지키지 않았기 때문에 명제 자체가 아니다. 이것은 위의 "하마는 마리아나 해구이다."와 같은 종류의 문장이다. 이러한 명제는 유해하지 않다. 모두 정신병원에 유폐되었기 때문이다. 이 명제의 논리형식의 결여에 대한 이러한 즉각적인 포착은 이러한 명제를 구성하는 기호가 실증적인 것이기 때문이다. 이러한 명제에 관한 한 우리는 기만당하지 않는다.

요약하면 다음과 같다. 일군의 명제는 논리형식을 위장하지만 사실은 그 것을 결한 경우이다. 이것이 비실증적인 명제이며 "말해지지 말아야 할 것 what cannot be said"이다. 이 명제들은 언어 비판에 의해 언어의 세계에서 구축 되어야 한다.

또 다른 명제들은 실증적이지만 논리형식을 결한 경우이다. 위의 "자주 색은 세 살이다"와 같은 명제가 거기에 속한다. 이 명제 역시 (거짓) 논리형 식을 가지고 있다. 그러나 이 명제는 위험하지 않다. 거기에 있는 실증적 기 호들이 이것이 논리적이지 않은 명제임을 즉각 알려주기 때문이다.

이 두 종류의 명제가 논리형식을 지니지 않는 명제들이다. 이것은 간단 한 예를 통해 쉽게 이해될 수 있다. 원소주기율표를 가정하자.

누군가가 A_2Q라는 분자에 대해 말했다고 하자. 우리는 즉시로 이 분자 는 화학형식(논리형식)을 지키지 않았다고 말할 수 있다. 왜냐하면, A, Q 등 의 원소는 주기율표에 없기 때문이다. 이 경우가 이를테면 "신은 전능하다." 와 같은 명제이다. 그런데 왜 우리는 이러한 비논리적인 이 명제에 기만당할 까? 그것은 H_2O라는 분자의 존립 때문이다.

다음으로 HHe라는 분자를 누군가가 말했다고 하자. 우리는 그 분자는 화학형식(논리형식)을 지키지 않았다고 즉시 말한다. 수소와 헬륨은 결합하 지 않는다. 이것은 마치 "비가 오고 눈이 온다."와 같은 명제이다. 비와 눈은 결합하지 않는다.

기저를 벗어난 모든 명제는 비논리적이다. 또한, 기저의 결합형식에 반 하는 명제 역시도 비논리적이다.

논리형식은 누누이 얘기하는바 바로 우리 자신이다. 우리는 형이상학적 견지에서 우리 자신에 대해 말할 때 "우리는 선험적^{transcendental}으로 이 논리형식에 다름 아니다."고 규정지어야 한다. 그리하여 이 논리형식에 준하는 모든 언어를 구성할 수 있다. 그러나 무엇인가를 구축하는 것과 그 구축의 재료들이 무엇인가, 또 어떻게 그 가능성을 획득했는가에 대해 미리 알지는 못한다. 이것들은 논리형식을 채우는 재료들이지 형식 그 자체는 아니기 때문이다. 예를 들어 "사랑은 헌신이다."라는 언어를 구성했다고 하자. 우리는 이것이 proposition with sense라고 생각한다. 그러나 '사랑'이라는 word와 '헌신'이라는 word의 규정에 대해 파고들면 우리는 곧 생각 없이 말했다는 사실을 알게 된다. '사랑' 혹은 '헌신' 등은 그 기호에 대응하는 상징^{symbol}을 갖지 못하기 때문이다. 대응하는 상징을 지니기 위해서는 그 기호는 반드시 실증적인 것을 지칭해야 한다. 그렇지 않다면 위장된 사유로서의 언어일 뿐이다.

일상적 언어는 유기체로서의 우리의 일부이고 심지어는 그 유기체 전체이다. 말해진 바대로 언어의 논리는 우리 자신이기 때문에 우리가 그것을 볼 수는 없다. 무엇인가를 보기 위해서는 그 밖에 있어야 하는데 언어형식은 곧 우리 자신이고 따라서 우리는 그 바깥에 있을 수 없기 때문이다.

언어는 물론 사유일 수 있다. 그러나 사유가 아닌 언어도 있다. 그렇지만 우리는 이것을 구별해내기가 불가능하다. 즉 옷의 형식은 몸의 형식을 감추기 위해 작동하는 것이지 그것을 드러내기 위해 작동하는 것은 아니기 때문이다. 일상적인 언어의 소통은 관습에 지배받는 것이지 논리에 지배받는 것이 아니다. 이것이 우리 언어의 잘못된 점이며 또한 우리 언어가 비판^{critique}받아야 하는 이유이다.

우리의 언어는 사유를 나타내는 것 이상으로 그 사유를 감추기 위하여 사용된다. 사유는 비실증적인 대상들에 미치지 않는다. 그러나 인간의 속성 중에는 실증적인 탐욕 혹은 명예욕을 비실증적인 언어로 덮는 경우가 있다. 우리의 언어는 온갖 형이상학과 윤리적 명제, 종교적 교의로 뒤덮인다. 이때의 언어는 사유를 덮기 위한 것이다. 우리의 옷이 육체를 드러내는 것 이상으로 육체를 위장하기 위해 있는 것처럼.

언어의 이러한 사용 — 탐욕을 선과 당위로 포장하기 위한 — 에 관한 가장 통렬한 비판의 선언이 다다선언^{Dada Manifesto}이다. "DADA; abolition of prophets."

인간에게 가치 있는 역사는 이 '사유를 위장하는 언어'와의 투쟁의 역사였다. 이러한 언어가 억압이다. 윤리적 명령, 신앙의 교의, 민족주의의 광기 등등. 이것들은 모두 '뜻이 없는 명제'이다. 즉 꾸며진 공허한 의미이다.

우리의 오랜 언어 관습은 상징^{symbol} 없는 기호^{sign}를 허용해왔다. 거의 전체 역사에 걸쳐 이 몸을 덮는 언어는 주도적인 것이었다. 비트겐슈타인은 면도날을 작동시키고자 한다. 언어의 세계에서 뜻^{sense} 없는 명제를 제거하고자 한다. 이것이 그의 언어 비판^{critique of language}이다.

언어는 때때로 지성을 현혹한다. 철학은 그러한 언어와의 싸움이다.

4.003

Most of the propositions and questions to be found in philosophical works are not false but nonsensical. Consequently we cannot give any answer to questions

of this kind but can only point out that they are nonsensical. Most of the propositions and questions of philosophers arise from our failure to understand the logic of our language. (They belong to the same class as the question whether the good is more or less identical than the beautiful.)

철학적 작업에서 발견되는 대부분의 명제와 질문들은 거짓이 아니라 단지 난센스(nonsensical)일 뿐이다. 결과적으로 우리는 이러한 종류의 질문에 대답할 수는 없고 단지 그것들이 난센스라는 것만 지적할 수 있다. 철학자들의 대부분의 명제와 질문들은 우리 언어의 논리를 이해하는 데에서의 실패에서 발생한다. (그것들은 선이 미보다 더 단일함을 갖느냐 혹은 그렇지 않으냐와 같은 류에 속한다.)

해제 비트겐슈타인은 바야흐로 주제를 지닌 것으로서의 형이상학을 철학 세계에서 구축하려drive out 하고 있다. 그가 여기서 말하는 '대부분의 명제와 질문들'은 플라톤, 성 아우구스티누스, 데카르트, 칸트, 헤겔 등에 의해 제기된 실재론(혹은 합리론)적 명제와 질문들이다. 엄밀히 말하면 이것들이 전체 철학이었다.

어떠한 것이 사유가 되기 위해서는 그 명제가 분석되어 요소명제와 대상에 닿아야 한다. 그것은 명제에 부응하는 실재reality가 있느냐 없느냐의 문제이다. '신god'과 같은 명제에 대응하는 대상은 실재 중에 없다. 이때 신을 언급하는 것은 nonsensical한 것이다. 비트겐슈타인은 우리 언어에서 어떤 부분인가를 베어내는 것이 그의 철학이라고 말하고 있다. 이것은 뜻이 없는 명제 proposition without sense, 즉 사유가 아닌 명제를 베어낸다는 것을 말하고 이 명제가 곧 비교할 실재reality를 가지지 않은 명제이다.

신, 윤리적 행위, 미의 원리, 존재의 본질 등에 관한 모든 언급에 대해 우리는 그것들이 옳다, 혹은 그르다고 말할 수 없다. 우리는 단지 그것들은 사유, 즉 뜻을 가진 명제가 아니므로 그 옳고 그름을 판별하기 이전에 하나의 존재 이유를 가지는 명제가 되지 못한다고 말할 수 있을 뿐이다. 신의 부존재의 논증(진화과학자들에 의해 시끄럽게 주장되는) 역시 신의 존재 증명과 동일하게 무의미한 것이다. 이 문제에 대해 우리는 침묵해야 한다. 언표된다면 nonsense이다.

4.01

A proposition is a picture of reality. A proposition is a model of reality as we imagine it.

명제는 실재의 그림이다. 명제는 우리가 상상하는 바의 실재의 모델이다.

──────

해제　　　　실재는 '사태의 존립과 비존립'이다. 실재는 단지 명제에 대응하는 세계이다. 우리는 명제를 보면서 "아, 이것은 어떠어떠한 세계를 기술하고 있네."라고 상상한다. 그때 '기술되는 세계'가 곧 실재이다. 중요한 것은 명제는 그 자체로서 가능한 실재를 전제할 뿐이지 참인 실재를 전제하지는 않는다는 사실이다. 명제는 단지 실재의 한 모델일 뿐이다.

At first sight a proposition — one set out on the printed
page, for example — does not seem to be a picture of the
reality with which it is concerned. But neither do written
notes seem at first sight to be a picture of a piece of
music.

하나의 명제 — 예를 들면 인쇄된 페이지에 전개되는 것과 같은 — 는 첫눈에는 그 명제와
관련된 실재의 그림으로 보이지는 않는다. 그렇지만 쓰여 있는 음표 역시 첫눈에는 한편의
음악의 그림 같지는 않다.

해제　　　모든 것은 '투사의 규칙rule of projection'에 준한다. 악보는 실연
되는 음악과 무엇인가를 공유한다. 악보는 어떤 형식에 따라 연주로 변한다.
이 형식이 바로 투사 규칙이다. 마찬가지로 명제와 세계는 무엇인가를 공유
한다. 둘은 형식logical form을 공유한다. 그 형식은 내적인internal 것이다. 명제
라는 그림은 어떤 규칙인가에 준해 하나의 세계를 투사한다. 우리는 이 세계
속에서 살고 있다. 나의 명제가 나의 세계의 전부이다.

　　명제와 명제 기호propositional sign에 대해 자세히 살펴볼 때가 되었다. 하나
의 악보가 있다고 간주하자. 이 악보는 하나의 그림이다. 이 악보는 피아노
로도, 바이올린으로도 연주 가능하다고 하자. 이때 연주되는 모든 음악은 모
두 하나의 명제이다. 이것은 매우 까다로운 문제이다. 악보 자체가 명제가
아니라 연주된 것이 명제이다. 따라서 명제 역시도 물질적material인 것이다.
각각의 연주된 음악은 각각의 명제 기호propositional sign이다. 다시 말하면 피
아노로 연주된 음악의 명제 기호와 바이올린으로 연주된 음악의 명제 기호

는 서로 다르다. 명제와 명제 기호의 유사성과 차이의 까다로운 개념에 대해서 유념할 것이 요구된다.

4.012

It is obvious that a proposition of the form 'aRb' strikes us as a picture. In this case the sign is obviously a likeness of what is signified.

'aRb'라는 형식의 명제는 명백히 하나의 그림으로서 우리에게 각인된다. 이 경우, 그 기호(지칭의 기호)는 지칭되는 것의 동질적인 것이다.

———

해제　　　모자가 테이블 위는 있는 것을 우리는 "모자가 테이블 위에 있다."는 명제로 표현한다. (물론 "테이블 위에 모자가 있다."거나 "모자 밑에 테이블이 있다."도 마찬가지이다.) 많은 것들이 많은 것 위에 있을 수 있다. 이때 R을 "앞엣것이 뒤엣것 위에 있다."라고 정의하고 그것을 xRy라고 하자. 이때 우리는 벌써 이것이 세계 속의 어떤 상황의 그림인가를 이해한다.

4.014

A gramophone record, the musical idea, the written notes, and the sound waves, all stand to one another in the same internal relation of depicting that holds between language and the world.

축음기 레코드, 음악적 개념, 악보, 음파 등등은 언어와 세계를 묶는 것과 같은 묘사의 동일한 내적 관계에 있다.

해제　　　이 언명에서 가장 중요한 것은 "내적 관계internal relation"의 의미이다. 하나의 예를 들자. 전문적인 훈련이 된 사람이라면 악보에서 음악을 듣고 또한 음악을 들으며 악보를 쓴다. 이것은 어떻게 가능한가? 이것보다 더욱 신비스러운 경우도 있다. 주제와 변주theme and variations의 경우이다. 단순한 장식 변주곡의 경우, 모차르트의 《작은별 변주곡Ah, vous dirai-je, Maman》같은 경우에는 특별한 음악적 훈련을 받지 않은 경우에도 주제가 여러 개의 음악으로 변주되고 있다는 사실을 곧 듣게 된다.

주제와 변주의 각각의 요소들이 대응관계(나중에 수학적 복제성이라고 말하게 될)에 있긴 하다. 그러나 주제의 하나의 음악 기호와 변주의 하나의 음악 기호는 서로 완전히 다르다. 주제와 변주는 두 개의 곡이지만 또한 하나의 곡이다. 즉 두 개의 명제 기호propositional sign이지만 하나의 명제이다. 이것이 어떻게 가능한가? 소쉬르(Ferdinand de Saussure)에서 시작된 일반언어학(공시언어학이라고도 할만한)의 주요 주제도 결국 주제와 변주의 문제이다.

세계의 요소와 언어의 요소가 1:1 대응을 한다는 것은 세계와 언어가 맺고 있는 관계의 하나의 측면이지 전적인 측면도 심지어는 우선적인 문제도 아니다.

덩어리로서의 세계와 음성 무더기로서의 음성신호가 어느 날 분화articulation를 일으켜 서로 자의적인 관계를 맺은 것이 언어이다. 이때 중요한 것은 세계와 언어는 동일한 형식에 의해 분화된다는 사실이다. 이때 언어 내부에 음성신호 간의 관계(형식)를 내적 관계internal relation라고 한다. 물론 세계 역시도 어떤 내적 관계에 따라 분화된다. 이때 중요한 것은 이 두 개의 내적 관계가 서로 같다는 것이다. 이것이 논리형식logical form이다.

이를테면, 악보, 레코드, 연주 등은 모두 각각이 어떤 내적 관계하에 존립한다. 악보는 음악적 기호가 어떤 관계하에 병렬하고, 레코드 역시 음골groove이 어떤 관계하에 병렬하고, 연주되는 음악과 음파 역시 그렇다. 그리고 이 각각은 닫힌 시스템을 구축하고 있다. 그러나 이 시스템은 동일한 명제의 여러 방면으로의 투사이다.

명제와 세계 역시 각각의 내적 관계가 서로 같다는 점에서 서로 같다.

4.0141

There is a general rule by means of which the musician can obtain the symphony from the score, and which makes it possible to derive the symphony from the groove on the gramophone record, and using the first rule to derive the score again. Herein lies the internal similarity between these things which at first sight seem to be entirely different. And the rule is the law of projection which projects the symphony into the language of the musical score. It is the rule of translation of this language into the language of the gramophone record.

음악가가 악보에서 교향곡을 얻어내고, 축음기 레코드의 음골(groove)에서 교향곡을 얻어내는 것을 가능하게 하고 또한 앞의 법칙을 사용하여 또다시 (교향곡에서) 악보를 얻어내는 것을 가능케 하는 일반 법칙이 있다. 그것(일반 법칙: general rule)이 위의 것들(교향곡, 악보, 레코드) ─ 완전히 서로 다른 양식으로 구성되는 것처럼 보이는 ─ 사이의 내적 유사성을 구성하는 것이다. 그리고 그 법칙이 교향곡을 악보로 투사하는 투사의 법칙이다. 그것이 이 언어를 축음기 레코드의 언어로 번역하는 법칙이다.

───────

해제 비트겐슈타인은 악보, 교향곡, 레코드의 은유를 통해 내적 구조의 유사성에 의한 '번역'이 곧 그림이라는 사실을 거듭 말한다. 위의 세계는 동일한 '투사의 법칙law of projection'에 의해 유사성을 확보한다. 이 유사성이 내적 유사성inner similarity이다. 여기에서 내적 유사성은 공유되는 '형식'을 말한다. 이 유사성은 선험적이다. 이 유사성을 확인하기 위해 경험을 검증할 필요는 없다. 이러한 사실이 우리에게 전적으로 새로운 명제가 제시된다 해도 우리가 그 명제를 이해할 수 있는 이유이다. 그것은 우리의 선험적 형식에 들어맞기 때문이다.

하나의 의문을 논의할 때가 되었다. 다음과 같은 질문을 할 수 있다.

"형식이 선험적이라면 왜 그것을 배워야 하는가? 우리는 기보score-reading를 배워야 악보에서 교향곡을 들을 수 있지 않은가? 만약 선험이라는 것을 '타고난innate'이라고 받아들인다면 그것은 배울 이유 없이 저절로 우리에게 있어야 하는 것 아닌가?"

이 질문은 선험의 의미에 대한 잘못된 이해에서 나온다. 선험은 물론 본능과 같은 것이다. 그러나 본능을 행사하기 위해서는 연습이 필요하다. 동물이나 인간의 육아라는 것은 모두 각각에 내재한 잠재적인 것으로서의 선험적 능력을 행사시키기 위한 것이다. 따라서 선험은 가능성이다. 지식은 경험 이전에 오는 것이 아니라 경험과 더불어 온다.

A proposition is a picture of reality: for if I understand a proposition, I know the situation that it represents. And I understand the proposition without having had its sense explained to me.

하나의 명제는 실재의 하나의 그림이다. 왜냐하면, 내가 어떤 명제를 이해한다면 나는 그 명제가 표상하는 상황을 아는 것이기 때문이다. 나는 또한 그 명제의 뜻이 내게 설명되지 않았음에도 그 명제를 이해한다.

———

해제   실재^{reality}는 앞에서도 자세히 말해진 바대로 사례의 존립과 비존립을 모두 포함한다. 하나의 명제는 실재 중 어느 것이든 묘사할 수 있다. 존립하는 실재든 비존립하는 실재든.

만약 "비가 내린다."라는 명제가 있다고 하자. 이것은 실재의 표현이다. "비가 내리지 않는다." 역시도 실재의 표현이다. 명제가 "실재를 묘사한다."고 할 때 그것은 '참'인 명제를 의미하는 것은 아니다. 명제는 단지 참의 가능성을 지니는 실재를 묘사하는 것이다. 실재는 이를테면 '비'와 같은 것이다. 명제는 물론 참인 실재를 기술한다고 믿어질 수 있다. 그러나 그 명제는 거짓^{false}일 수도 있다. 명제는 실재에 의해 검증되어야 한다. 즉 명제가 묘사하는 실재^{reality}와 세계 속의 실재(진짜 실재인바)는 서로 비교되어야 한다.

명제는 단지 상상되는 하나의 상황이다. 그것은 우리의 마음속의 문제이다. 그 명제가 뜻을 갖기 위해 반드시 세계와 비교될 필요는 없다. 그 명제가 투사의 법칙을 지키기만 하면 된다. 뜻^{sense}에 관한 한 명제는 세계에서 독립한다. 따라서 명제는 한편으로 세계에서 독립하고 다른 한편으로 의존한다. 명제의 뜻은 세계의 실재와 비교될 필요 없이 존립한다는 점에서 명제는 세계에서 독립한다. 그러나 명제가 되기 위에서는 먼저 세계와 어떤 내적 유사성을 지니는 형식을 공유해야 한다는 점에서는 세계에서 독립할 수 없다.

우리가 일단 언어의 내적형식에 익숙해 있다면 우리는 새로운 명제에서도 그 뜻을 읽을 수 있다. 비행을 익힌 독수리는 어디에서든 날 수 있다. 어느 대기에서나 나는 양식은 같기 때문이다. 이 '나는 양식'이 언어의 논리이다. 독수리가 새로운 곳에서 날 수 있는 것처럼 우리는 새로운 명제의 뜻을 이해한다.

4.022

A proposition shows its sense.

A proposition shows how things stand if it is true.

명제는 뜻을 보인다.

명제는 만약 그것이 참이라면 사물들이 어떻게 존립하는가를 보인다.

해제　　　　shows의 의미는 '명제는 하나의 word-picture'라는 것이다. 이 부분은 앞의 '그림 이론'에서 자세히 다루었다.

거듭 말하는 바와 같이 명제는 실재를 기술하지만 그것은 단지 기술일 뿐이다. 그것은 만약 참이라면 실재는 어떠할 것인가를 보인다. 그러나 명제는 그 자체가 참이거나 거짓이 되지는 않는다. 만약 그렇다면 상상이나 거짓은 소멸한다.

The proposition determines reality to this extent, that one only needs to say "Yes" or "No" to it.

In order to do that, it must describe reality completely.

A proposition is a description of a state of affairs.

As the description of an object describes it by its external properties, so propositions describe reality by its internal properties. The proposition constructs a world with the help of a logical scaffolding, and therefore one can actually see in the proposition all the logical features possessed by reality if it is true. One can draw conclusions from a false propositions.

명제는 우리가 그 명제에 대해 "그렇다", 혹은 "아니다"라고만 말하면 되는 수준으로 실재를 확정한다.

실재는 따라서 명제에 의해 완전히 기술되어야 한다.

명제는 사실의 기술이다.

대상에 대한 기술이 대상의 외적 속성에 의해 그것을 기술하듯이 명제는 그 내적 속성에 의해 실재를 기술한다. 명제는 논리적 비계(scaffolding)의 도움으로 세계를 구축한다. 따라서 우리는 명제 속에서 만약 그 명제가 참이라면 실재에 의해 소유되는 모든 논리적 모습들을 실제로 알 수 있다. 우리는 거짓 명제에서도 결론을 추론해 낼 수 있다.

―――――

해제   명제의 성격과 그 정의에 대한 비트겐슈타인의 중요한 언급이 나오고 있다. 먼저 명제는 간단히 말해 '참과 거짓을 구분할 수 있는 언명'이라고 정의된다. 이 간단한 정의는 그러나 실제로는 그렇게 간단한 것은 아니다. 먼저 명제의 참과 거짓의 판명 기준은 무엇인가? 그것은 실재^{reality}이다.

누군가가 "비가 온다$^{it\ rains}$."고 말한다고 하자. 물론 이 명제는 "비가 내린다." 혹은 "강우가 있다." 등등으로 말해질 수 있다. 이때 세 개의 언명 모두가 하나의 명제이다. 그러나 이것들은 제각각 다른 명제 기호$^{propositional\ sign}$이다. 앞에서 언급된 명제와 명제 기호에 대한 구분을 먼저 확고히 한 다음 명제의 참 거짓이 어떻게 결정되는지를 살피면 된다. 명제는 애매할 수 없다. 그것은 참이든지 거짓이든지이다.

물론 실재와 비교될 필요가 없는 명제들도 있다. "비가 오거나 오지 않거나 이다($p \vee {\sim}p$)." 는 항상 참이다. "비가 오고 오지 않는다($p \cdot {\sim}p$)."는 항상 거짓이다. 전자가 항진명제^{tautology}이고 후자가 모순명제^{contradiction}이다. 이러한 명제들이 논리 명제$^{proposition\ of\ logic}$이다. 그러나 지금은 이러한 명제를 논의하고 있지 않다. 현재의 논의는 '뜻을 지닌 명제$^{proposition\ with\ sense}$'에 한정되고 있다.

이 이외의 경우에는 실재와 비교되었을 때 참과 거짓이 명확히 판명 날수 있도록 명석해야 한다.

누군가 지난밤 23:00 경에 발생한 어떤 폭력사건에 대한 조사를 받는다고 가정하자.

경찰은 묻는다. "어젯밤 11시경에 무엇을 했나?"

피의자가 "잤거나 TV 시청을 했을 겁니다."라고 한다면 그는 실재를 충실히 묘사하는 명제를 말하고 있지 않다. 두 사건, 즉 잠과 TV 시청은 동시간대에 한 사람에게 발생 가능한 사건은 아니다. 경찰은 촉구할 것이다. 기억을 잘 더듬어보라고. 이 촉구가 바로 참과 거짓을 구분할 수 있을 정도로 명제를 명석화하라는 요구이다.

앞에서 비트겐슈타인은 "명제 기호가 사실이다^A propositional sign is a fact. ''라고 분명히 말한다. 그는 명제에 대해서는 그것은 '사실에 대한 기술'이라고 말한다. '사실'과 '사실에 대한 기술'의 차이는 무엇인가? 그것은 위에서 예를 든 바와 같이 사실^fact은 '단일하게 확정된 언명'이고 '사실에 대한 기술'은 동일한 뜻^sense을 나타내는 모든 언명에 해당하는 것이고 이것이 곧 명제이다.

대상에 대한 기술은 외적 속성에 의해, 실재에 대한 기술은 내적 속성에 의해 시행된다고 비트겐슈타인은 말하고 있다. 여기서 외적 속성은 empirical property라고, 내적 속성은 formal property라고 할 수 있다. 우리는 대상에 대해 그 대상이 내재적으로 지니고 있는 성격에 의해 그것을 규정할 수는 없다. 왜냐하면 '세계는 사물의 총체가 아니라 사실의 총체'이기 때문이다. 그것은 경험의 대상이고 그것에 대한 상설^elucidation에 의해 모습을 드러낼 뿐이다. 즉 외적 묘사에 의해 모습을 드러낸다.

명제는 그러나 그렇지 않다. 명제의 존립은 내적 속성, 즉 형식적^formal 속성에 의한다. 만약 어떤 명제가 존립한다면 그것이 존재의의를 갖기 위해 실재에 호소할 필요는 없다. 실재에의 호소는 그 명제의 참과 거짓을 판별하기 위한 것이지 그 명제의 존립 혹은 비존립의 이유를 판별하기 위한 것은 아니다. 명제는 그것이 명제일 때 이미 존립가능하다. '비존립의 명제'는 형용모순이다. 그것이 일단 명제면 무조건 존립한다. 왜냐하면 명제의 존립은 그 명제가 뜻을 지닐 수만 있다면 즉 말이 되기만 한다면 무조건 가능하기 때문이다. 따라서 명제의 존재는 경험에서 독립한다. 그것은 선험적transcendental 이다. 비트겐슈타인이 여기서 말하는 internal property는 logical form, 혹은 formal property로 대체되어도 문제없다.

명제에 있어서 중요한 것은 그것이 '논리적'이라는 사실이다. 만약 그것이 논리적이라면 — 그리고 with sense이면 — 우리는 언제라도 그 명제에 기반한 세계를 상상할 수 있다. 인간의 속성은 명제이다. 우리는 만약 그것이 nonsensical하지만 않다면 언제라도 그것들로 엮어지는 세계를 상상으로 추론해낼 수 있다. 명제는 결국 하나의 가언적 전제이다. 우리는 이 전제에서 추론에 의해 결론을 유도해 낼 수 있다. 명제의 작동은 하나의 실험적 양식experimental method으로서이다. 따라서 참인 명제로 부터건 거짓 명제로부터건 그것을 기반으로 한 결론을 도출할 수 있다.

주어진 명제로부터 추론한다는 것은 그 명제를 분석한다는 것이다. 분석 과정은 닫힌 체계이다. 따라서 제시된 명제가 참이냐 거짓이냐 하는 것은 중요하지 않다. 중요한 것은 제시된 명제로부터의 분석이 논리적 일관성을 지니느냐 그렇지 않으냐이다.

전제는 언제나 하나의 가정hypothesis으로 주어진다. 그것은 강제적이지 않다.

물론 물질적 속성의 뜻sense을 지니지 않지만 명제로 작동하는 것들이 있다. 그것들이 논리 명제이다. 누군가가 "비가 오고 바람이 분다.(p • q)"라는 명제를 언급했다고 하자. 이때 우리는 그 명제에 기반을 두어 "비가 오거나 바람이 분다.(p ∨ q)"라고 추론할 수 있다 이때 명제 (p • q)가 참이냐 그렇지 않으냐는 중요하지 않다. 단지 $(p \cdot q)$에서 $(p \lor q)$이 추론될 수 있다는 사실이 중요하다.

그러나 이러한 종류의 명제 — 항진명제 — 는 현재 비트겐슈타인이 명제의 내적 속성과 관련하여 말하고 있는 것은 아니다. 이러한 논리 명제는 6장의 중요 주제이다.

4.025

When translating one language into another, we do not proceed by translating of each proposition of the one into a proposition of the other, but merely by translating the constituents of propositions. (And the dictionary translates not only substantives, but also verbs, adjectives and conjunctions, etc; and it treats them all in the same way)

하나의 언어를 다른 언어로 번역할 때 우리는 전자의 하나의 명제를 후자의 하나의 명제로 (통째로) 번역하여 진행해 나가지는 않는다. 오히려 우리는 명제의 요소(constituents)를 번역하여 진행해간다. (사전도 명사뿐만 아니라 부사, 접속사 등등도 같이 번역하며 또한 그것들 전부를 공정하게 다룬다.)

———

해제   "A dog chases a cat."이라는 영어 문장을 "개가 고양이를 뒤쫓는다."라고 번역한다고 하자. 이때 우리는 dog, chase, cat 등의 뜻을 사전을 찾아 알아낸다. 그러고는 이 명제가 무엇의 그림인가를 알아내고 우리말로 번역해간다.

하나의 언어의 명제를 다른 언어의 명제로 번역할 때 우리가 알아야 하는 것은 명제의 구성요소이지 명제 그 자체는 아니다. 왜냐하면, 명제 그 자체는 알아내질 수 없는 것이기 때문이다. 명제 어디에도 그 명제와 (그 명제의) 번역된 명제 사이의 형식의 동일성을 말해 주는 것은 없다. 우리는 단지 그것을 저절로 — 두 언어를 알기만 한다면 — 안다.

구성요소(단어들)는 external property에 의해 알려지지만, 명제 그 자체는 internal property에 의해 (스스로) 드러난다. 구성요소는 경험적 성격을 가지는 것이므로 설명되어야 하지만 명제 자체는 설명될 수 없다. 그것은 단지 내적형식을 가질 뿐이다. 모든 언어는 같은 형식을 공유한다. 왜냐하면, 형식은 모든 인간이 공유하는 것이므로. 각 언어의 문법조차도 사전에 나온다. 우리는 명제의 구성요소를 배워야 한다. 단어를 외워야 한다. 그 단어의 배열도 배워야 한다. 그러나 명제 자체를 배울 수는 없다. 그것은 언어적 직관과 관련된 문제인바 직관이 인간적 본능이며 그것이 곧 세계의 형식이다.

따라서 문장 전체를 통째로 번역할 수는 없다. 문장은 단어가 아니다.

4.026

The meaning of the simple signs(the words) must be explained to us, if we are to understand them. By means of propositions we explain ourselves.

단순기호(단어)의 의미는, 우리가 그것을 이해하기 위해서는, 우리에게 설명되어야 한다. 그러나 명제를 통해서는 우리 스스로를 설명한다.

　　　　비트겐슈타인은 계속 세계의 질료와 형식에 대해 말하고 있다. 그는 대상을 지칭하는 단순기호는 그것이 무엇을 대표하고 있는지 즉 그것이 어떤 상징symbol의 기호인지가 설명되어야 한다고 말한다. 그것들의 external property는 설명되지 않는 한 알 길이 없기 때문이다.

영어를 처음 배우는 아이는 "A dog chases a cat."이라는 문장에서 dog, chase, cat을 설명 들어야 그 문장을 이해할 수 있다. 그러나 이 문장이 그 세계의 구성요소에 의해 어떻게 뜻sense을 가지는가는 설명될 수 없다. 그 독특한 형식은 우리 자신이다. 왜냐하면, 언어의 그 형식이 곧 논리이고 논리는 곧 우리 자신이기 때문이다. 명제를 통해 드러나는 것은 곧 우리 자신이다.

혼란을 제거하자. 그것은 문법grammar과 논리의 혼동이다. 문법과 논리는 전혀 관련 없다. 문법은 외연적인 것이고 우연적인 것이지만 논리는 내재적인 것이고 필연적인 것이다. 위의 "A dog chases a cat."을 살펴보자. a dog은 주어이고 chases는 주어의 행위를 나타내는 동사이고 a cat은 동사의 목적어이다. 이것은 "개가 고양이를 쫓는다."에선 다른 문맥으로 — 다른 문법으로 — 설명된다. 각각의 문법은 우연이다. 따라서 물리적으로 배워야 한다. 이때 표현방법에 대한 것이 문법이고 모든 표현방법에 동일하게 내재해있는 형식이 논리이다. 논리는 본능이다. 그것은 익숙해지는 것이지 배워질 수 없는 것이다.

누군가가 "'A dog chases a cat.'가 그 뜻sense을 가질 수 있는 것은 어떻

게 해서이지요?"라고 묻는다면 우리는 단지 "그것이 논리요."라고 답할 수 있을 뿐이다.

4.03

A proposition must communicate a new sense with old words. A proposition communicates a situation to us and so it must be essentially connected with the situation. And the connection is, in fact, that it is its logical picture. The proposition only asserts something, in so far as it is a picture.

명제는 기존의 단어로 새로운 뜻을 전달할 수 있어야 한다. 명제는 우리에게 상황을 전달한다. 따라서 그것은 상황과 본질적으로 관련지어져 있어야 한다. 그리고 그 관련은 사실상 그 명제가 그 상황의 논리적 그림이라는 사실이다. 명제는 그것이 그림인 한 단지 어떤 것을 언급할 뿐이다.

해제　　　비트겐슈타인은 계속해서 그림의 가언적 성격과 그 성격에서 도출되는 여러 양상에 대해 말한다. 어휘는 역사를 통해 상속된 것이지만 형식은 우리 자신이다. 그것은 선험적^{transcendental}인 것이다. "참 진리 가운데 자유롭다."는 것은 이것을 말한다. 참 진리는 논리형식이고 자유는 그 형식 속에서의 자율성이다. 논리형식만 지킨다면 우리는 어떤 표현도 할 수 있다. 우리와 언어는 그만큼의 자율성을 가진다.

　1. 어휘(사물의 기호)는 상속된 것이다.

2. 형식은 우리 자신이다.

3. 우리 자신의 표현은 위 두 사항의 제약을 받는다.

그러나 그 제약 속에서의 자기표현은 자율적이다. 이것이 글에 적용되었을 때 소위 '문체style'이다. 따라서 전적으로 새로운 표현의 가능성이 우리 언어의 특징이다. 예를 들어 "붉은색으로 물든 해가 산티아고 위에 떠 있다."라는 명제를 생각해 보자. 우리가 붉은색, 해, 산티아고에 대한 설명을 들었다고 하자. 그럼에도 이 명제는 새로운 것이다. 누구도 전에 이 명제를 읽은 적이 없다. 그럼에도 우리는 이 명제가 어떤 상황의 그림인지를 안다. 즉 기존의 어휘로 새로운 뜻a new sense을 전달할 수 있다.

명제는 근본적으로 상황의 그림이기 때문에 상황과 '본질적으로' 관련지어져 있다. 그 관련이 바로 명제의 논리적 그림이다. 명제는 단지 상황에 대한 하나의 언급이다. 그것은 말 그대로 그림일 뿐이다.

4.031

In a proposition a situation is, as it were, constructed by way of experiment. Instead of, 'This proposition has such and such a sense' we can simply say, 'This proposition represents such and such a situation.'

명제에서 하나의 상황은 이를테면 실험의 방식으로 구축된다. '이 명제는 이러이러한 뜻을 지닌다.' 대신에 우리는 간단히 '이 명제는 이러이러한 상황을 표상한다.'고 말할 수 있다.

과학에서의 실험은 하나의 가정된 상황의 구성이다. 명제도 마찬가지이다. 명제는 물론 '참'인 상황의 그림일 수 있다. 그렇다 해도 명제의 참과 거짓은 명제의 결과의 문제이다. 중요한 것은 그 명제의 존립이 참과 거짓에서 독립하여 가능하냐는 것이다. 이것은 사실이다. 명제는 무조건 가능한possible 상황을 재현한다.

"이 명제는 이러이러한 뜻을 지닌다."는 것은 물론 명제에 대해 잘못 말하는 것은 아니다. 그러나 단순히 "이 명제가 표상하는 것(재현하는 것)은 이것이다."라고 말하는 편이 더 낫다. 하나의 실험은 가정된 상황을 구성하는 것이다. 실험 역시도 뜻이 있는with sense 세계를 구성한다. 그러나 그 꾸며진 세계가 가능한 세계인가 그렇지 않은가는 실험의 결과가 예측된 세계와 비교되어야 한다. 명제도 이와 같다.

4.0312

The possibility of propositions is based on the principle that objects have signs as their representatives. My fundamental idea is that the 'logical constants' are not representatives; that there can be no representatives of the logic of facts.

명제의 가능성(존립 가능성)은 대상이 스스로의 표상대표로서 기호(sign)를 지닌다는 원칙에 기초한다. 나의 근본적 생각은 '논리 상수'는 표상대표는 아니라는 사실이다. 즉, 사실의 논리의 표상대표는 있을 수 없다는 것이다.

해제　　　여기에서 처음으로 논리 상수에 대한 비트겐슈타인의 생각이 전개되며 동시에 러셀과의 근본적 의견 차이가 발생한다. 러셀은 명제를 논리 상수를 기반으로 구축했지만, 비트겐슈타인은 논리 상수는 무의미하다고 말한다. 그것은 단지 명제의 연산을 위한 것이지 그 자체가 어떤 존재를 대변하지는 않는다는 것이 비트겐슈타인의 견해이다. 나중에 진리함수 편에서 자세히 논의될 것인바 비트겐슈타인은 명제의 연산은 논리 상수에 의해서이지만 논리 상수는 단지 연산의 도구이지 실체를 가진 것은 아니라고 말한다. 논리 상수는 논리에서 본질적essential인 것은 아니다.

논리 상수는 ∼(not), all x($\forall x$), some x($\exists x$), or($\vee$), and($\cdot$) 등등을 가리키는 것이다. 비트겐슈타인은 이러한 상수에 대응해주는 대상이 없고, 따라서 이것들이 그림의 내용을 규정할 수는 없다고 말한다.

그렇다면 이것은 논리에, 즉 논리형식에 속하는 것인가? 비트겐슈타인은 단호하게 "No."라 한다. 논리형식은 가시적 실체를 가진 것이 아니다. 그것은 비물질적인 것이고 우리 자신의 '생김'이다. 이것은 가시적 옷을 입을 수는 없다. 논리 상수 역시 '생김'을 표상할 수 없다. 사실은 그것은 무엇도 표상하지 못한다.

따라서 논리 상수는 무의미하고 쓸모없는 것이다. 비트겐슈타인은 나중에 모든 논리 상수는 '∼(not)'으로 환원될 수 있으며, 따라서 그것들은 원초적 기호primitive sign가 될 수 없다고 말한다. 심지어 그는 'not'만으로 전체 세계의 형식을 규정하게 된다. 'not'은 그렇다면 논리 상수인가? 비트겐슈타인은 그렇지 않다고 말할 것이다. 그것은 단지 repetition과 관련되어 있을 뿐이라고 말할 것이다. 이 부분은 나중에 자세히 설명될 것이다.

In the proposition there must be exactly as many distinguishable parts as in the situation that it represents. The two must possess the same logical(mathematical) multiplicity.

명제에서는 상황에서의 구분 가능한 부분과 정확히 같은 수의 부분이 있어야 한다. 둘은 동일한 논리적(수학적) 복제성을 가져야 한다.

———

해제　　　비트겐슈타인은 여기서 두 사실을 말하고 있다. 하나는 명제와 그 명제가 묘사하는 상황에 있어서의 구성요소의 개수와 관련된 것이고, 다른 하나는 구성요소 각각이 서로 간에 맺고 있는 논리적 구조의 일치에 관한 것이다. 만약 명제에 열 개의 구분되는 요소가 있다면 상황situation에도 마땅히 열 개가 있어야 한다.

그러나 이것으로 그치지 않는다. 각각의 열 개는 서로 간에 어떠한 종류의 구조적 관계를 맺는다. 물론 이 관계는 무작위적인 것은 아니다. 명제와 상황은 어떤 종류의 형식을 공유한다. 이렇게 서로 공유될 수 있는 형식에 의해 각각이 각각의 요소 사이에서 구성하는 공유성을 비트겐슈타인은 '수학적 복제성mathematical multiplicity'이라고 부른다.

4.041

This mathematical multiplicity, of course, cannot itself be the subject of depiction. One cannot get away from it when depicting.

물론 이 수학적 복제성은 그 자체가 묘사의 주제가 될 수는 없다. 우리는 묘사할 때 그것 바깥쪽에 있을 수는 없다.

해제　　이것은 앞의 '그림 이론'에서 "우리는 representational form 바깥에 있을 수 없다."고 말한 것과 같다. 비트겐슈타인은 지금 수학과 관련한 그 자신의 논리를 주장할 준비를 하고 있다. 수학 역시도 논리와 마찬가지로 우리 자신이다. 우리 자신이 우리 자신을 묘사할 수는 없다.

4.061

It must not be overlooked that a proposition has a sense that is independent of the facts: otherwise one can easily suppose that true and false are relations of equal status between signs and what they signify. In that case one could say, for example, that 'p' signified in the true way and that '$\sim p$' signified in the false way, etc.

명제가 사실(fact)에서 독립하여 의미를 갖는다는 것은 절대 간과되어서는 안 된다. 그렇지 않다면 우리는 참과 거짓을 기호(sign)와 (그 기호의) 지칭 대상 사이의 대등한 지위의 관계라고 쉽게 가정할 수 있다. 그 경우 우리는, 예를 들면 'p'는 참인 양식으로 '$\sim p$'는 거짓 양식으로 지칭한다고 말할 수 있게 된다.

해제   만약 명제가 논리형식만 지킨다면 그 명제는 물론 사실에서 독립한다. 명제는 이제 명제의 논리만 따라가게 된다. 예를 들어 "비가 오고 눈이 온다($p \cdot q$)."라고 하자. 이때 여기에서 "비가 오거나 눈이 온다($p \vee q$)."는 논리적 귀결$^{\text{logical consequence}}$이 나올 수 있다. 실제로 지금 비가 오거나 눈이 오는 것은 명제의 논리와 관련하여 나름의 중요성은 가지지 못한다.

만약 명제 p가 참^{true}만을 지칭하고, $\sim p$가 거짓만을 지칭한다고 하면 — 다시 말하면 명제가 그것이 말하고 있는 사실에서 독립하지 못한다면 — 우리는 p와 관련하여 사실상 두 개의 명제를 가지는 셈이 된다. p라는 명제와 $\sim p$라는 명제의. 이때 세계는 명제의 참과 거짓에서 독립하지 못한다. 특정한 지칭 양식이 그 명제를 참이 되게 하고, 다른 어떤 지칭 양식이 그 명제를 거짓으로 만든다면 이것은 매우 이상한 결과를 불러온다.

예를 들어 포커^{poker} 게임을 한다고 하자. 세 개의 카드가 먼저 주어지고 그중 두 카드를 열어놔야 한다고 하자. 이때 낮은 숫자의 카드 두 장을 열어놓으면 반드시 이긴다고 생각하는 어떤 포커꾼이 있다고 하자. 우리는 이 사람이 얼마나 우스꽝스러운 생각을 하고 있는지 언제라도 말할 수 있다. 우리는 그 사람에게 말해줄 것이다.

"여보세요, 당신의 카드를 여는 양식은 당신 게임의 승패와는 상관없는 문제요. 카드 여는 방식은 카드의 승패에서 독립한 것이기 때문이요."

그 어리석은 포커꾼은 이기는 지칭 양식$^{\text{way of signification}}$이 있고 지는 지칭 양식이 따로 있다고 생각하고 있다. 그러나 그러한 것은 없다. $\sim p$는 p와 같은 자격을 지니는 새로운 명제는 아니다. 그 둘은 하나의 명제이다. 단지 존립하고 있느냐 그렇지 않으냐의 문제이다. 즉 p와 $\sim p$는 동일한 지칭 양식을 지닌다. '비가 온다.'와 '비가 오지 않는다.'는 동일한 지칭 양식이다. 단지 전자는 존립하고 후자는 비존립할 뿐이다.

명제의 참과 거짓이 명제의 지칭 양식(명제의 뜻)에서 독립하지 못한다는 믿음이 곧 미신이다. 이때 세계는 나의 의지^{will}에서 독립하지 못한다. 특정한 지칭 양식이 그 명제를 참이 되게 하기 때문이다. 이때의 명제가 종교적인 것이다. 기원^{wish}은 특정한 지칭 양식이 세계를 변화시킨다고 믿는 것이다.

놀라운 것은 과학법칙^{인과율}에 대한 탐구도 참이 되는 지칭 양식의 추구와 같다는 사실이다. 과학자들은 어떤 특정한 언명이 참이 되는 지칭 양식일 수 있다고 믿는다. 이러한 명제의 발견이 과학의 목적이다. 이것은 그러나 주술적 탐구이다. "인과관계에 대한 믿음이 미신이다."(비트겐슈타인)

중요한 것은 참이 되는 어떤 특정한 지칭 양식이라는 것은 없다는 사실이다. 명제는 그 자체로는 참도 거짓도 아니다. 참이나 거짓으로 드러나는 명제가 있을 뿐이다.(항진명제와 모순명제를 제외하고).

4.0621

But it is important that the signs 'p' and '$\sim p$' can say the same thing. For it shows that nothing in reality corresponds to the sign '$\sim$'. The occurrence of negation

in a proposition is not enough to characterize its sense ($\sim\sim p=p$). The proposition 'p' and '$\sim p$' have opposite senses, but there corresponds to them one and the same reality.

'p'와 '$\sim p$'가 같은 것을 말할 수 있다는 사실은 중요하다. 왜냐하면 '$\sim$'이라는 기호에 대응하는 어떤 것도 실재에는 없다는 사실을 보이기 때문이다. 명제에 있어 부정(negation)의 발생은 그 명제의 뜻을 정하는(characterize) 정도로 충분하지는 않다. ($\sim\sim p=p$인 것을 보라). 명제 'p'와 '$\sim p$'는 상반되는 뜻을 가지지만 단일하고 동일한 실재가 그 둘에 대응한다.

해제   비트겐슈타인은 분석철학의 난제 중 하나인 '부정negation'에 대한 자신의 해명을 하고 있고, 이것은 이론의 여지 없이 유의미할 뿐만 아니라 진실을 밝히는 것이다.

먼저 'p'와 '$\sim p$'는 동일한 사실이며 동일한 실재라는 것을 이해하는 것이 중요하다. 'p'와 '$\sim p$'의 관계는 대수에 있어서 'x'와 '$-x$'와 같은 것은 아니다. 대수에서는 5에 대해 −5를 대비시킬 것이다. 그러나 논리에서는 이를테면 5에 대해 0을 대비시킨다.

먼저 세계에는 실재가 있고, 그 실재는 발생할 수도 발생하지 않을 수도 있다. 예를 들어 'p'가 "비가 내린다."라는 실재라고 하자. 세계에는 반드시 이것이 있어야 한다. 왜냐하면, 있기 때문이다. 그러나 현재 "비가 내린다." 일 수도 있고 "$\sim$(비가 내린다)."일 수도 있다. 이 두 명제 (p와 $\sim p$)는 '비'라고 하는 동일 대상thing 혹은 동일 실재에 대응한다.

세계에 있는 것은 대상^{objects}뿐이다. 그 총체가 기저^{substance}이고 이것으로 세계의 한계는 정해진다. 이때 중요한 것은 '세계의 뜻$^{sense\ of\ the\ world}$'이다. 그 뜻은 그 기저가 관계 지어 놓은 형식 가운데에 있다. 만약 '~(not)'이 p라는 실재에서 독립한 하나의 실재^{reality}라면 그것은 고유의 뜻^{sense}을 가져야 하고 이 사실은 다시 '~'이 하나의 대상이어야 한다는 사실을 말한다. 그러나 '~'라는 기호^{sign}에 대응하는 상징^{symbol} 혹은 — 같은 말이지만 — 대상은 없다.

만약 '~p'가 'p'에서 독립한 어떤 새로운 뜻을 가진다면, 그것은 p에 무엇인가 새로운 것이 더해졌다는 것을 의미한다. 예를 들어 ~을 'hot'으로 가정해 보자. 그렇다면 '뜨거운 비'라는 명제가 가능하다. 이 경우 '~'은 확실히 무엇인가 새로운 뜻^{sense}을 지닌다. '~'을 한 번 더 가해 보자. '뜨겁고 뜨거운 비'가 된다. 그러나 '~~p'는 'p'로 정의된다. 따라서 '~'은 p에 무엇인가 새로운 뜻을 규정해 주지는 않는다. '~p'는 'p'에서 독립하지 않는다. 그 둘은 사실상 같은 실재이다. 단지 하나는 그 실재가 현실화되지 않은 것(~p)이고, 다른 하나는 현실화된 것(p)일 뿐이다.

4.064

Every proposition must already have a sense: it cannot be given a sense by affirmation. Indeed its sense is just what is affirmed. And the same applies to negation, etc.

모든 명제는 이미 뜻을 가지고 있어야 한다: 명제는 긍정에 의해 뜻을 부여받을 수는 없다.

그 뜻 자체가 바로 긍정되는 그것이다. 부정에 대해서도 마찬가지다.

———————

해제　　　　이 언급들 역시도 '명제의 뜻'의 성격을 규정하며 동시에 부정 negation의 의미를 규정하기 위한 것이다. 어떤 명제가 뜻을 가지고 있는지 그렇지 않은지는 긍정 혹은 부정에 의해 결정되지는 않는다. 명제는 그 자체로서 이미 뜻을 가지고 있다. 왜냐하면, 뜻은 참과 거짓에서 — 넓은 의미로는 세계에서 — 독립하기 때문이다. 명제와 세계는 형식을 공유한다. 두 개의 동치는 거기까지이다.

　누군가 "비가 내린다."라는 명제를 언급했다고 하자. 이때 다른 누군가가 "진짜 비가 오는지 그렇지 않은지를 확인하라. 진짜 비가 온다면 그 명제는 뜻을 가진다."라고 한다면 우리는 웃을 것이다. "비가 온다."는 명제는 그 사실의 긍정affirmation에 의해 뜻을 부여받지는 않는다. 그 뜻이 이미 긍정이다.

06:
FORMAL
CONCEPT

형상개념

비트겐슈타인은 칸트가 형성시킨 '선험적 감성^{transcendental} aesthetics'과 '선험적 분석^{transcendental analysis}'에 대해 분석철학적 대응을 해나간 다. 칸트는 선험적 감성으로 공간과 시간을 선험적 분석으로 과학의 카테고 리들을 열거한다. 비트겐슈타인은 이것들을 간단히 '형상개념^{formal concept}'이 라고 부른다.

다음과 같은 두 예를 생각해 보자.
1) "x is a dog."
2) "x is a color."

우리는 첫 번째 문장에서 하등의 어색함도 느끼지 않는다. "Meloo is a dog."이나 "Lozzo is a dog." 등의 명제는 자연스럽고 일상적인 것이다.

그러나 두 번째 문장은 어색하다. "Red is a color." 여기에서 a color 는 전혀 필요치 않은^{useless} 기호이다. red가 제시되는 순간 이미 거기에는 a color가 예비 되어 있기 때문이다. 이러한 문장은 과잉이다^{redundant}.

"2 o'clock is a time." 혹은 "1 is a number." 혹은 "There are 100 objects." 등의 문장도 마찬가지이다. 2 o'clock은 이미 time을 그 배경으로 하고 있고 1은 number를 배경으로 하고 있고 100은 이미 개수의 개념을 품 고 있다. 이때 time, number, color, object 등이 형상개념^{formal concept}이다. 이 형상개념을 포함하는 위의 네 개의 명제는 엄밀한 의미에서는 명제가 아 니다. 그것은 사이비 명제^{pseudo-proposition}(준명제)이다. 세계의 사건에 대해 무엇인가를 말하는 것^{proposition with sense}이 아니기 때문이다.

확실히 "Meloo is a dog."에서 Meloo는 그 이면에 개라는 개념을 이미 전제하는 대상object은 아니다. 우리는 그것을 감각적으로 인식해야 개라는 개념에 포괄시킬 수 있다.

"x is a dog."에서 dog은 고유개념concept proper, 즉 경험적 개념empirical concept이다. 우리는 이 개념을 포함하는 명제를 구성할 수 있다. 또한, 이러한 종류의 개념은 경험적이기 때문에 선험성을 주장할 수 없는 개념이기도 하다. 이것이 dog이라는 개념이 형상개념formal concept이 아닌 이유이다.

비트겐슈타인은 이 장에서 먼저 철학의 성격을 분명히 하고 나아간다. 이것은 "형상개념이 왜 철학의 주요 주제가 되는가?"를 설명하기 위해서이다. 이 부분은 매우 자주 인용되는 유명한 문구들을 포함하고 있다.

비트겐슈타인은 철학과 실증과학 사이에 확실한 선을 긋는다. 철학은 과학과 다르다. 과학은 사실을 다루지만 철학은 사실을 다루지 않는다. 그렇다고 해서 철학이 과학이 갈 길을 인도하는 형이상학도 아니다. 철학은 단지 사유를 선명하게 — 논리적으로 사유하게 — 하는 도구이다. 철학은 언어가 과학을 벗어나는 것을 막는 역할을 한다. '사유의 선명함clarification of thought'으로서의 철학은 논리적 언어(뜻을 가진 명제)만의 사용을 위한 것이다.

4.1

Propositions represent the existence and non-existence of atomic facts.

명제는 원자적 사실의 존립과 비존립을 표상한다.

───────

해제　　　　앞의 제1장에서 "실재는 원자적 사실의 존립과 비존립"이라는 명제가 나왔다. 여기에 대해 명제는 그것을 "표상represent"하는 것이다. 실재가 감각적 표현의 수단을 얻을 때 그것이 명제이다.

4.11

The totality of true propositions is the whole of natural science (or the whole corpus of the natural sciences).

참인 명제의 총체가 자연과학 전체이다.(혹은 자연과학들의 총 집적이다.)

───────

해제　　　　4.1의 언명과 4.11의 언명을 종합하면 자연과학은 존립하는 원자적 사실을 존립하는 것으로 비존립하는 원자적 사실을 언급하지 않는 것으로 표현하는 것이다. 이것이 곧 참인 명제이다. 이 참인 명제를 모두 모아놨을 때 그것이 자연과학이다.

다음의 예를 들어보자. a, b, c, ... 등을 원자적 사실이라고 하자.

$$a, \quad b, \quad c, \quad d, \, \dots \quad : 잠재적\ 세계$$

$$\downarrow \quad \downarrow \quad \downarrow \quad \downarrow$$

$$[실재^{reality}] \qquad h, \quad n, \quad n, \quad h, \, \dots \quad (h\!:\!발생,\ n\!:\!비발생)$$

$$\Downarrow$$

$$가시적\ 표현(명제) \quad \Rightarrow \quad 자연\ 과학$$

4.111

Philosophy is not one of the natural sciences.(The word 'philosophy' must mean something which stands above or below, but not be said beside the natural sciences.)

철학은 자연과학 중 하나가 아니다.('철학'이라는 말은 자연 과학의 위나 아래에 위치해야지 그 옆에 위치해서는 안 되는 것을 의미해야 한다.)

해제　　아마도 비트겐슈타인의 《논고》 전체 중 가장 잘 알려진 언명 중 하나이다. 철학은 실증 과학이 아니다. 철학은 자연과학적 실증성과 관련된 것이 아니다. 아주 간단히 말했을 때 철학은 논리형식 곧 우리 자신에 대한 탐구이다. 반면에 자연과학은 우리의 지식의 안쪽에 위치하는 대상들의 참과 거짓에 대한 기술이다.

　　예를 들어 라파엘로의 '목장의 성모'를 생각해 보자. 그 그림은 어떤 대상을 어떤 형식으로 그렸다. 우리는 그것이 무엇을 묘사하고 있는지 즉시 안다. 누군가가 이러한 의문을 제기한다고 하자.

"성모를 하늘에서 지상을 향해 거꾸로 그리지 않는 이유는 무엇인가? 아니면 그림 전체를 우리가 현재 알고 있는 그림의 거꾸로 그리면 왜 안 되는가?"

안 된다. 왜냐하면, 화가는 그린 바와 같은 그 형식$^{\text{pictorial form}}$으로 그리게 되어 있기 때문이다.

이때 그림의 대상들이 이를테면 자연과학의 주제이다. 자연과학은 형식은 당연한 것으로 받아들인다. 그리고 그림의 형식, 즉 그림이 그렇게 그려져야 하는 이유에 대한 탐구가 곧 철학이다. 따라서 철학은 자연과학의 하나가 될 수 없다. 그것은 가시적인 것 혹은 인식대상에 대한 탐구는 아니다.

4.112

Philosophy aims at the logical clarification of thoughts.

Philosophy is not a body of doctrine but an activity.

A philosophical work consists essentially of elucidations.

Philosophy does not result in philosophical propositions, but rather in the clarification of propositions.

Without philosophy thoughts are, as it were, cloudy and indistinct: its task is to make them clear and to give them sharp boundaries.

철학은 사유의 논리적 명료화를 지향한다.

철학은 교의의 집적이 아니라 하나의 활동이다.

철학적 작업은 본질적으로 명료화로 구성된다.

철학은 '철학적 명제'로 보다는 명제의 명료화로 귀결된다.

철학이 없을 때에는 사유는 이를테면 흐릿하고 불분명하다: 철학의 업무는 사유를 선명하게 하고 그 경계를 분명히 그어주는 것이다.

———

해제　　　비트겐슈타인은 철학은 그 안에 어떤 탐구의 주제들을 지닌 지적 총체의 학문으로 보지 않는다. 전통적인 철학은 그 안에 형이상학, 윤리학, 정치철학, 신학 등을 품은 채로 비실증적인 주제들을 다뤘다. 그러나 새로운 철학에는 이러한 주제들은 없다. 존재$^{the \; Being}$, 제1자$^{the \; One}$ 혹은 제1원인$^{the \; first \; cause}$은 무엇인가? 윤리적 행위는 무엇인가? … 등등이 전통적인 철학의 주제였다. 그러나 새로운 철학은 그 안에 어떤 주제도 가지지 않는다. 새로운 철학은 오로지 우리의 논리형식의 성격에 대한 탐구와 그 올바른 적용에 관한 것이다.

　　비트겐슈타인은 사유를 '뜻을 지닌 명제$^{proposition \; with \; sense}$'로 정의했다. 그렇다면 뜻을 지니지 않은 명제가 있는가? 없다. 단지 우리는 때때로 그것을 명제로 오인할 뿐이다. 이때의 '뜻'은 아주 간단히 말해 실증적인^{positivistic} 것, 다시 말하면 분석의 종단에 요소명제와 그것의 구성요소인 대상^{object}을 지니는 명제를 일컫는다.

　　주의해야 하는 것은 '비논리'와 'nonsensical'은 다르게 사용된다는 사실을 아는 것이다. 비논리는 이를테면 "The color purple is 3 years old."와 같은 언명이다. 이 언명은 아예 논리형식을 지키지 않는다. 우리 사유는 이러한 언명에 기만당하지는 않는다. 그러나 "God is omnipotent and generous." 같은 문장에는 기만당한다. 그러나 이 문장이야말로 proposition without sense이다. 왜냐하면, God은 세계 속에 거기에 부응하는 대상을 갖지 못하기 때문이다.

철학은 이때 우리 사유로 하여금 경계를 확실히 긋게 한다. 우리 사유의 경계는 세계이다. 논리형식은 우리 자신이고 세계는 우리 한계이다. 따라서 비트겐슈타인의 철학은 한편으로 '사유 비판the critique of thought'이라고도 할 수 있다. 분석철학은 결국 '사유의 명료화'로 귀결된다.

4.1121

Psychology is no more related to philosophy, than is any other natural science.

The theory of knowledge is the philosophy of psychology. Does not my study of sign-language correspond to the study of thought processes which philosophers held to be so essential to the philosophy of logic? Only they got entangled for the most part in unessential psychological investigations, and there is an analogous danger for my method.

심리학은 다른 어떤 자연과학에 못지않게 철학에 더 가깝지는 않다. (다른 어떤 자연과학만큼이나 철학에서 먼 것이다.)
인식론은 심리학의 철학이다.

기호 언어에 대한 나의 탐구가 철학자들이 논리 철학에 있어 매우 중요한 것으로 간주해 온 사유 과정에 대한 탐구에 대응하는 것은 아닐까? 단지 철학자들이 대부분 비본질적 심리적 탐구에 얽혀있다. 그리고 나의 방법에 대해서도 유사한 위험이 있다.

해제   비트겐슈타인은 자신의 철학이 인식론과는 전혀 별개의 것이라고 규정한다. 먼저 인식론은 심리학에 기반을 둔 이론이다. 즉 그것은 '사유 과정에 대한 탐구'이다. 그것은 현대의 '세련된' 표현으로 말하자면 인지 심리학이다. 그러나 비트겐슈타인은 인식론은 다른 어떤 과학 못지않게 철학으로부터 멀리 떨어진 것이라고 말한다. 인식론은 심리학과 관련된 문제인바 심리학은 자연과학의 하나이다. 그것은 실증적 학문이다.

비트겐슈타인은 자기의 기호학(혹은 언어학)이 심리학으로 오해받을 수도 있다고 말하고 있다. 그러나 그는 인식론이 철학의 대상은 아니라고 말한다. 그것은 과학이지 철학은 아니다. 비트겐슈타인은 우리의 인식 과정에도 또 올바른 인식 등에도 관심을 기울이지 않는다. 그는 거기에 인간 본연의 것으로서의 논리가 있으며 자신의 임무는 그것을 덮고 있는 때를 벗겨내는 것뿐이라고 말하고 있다.

4.1122

Darwin's theory has no more to do with philosophy than any other hypothesis in natural science.

다윈의 이론이 철학과 관계없는 것은 다른 어떤 자연과학의 가설이 철학과 관련 없는 것과 마찬가지다.

해제　　　과학적 가설은 실증적 사실에 관한 가설이다. 그러나 많은 사람이 과학적 가설과 비실증적 사실을 연계시킨다. 과학은 사유양식에 관한 것은 아니다. 인간이 원숭이의 후손인지 아닌지는 논리형식으로서의 철학과는 전혀 관련 없다. 자연과학 중 특히 다위니즘이 그 실증적 영역을 넘어서서 자신의 이론을 주장해 왔다. 신의 존재 유무, 창조와 진화의 문제 등에 대해. 그러나 다위니즘은 하나의 과학적 가설 이상도 이하도 아니다. 다위니즘은 물론 많은 논란에 노출되어 있다. 그러나 이 이론은 신앙, 철학 등과 얽혀서는 안 된다. 그것은 자연과학 이상도 이하도 아니다. 즉 실증적인 사실 만에 의해 검증 받아야 할 이론이다.

세 개의 세계가 있다.
1. 말해질 수 있는 세계
2. 보여져야 하는 세계
3. 침묵 속에서 지나가야 하는 세계

만약 그것이 진정한 명제라면 1번과 2번을 갖추고 있어야 한다. 문제는 2번을 갖춘 3번 명제이다. 즉 논리형식은 지키지만 '뜻을 지니지 않은without sense, senseless' 명제이다. 다위니즘 역시 2번의 형식을 지키는 가운데 1번의 세계에 머물러야 한다. 그것은 실증과학이기 때문이다.

Philosophy sets limits to the much disputed sphere of natural science.

철학은 자연과학의 매우 논쟁적인 영역에 경계를 긋는다.

―――――

해제　　　'논쟁적 영역'은 무엇인가? 비트겐슈타인은 아마도 '인과율causal relation'에 대해 말하고 있다. 그것이야말로 과학의 가장 중요한 주제이다.

우리는 먼저 과학을 정의해야 한다. 과학에 대한 비트겐슈타인의 정의는 앞에서 본 바와 같이 '참인 명제의 총체'이다. 그것은 단지 원자적 사실의 존립과 비존립의 총합sum-total이다. '현재' 눈에 보이는 사실 외에 다른 과학은 없다.

과학에 대한 이러한 규정은 전통적인 과학의 입장에서는 매우 모욕적이고 불쾌한 것이다. 왜냐하면, 과학은 현재를 벗어나 미래를 예언할 수 있다고 자신했기 때문이다. 현재 지구가 어느 위치에 어떤 운동량을 가지고 있다면 당연히 내일의 지구 위치와 운동량까지도 알 수 있다. 이것은 인과율을 통하여 가능하다. 인과율은 이를테면 불변하는 시금석과 같다. 우리는 내일의 태양이 동쪽에서 뜬다고 말한다. 그것 역시 일출을 규정짓는 천체 운동이라는 인과율을 가지고 있기 때문이다. 뉴턴의 만유인력의 법칙이야말로 가장 궁극적인 인과율이다. '질량을 가진 두 물체'라는 원인과 '끄는 힘'이라는 결과는 서로 붙어 다닌다.

비트겐슈타인은 이것을 부정한다. 분석철학자의 입장은 분명하다. '법칙'이라는 것 자체가 비실증적이라는 것이다. 확실히 누군가가 지금까지 보아온 바에 따를 때 인과율은 옳을 수 있다. 그러나 그것은 단지 '누군가'의 '현재까지의' 경험일 뿐이다. '다른 사람'이나 '미래의' 경우에 대해 '누군가'는 경험해 보지 않았다. 이것에 대해 말할 수는 없다.

과학적 인과율에 대한 문제는 이미 데이비드 흄이 그 신뢰성을 비판한이래 계속해서 철학의 주요 주제였다. 이것은 결국 경험적 지식의 선험성(혹은 보편성)에 관한 문제이다. 경험론자들(물론 비트겐슈타인도 포함하여)은 단호하게 그 지식의 가능성을 거부한다. 비트겐슈타인은 동어반복으로서의 논리와 수학적 지식 — 그것도 지식이라고 할 수 있다면 — 만을 선험적인 것으로 본다. 이 선험적 지식과 관련해서는 제7장에서 다시 언급된다.

어쨌건 비트겐슈타인이 여기서 말하고자 하는 바는 과학을 원자적 사실의 발생과 비발생의 문제로 축소해야 한다는 것이다. 그 역할을 철학이 해야 한다. 이만큼은 그의 철학은 "과학비판"이기도 하다. 조만간 그는 "The belief in scientific knowledge is a superstition. (과학적 지식에 대한 믿음이 곧 미신.)"이라고 말한다.

4.12

Propositions can represent the whole of reality, but they

cannot represent what they must have in common with reality in order to be able to represent it — logical form.

명제는 실재 전체를 표상할 수 있다. 그러나 명제는 실재 전체를 표상하기 위해 실재와 공유해야 하는 그것을 표상할 수는 없다. 그것이 논리형식이다.

해제   비트겐슈타인은 거듭 say/show distinction에 대해 말하고 있다. 이 distinction은 《논고》 전체를 받쳐주는 일종의 통주저음$^{basso\ continuo}$이다. 명제는 물론 실재를 표상한다. 왜냐하면, 그것은 세계의 그림이기 때문이다. 그림은 세계와 1:1 대응 관계의 요소를 가진다. 그러나 이 사실이 그림이 실재의 표상이기 위한 충분조건은 되지 않는다. 그 둘은 각각 어떠한 동일한 질서하에 있는바 이것이 '표상-실재' 관계를 위한 충분조건을 형성한다. 이것이 논리형식이다. 이것은 명제에 의해 말해질 수 없는 것이다. 그것은 보여져야 한다.

4.121

Propositions cannot represent the logical form : this mirrors itself in the propositions. That which mirrors itself in language, language cannot represent. The propositions show the logical form of reality. They exhibit it.

명제는 논리형식을 표상하지 못한다: 논리형식은 명제 속에 스스로를 투사한다. 언어 속에 스스로를 투사시키는 것을 언어는 표상할 수 없다. 명제는 실재의 논리적 형식을 '보여'준다. 명제는 그것을 현시한다.

해제　　　　비트겐슈타인은 다시 논리형식에 대해 말하고 있다. 그는 앞의 '그림 이론pictorial theory'에서 그림은 그림 형식pictorial form 자체를 그릴 수는 없다고 말했다. 여기에선 단지 그림을 언어로 바꾼다. 왜냐하면, 명제란 곧 word-picture이기 때문이다. 명제의 형식, 곧 논리형식은 단지 보여질 뿐이지 말해질 수는 없는 것이다. 논리형식은 우리 자신이다. 어떻게 스스로가 스스로를 말할 수 있겠는가. 우리는 우리의 언어활동 자체를 통해 우리 언어에 스며있는 논리형식을 '보여'주고 있다. 우리는 그 형식에 맞춰 명제를 구성한다. 그 형식에 맞지 않으면 그것은 명제는 아니다. 그러나 그 형식은 말해질 수 없다.what cannot be said. 단지 언어의 사용에 의해 보여질 뿐이다.what must be shown.

우리는 각자가 스스로에 대해 어떤 사람인가를 말할 수는 없다. 우리의 인품이 어떠한가는 우리 행위에 의해 보여진다. 스스로를 말하는 것은 언어도단이다. 세계에 '나'라는 존재는 없다. 어떤 하나의 심리적 활동(will 이라고 말해지는)은 있다.

4.1211

Thus a proposition "fa" shows that in its sense the object a occurs, two propositions "fa" and "ga" that they are both about the same object. If two propositions contradict one another, this is shown by their structure;

similarly if one follows from another, etc.

따라서 '*fa*'라는 명제는 *a*라는 대상이 f라는 뜻으로 나타난다는 사실을, '*fa*'와 '*ga*'라는 두 명제는 모두 같은 대상에 대해서 나타난다는 사실을 보인다. 두 명제가 모순이라면 이것은 그것들의 구조에서 나타나게 된다; 마찬가지로 하나의 명제가 다른 명제에서 도출된다면 그것도 마찬가지이다.

해제   비트겐슈타인은 명제는 스스로의 형식이 왜 그런가에 대해 말할 수 없다. 그것은 보여줄 뿐이다. 만약 "멜루가 짖는다."를 '*fm*'이라고 표상한다고 하자. 이때 *f*는 하나의 형식이다. 우리는 "짖는다."가 왜 *f*로 표현되어야 하는지 모른다. 단지 그렇게 되어 있을 뿐이다. 만약 "멜루가 뛴다."를 '*gm*'으로 표상한다고 하자. 그 경우 역시도 *g*라는 명제는 이유의 뒷받침 없이 거기에 존재한다.

명제는 보여짐에 의해 자기의 모든 임무를 다한다. *fa*와 ~*fa*가 서로 모순인 것은 이미 그 명제 형식에 의해 보여진다. '*fa*∨*ga*'가 '*fa*·*ga*'에서 도출되는 것은 역시 그 형식에 있어 이미 정해진 것이다.

4.122

In a certain sense we can talk about formal propositions of objects and atomic facts, or, in case of facts, about structural properties: and in the same sense about formal relations and structural relations. (Instead of 'structural property' I also say 'internal property': insead of 'structural relation', 'internal relation'.)

The holding of such internal properties and relations cannot, however, be asserted by propositions, but it shows itself in the propositions, which present the facts and treat of the objects in question.

어떤 (하나의) 의미에서는, 우리는 대상과 원자적 사실에 대해 형식 속성(formal property)을 혹은 사실에 대해서는 구조적 속성에 대해 말할 수 있다. 또한, 같은 뜻으로 형식 관계와 구조적 관계에 대해 말할 수 있다. ('구조적 속성' 대신에 나는 또한 '내적 속성'을, '구조적관계' 대신에 '내적 관계'를 말하겠다.)

그러나 그러한 내적 속성과 내적 관계의 견지는 명제에 의해 단언 되지는 않는다. 대신에 그것은 사실을 제시하고 문제 되는 대상을 다루는 명제 속에 스스로를 드러낸다.

———

해제 비트겐슈타인의 4.122 언명은 《논고》 전체를 관통하여 흐르는 say/show distinction이 어떻게 명제에 적용되고 사물에 적용되는가를 보여주는 가장 아름다운 부분 중 하나이다. 비트겐슈타인은 여기서 명제의 외적/내적 속성을 구분함에 의해 '경험적empirical / 선험적transcendental'을 나눠 버린다. 이 부분은 비트겐슈타인이 얼마나 brilliant 하게 언어를 분석하고 있는지를 잘 보여준다.

대상과 원자적 사실에 대해 형식 속성을, 사실에 대해서는 구조적 속성에 대해 말할 수 있다.

형식 속성은 간단히 말해 플라톤의 이데아와 같은 것이다. 예를 들어 여기 테이블이 있다고 하자. 이때 이 테이블은 여러 속성을 갖는다. 이때 이 테이블은 우연적contingent 요소와 본질적essential 요소를 갖는다. 이 테이블은 어떤 색이라도 될 수 있다. 그러나 그것이 어떤 색이라 한들 '색' 그 자체가 없을 수는 없다. 이때 '색' 그 자체를 형식 속성formal property이라고 한다. 또한, 이것이 동시에 형식 관계formal relation인 이유는 그 색이 다른 색들과 어떤 내적 관계를 맺지 않는다고는 생각할 수 없기 때문이다. 색은 어쨌건 색이다. 갈색이건 붉은색이건 노란색이건 이것들은 각각 색의 내적 관계하에 있다. 이러한 형식 속성은 대상object과 원자적 사실에만 해당된다. 진정한 형식은 이 둘에만 있기 때문이다.

명제에 있어서 구조적 속성(혹은 내적 속성)은 다음의 예를 통해 선명하게 이해될 수 있다. "멜루가 로쪼를 쫓아간다."는 명제를 'mRl'이라고 표현하자. 이것의 외적 속성과 내적 속성에 대해 알아보도록 하자. 여기서 멜루와 로쪼는 우연적인 것이다. "멜루가 로쪼를 쫓는다." 대신에 "케이트가 레이를 쫓는다."를 말하며 이것을 'kRr'라고 표현할 수도 있다. 따라서 이 명제는 변수를 사용하여 'xRy'라고 표현할 수 있다. 'xRy'는 가시적인 것인가? 그렇지 않다. 우리는 'mRl', 'kRr' 등을 말하며 거기에는 'xRy'의 형식이 내재되어 있다고 느낄 뿐이다.

이때 'mRl', 'kRr' 등이 명제의 외적 속성이고, 'xRy'가 명제의 내적 속성이다. 다시 말하면 명제의 내적 속성은 하나의 구조적 속성이며 동시에 내적 관계이다. 다시 "x is on the y."라는 명제를 생각하자. 우리는 "A hat is on the table." 등의 명제를 생각한다. 여기에는 hat, on, table 등의 우연적(혹은 외적) 요소들이 있다. 그러나 "x stands in some relation to y."라는 관계는 은연중에 이 명제에 포함되어 있다고 느낀다. 이것이 구조적 혹은 내적 속성이다.

결국 property(혹은 relation)는 다음과 같이 정리된다.

'external / internal' distinction.

이것은 다시 'empirical / transcendental'로 정리될 수 있다. 명제의
internal한 요소를 명제 자신이 말할 수는 없다. 그것은 명제 속에서 보여질
뿐이다. 따라서 'external / internal'의 관계는 'say / show'의 관계이다.

4.1251

**Now this settles the disputed question "whether all
relations are internal or external".**

이제 이것이 "모든 관계가 내적인가 외적인가"라는 논쟁적 질문을 해결한다.

해제   비트겐슈타인이 명제의 관계를 둘로 나눈다는 것은 앞에서 말
한 대로이다. "모든 관계"라는 언급 자체가 잘못된 질문이다. 어떤 관계는
내적인 것이고 어떤 관계는 외적인 것이기 때문이다.

4.1252

**Series which are ordered by internal relations I call
formal series. The series of numbers is ordered not by an
external, but by an internal relation. Similarly the series**

of propositions "aRb", "$(\exists x): aRx.\ xRb$", "$(\exists x,y): aRx.\ xRy.\ yRb$", etc.

나는 내적 관계에 의해 정렬된 시리즈를 형식 시리즈라고 부르겠다. 수열은 외적 관계가 아니라 내적 관계에 의해 정렬된다. 마찬가지로 "aRb"라는 명제의 시리즈는 "$(\exists x):aRx.\ xRb$", "$(\exists x, y): aRx.\ xRy.\ yRb$"와 같이 정돈된다.

해제　　　예를 들어 aRb에서 a를 가장 긴 빛의 파장, b를 가장 짧은 빛의 파장이라고 정의하자. 이때 R은 또한 a에서 b까지의 파장의 관계를 나타낸다고 하자. 가장 긴 파장을 red, 가장 짧은 파장을 violet이라고 하자 그렇다면, "aRb"는 "$(\exists x): aRx.\ xRb$"라고 할 수 있다. 이때 x는 주황색, 노란색, 초록색, 파란색, 남색 중 하나가 된다. 만약 "aRb"가 좀 더 세분화된다면 "$(\exists x,y): aRx.\ xRy.\ yRb$"가 되고, x는 주황색, y는 남색 등이 된다. 이때 $aRx,\ xRy,\ yRb$는 모두 aRb의 내적 관계의 일부이다.

4.126

We can now talk about formal concepts in the same sense that we speak of formal properties.

(I introduce this expression in order to exhibit the source of the confusion between formal concepts and concepts proper, which pervades the whole of traditional logic.)

우리는 이제 형식 속성에 대해 이야기했던 동일한 뜻으로 형상개념에 대해 이야기 할 수 있게 되었다.

(나는 전통적인 철학 전체를 물들였던 형상개념과 고유개념 사이의 혼란의 근원을 보여주기 위해 이 표현을 도입한다.)

해제　　　"x is a dog."이라는 명제를 생각하자. 이때 a dog이라는 개념은 경험적 속성을 가진다. 우리는 어떤 개를 바라보며 a dog이라는 개념을 형성한다. "Meloo is a dog.", "Lozzo is a dog." 등에서 a dog이라는 개념은 경험적 개념이다. 비트겐슈타인은 이것을 concept proper라고 부른다. 다시 "x is a number."라는 명제를 가정하자. a number라는 개념은 경험적 개념인가? "2 is a number." 혹은 "−2 is a number."라는 명제는 가능한가? 비트겐슈타인은 아니라고 말한다. 전통적인 철학은 형상개념 — number, color와 같은 — 역시도 고유개념^{concept proper}과 똑같이 다뤘다. 비트겐슈타인은 아니라고 말한다. 이 이유는 차례로 제시될 것이다.

4.126(II)

That anything falls under a formal concept as an object belongs to it, cannot be expressed by a proposition. Instead it is shown in the very sign for this objects. (A name shows that it signifies an object, a sign for a number that it signifies a number, too.)

Formal concept, cannot, in fact, be represented by means of a function, as concepts proper can.

For their characteristics, formal properties, are not expressed by means of functions.

The expression for a formal property is a feature of

certain symbols.

So the sign for the characteristics of a formal concept is a distinctive feature of all symbols whose meanings fall under the concept.

So the expression for a formal concept is a propositional variables in which this distinctive feature alone is constant.

형상개념에 속하는 대상으로서 형상개념의 범주에 드는 어떤 것도 명제에 의해 표현될 수는 없다. 대신에 그것(형상개념)은 이 대상에 대한 바로 그 기호 속에서 보여진다. (하나의 이름은 그것이 하나의 대상을 지칭하고 숫자에 대한 기호는 그것이 숫자를 지칭한다는 것을 보이고 등등)

형상개념은 고유개념(concept proper)과는 다르게 함수에 의해 표상될 수 없다.

왜냐하면, 그것들의 성격, 즉 형식 속성은 함수로는 표현되지 않기 때문이다.

형식 속성에 대한 표현은 어떤 (일련의) 상징(symbol)의 성격이다.

따라서 형상개념의 성격에 대한 기호는 그 뜻이 그 개념 안에 포섭되는 모든 상징의 특징적 성격이다.

따라서 형상개념의 성격을 나타내는 기호는 그 의미가 그 개념에 포함되는 모든 상징의 특징적 성격(distinctive feature)만이 상수인 명제변수이다.

———

해제   예를 들어 "2 is a number," 혹은 "Red is a color."라는 표현을 생각해 보자. 이 두 표현은 "x is a horse."라는 표현과는 그 성격을 완전히 달리한다. 비트겐슈타인은 전자의 a number와 a color를 형상개념, 후자의 a horse를 고유개념^{concept proper}이라고 말한다.

우리는 "x is a horse."라는 명제를 'fx'라고 표현할 수 있다. 그러나 "2 is a number."를 $N2$ 등으로 혹은 "Red is a color."를 Cr 등으로 나타낼 수는

없다. 우리는 어떤 x인가가 a horse라는 고유개념에 포함되는가$^{falls\ under}$ 그렇지 않은가를 알기 위해서는 x를 확인해야 한다. 즉 이에 대한 경험이 있어야 한다.

그러나 2, red 등은 그렇지 않다. 2는 이미 그것이 숫자라는 배경하에 제시된다. red 역시 그것이 칼라라는 배경하에 제시된다. 이 배경이 곧 형상개념$^{formal\ concept}$이고 이 형상개념에 속하는 대상들은 함수로 표현되지 않는다. 2 혹은 red 등의 기호는 이미 그 자체로서 수^{number}와 색^{color}의 개념을 배경으로 하고 있다.

우리는 앞에서 비트겐슈타인 고유의 'say/show' distinction에 대해 계속 말해왔다. 이 distinction은 개념^{concept}과 관련하여 'concept proper/ formal concept' distinction이 된다. 형상개념은 이미 보여진다. "2 is a number." 혹은 $N2$라는 표현은 무의미하다. 2가 숫자라는 사실은 2에 대한 설명에 의해서가 아니라 2 자체에 의해 보여지기 때문이다.

문제는 형상개념이나 형식 속성이 어떻다 해도 그것의 존재 자체를 부정할 수는 없다는 사실이다. 비트겐슈타인은 형상개념의 특징을 지칭하는 기호는 (당연히) 그 의미가 그 개념에 포괄되는 모든 상징의 어떤 특정한 경우라고 말한다. "x is a horse."라는 명제를 생각해 보자. 만약 우리가 "어떤 대상^{object}이 있는데, 그것은 x이고, 그 x는 horse이다."라고 명제를 분석한다고 하자. 이때 "어떤 대상이 있다."라는 명제는 사이비 명제$^{pseudo\text{-}proposition}$이다. 왜냐하면, 우리가 x라는 변수^{variable}를 제시했을 때 거기에는 이미 '어떤 대상^{object}'이라는 형상개념이 배경에 있게 때문이다.

x에는 많은 값^{value}들이 들어갈 수 있다. Betsy, Cony, … 등. 그러나 이것들이 제시될 때에 거기에는 이미 object라는 개념이 들어 있다. 즉 Betsy, Cony 등에는 distinctive feature가 있는바 그것이 형상개념이다. 또한, Betsy, Cony 등은 모두 x 값을 채우는 값이지만 이 모든 것과 상관없이 x 값에 대해 상수^{constant}로 남아있는 것이 있는바 그것이 바로 형상개념이다. 그것을 비트겐슈타인은 '이 현저한 특징$^{this\ distinctive\ feature}$'이라고 표현하고 있다.

4.127

The propositional variable signifies the formal concept, and its values signify the objects that fall under the concept.

명제변수는 형상개념을 지칭하며 그.(명제변수) 값은 그 개념을 채우는 대상들을 지칭한다.

해제 　　　전통적인 철학에서 '이데아'는 가장 중요한 주제였다. 비트겐슈타인은 '형상개념$^{formal\ concept}$'이라는 명칭을 붙여 이데아의 문제를 그의 기호학에 끌어들이고 문제의 해결을 시도한다.

"x is a horse." 라는 명제를 생각하자. x는 물론 무엇이 되기 이전에 하나의 object이다. 즉 x의 이데아는 object이다. 많은 명칭이 x를 채울 것이다. 그렇다 해도 그것들 전부가 일단 object이다. 그러나 그것들이 object임을 명제에 의해서 혹은 무엇에 의해서도 드러낼 수는 없다. 단지 거기에 x라는 명제변수가 있다는 사실이 형상개념이 거기 있다는 사실을 말할 뿐이다.

전통적인 철학은 이데아^common nature, universalium, concept, logos가 "우리 마음 속에만 있는 것인가 혹은 마음 밖에서도 실재하는가?"를 둘러싸고 계속해서 의견 대립을 보여 왔다. 이에 대해 비트겐슈타인은 간단하게 대답한다.

"변수 x가 이데아이다. 그것이 실재하는지 그렇지 않은지를 알 수는 없다. 우리는 단지 우리의 언어 속에서 그것을 사용하고 있다. 그러나 그것이 무엇인지 설명할 수는 없다. 그것은 보여지는 것이지 말해지는 것이 아니다."

결국 형상개념과 고유개념의 차이는 다시 한 번 '고유개념/형상개념' distinction으로 수렴되게 된다.

4.1271

Every variable is the sign for a formal concept. For every variable represents a constant form that all its values possess, and this can be regarded as a formal property of those values.

모든 변수는 형상개념에 대한 기호이다. 왜냐하면, 모든 변수는 그 모든 값이 소유하는 한결 같은 형식을 표상한다. 따라서 이것이 그 값들의 형식 속성으로 간주될 수 있다.

해제   형상개념^formal concept은 그 개념하에 포섭되는^fall under 모든 값

에 대해 어떤 한결같은 속성을 지닌다. 만약 우리가 *fx*라는 함수를 가정하면 어떤 값이라도 *x*를 채울 수 있다는 가정을 하고 또한 실제로 채운다. 이 모든 값을 수용하는 혹은 이 모든 값의 기저의 역할을 해 주는 것이 곧 형상개념이고 이것은 명제 변수로 나타나게 된다.

4.1272

Thus the variable name '*x*' is the proper sign for the pseudo-concept object. Wherever the word 'object' ('thing', etc.) is correctly used, it is expressed in conceptual notation by a variable name.

For example, in the proposition, 'There are 2 objects which..., it is expressed by '($\exists x, y$)...'

Wherever it is used in a different way, that is as a proper concept-word, nonsensical pseudo-propositions are the result.

So one cannot say, for example, 'There are object.' as one must say, 'There are books.'. And it is just as impossible to say, 'There are 100 objects', or, 'There are $\aleph_0$ objects'.

And it is nonsensical to speak of the total number of objects.

The same applies to the words 'complex', 'fact', 'function', 'number', etc.

They all signify formal concepts, and are represented in conceptual notation by variables, not by, functions or classes.

'1 is a number', 'There is only one zero' and all similar expressions are nonsensical. (It is just as nonsensical to say, 'There is only one 1' as it would be to say, '2+2 at 3 o'clock equals 4'.)

따라서 변수 이름인 'x'는 사이비 개념(pseudo-concept)인 대상(object)의 고유의 기호이다. 대상(object) 혹은 사물(thing 등) 등이 올바르게 사용될 때에는 그것은 변수 이름에 의해 개념적으로 표기에 사용된다.

예를 들면, '거기에 2개의 대상이 있는바...' 등이 명제 안에 있을 때 그것은 '($\exists x, y$)...'라고 표현된다.

그것이 다르게 사용된다면, 즉 고유 개념어(concept proper word)로 사용된다면 그 결과는 무의미한 준명제(사이비 명제)가 된다. 따라서 우리는 '거기에 책이 있다.'를 말하는 같은 방식으로 '거기에 대상이 있다.'라고는 말할 수 없다. 그것은 마치 '거기에 100개의 대상이 있다.' 혹은 '거기에 $\aleph_0$개의 대상이 있다.'고 말하는 것이 불가능한 것과 같다.

또한, 대상의 총수 등을 말하는 것 역시 무의미하다.

동일한 것이 '복합체', '사실', '함수', '숫자' 등등에 해당한다. 이것들은 모두 형상개념을 지칭하며 함수나 집합에 의해서가 아니라 개념적 표기 가운데에서 변수(variables)로 표상된다.

'1은 숫자이다.', '단 하나의 0이 있다.' 등과 그 비슷한 모든 표현은 무의미하다. (그것은 마치 '단 하나의 1이 있다.'고 말하는 것과 마찬가지로 무의미하다. 그것은 마치 '3시에 2+2는 4가 된다.'고 말하는 것과 같다.)

해제　　비트겐슈타인은 여기에서 형상개념이 반드시 변수 x로 표기되어야 하는 이유를 밝히며 동시에 그렇지 않을 경우 발생하는 논리적 무의미nonsense에 대해 말한다.

전체적으로 상당히 어렵지만, 통찰력 넘치는 분석에 의해 그의 논리를 전개해 나간다.

먼저 object, number, color, complex, fact, function 등의 개념은 형상개념이라는 사실을 이해해야 한다. 예를 들어 우리는 '1은 숫자이다.'라거나 '붉은색은 색이다.'라거나 '비가 내리고 있다는 것은 사실이다.', 'fa는 함수이다.' 등의 표현에서 무엇인가 꺼림칙한 느낌을 받는다. 그 이유는 이것들이 concept proper(고유개념), 즉 경험적 개념이 아닌 것이기 때문이다. 앞에서 말한 바와 같이 'say/show' distinction의 개념을 적용하면 그것은 'concept proper/formal concept'이다. 위의 개념들이 소위 형상개념(형식개념)들이다. 이것들은 말해질 수 없다. 또한, 세계에 존재하는 어떤 것들도 형상개념에서 자유롭지는 않다. 존재하며 그것이 object, atomic fact, fact 등이 아닐 수는 없기 때문이다.

만약 우리가 책상 위의 책 2권을 묘사한다고 하자. 우리는 "책상 위에 두 개의 대상^{objects}이 있는데, 그것은 책이다."라고는 말하지 않는다. 이것은 pseudo-proposition(사이비 명제)이다. 우리는 단지 "책상 위에 두 권의 책이 있다."고 말한다. 왜냐하면, 책에는 이미 object라는 의미가 포함되어 있기 때문이다.

만약 우리가 "($\exists x, y$)가 책상 위에 있다."고 말한다면 우리는 이제 형상개념이 우리 일상에서 어떻게 표현되는가를 알게 된다. ($\exists x, y$)의 x, y에는 무엇인가가 들어갈 수 있다. 즉 두 개의 변수는 명제 값$^{propositional\ value}$을 가지게 된다. 만약 x가 모자, y가 공책이라고 한다면 "모자와 공책이 책상 위에 있다."가 된다. 다시 x가 모자이고, y 또한 모자라면 "두 개의 모자가 책상 위에 있다."가 된다. 이때 모자, 공책 등은 object를 공유한다. 그리고 그것은 변수 x, y로 표기되는바 그것이 x, y의 상수^{constant}이고, 이 x, y가 곧 형상개념이다.

우리는 앞에서 명제는 논리적 형식에 준해 세계를 기술^{describe}하지만 그 형식 자체를 기술할 수는 없다는 사실을 배웠다. 마찬가지이다. 대상은 형상개념에 준해 존재를 얻지만, 그 스스로가 묘사될 수는 없다. 그것은 보여지는 것이지 말해지는 것이 아니다. 따라서 형상개념은 명제로 표현이 불가능하다.

비트겐슈타인의 형상개념과 고유개념은 다음과 같은 언명을 예로 들면 잘 설명된다.

1. "x is a dog."
2. "x is an object."

비트겐슈타인은 1과 2 사이에는 근원적인 차이가 있다고 말할 것이다. 비트겐슈타인은 1번 언명은 뜻을 지니는$^{with\ sense}$ 명제라고 말할 것이고 2번 명제는 뜻을 지니지 못하는 사이비 명제$^{nonsensical\ pseudo-proposition}$라고 말할 것이다. 프레게는 "$x$ is a y."라는 문장 구조에서 y는 항상 고유개념, 즉 경험적 개념이 될 수 있다고 말한다. 그러나 프레게의 이 도식은 2번째 언명이 지니는 nonsense에 의해 그 모순이 드러난다. object는 말해질 수 없는 것이기 때문이다.

물론 우리는 "5 is a number.", "Table is an object.", "Red is a color." 등의 언명, 즉 number, object, color 등의 형상개념을 포함하는 언명이 뜻

을 가질 수 있다고 생각할 수 있다. 그러나 비트겐슈타인은 이것은 환각이라고 말한다. 우리는 "x is a y."라는 문장에 익숙해 있고, 이러한 표현이 갖춰진 모든 문장을 유의미하다고 생각하기 쉽다. 즉 문법grammar이 논리를 지배하기 쉽다.

그러나 이 문제는 간단한 검증 하나로 해결될 수 있다. 명제는 세계의 그림이다. 그 명제가 뜻을 지니느냐 그렇지 못하느냐는 단지 그 그림이 무엇을 표상represent하고 있는가를 살펴보는 것으로 충분하다. "Red is a color."에 대응하는 상황은 세계 속에 없다. 그것은 단지 color라는 틀 안에 자기만족적으로 갇힌 무의미한 문법의 표현일 뿐이다. 따라서 이것은 무의미한 사이비 명제이다.

비트겐슈타인이 형상개념의 비존재를 말할 때 그것은 무의미를 말하고 있지는 않다는 사실을 이해해야 한다. 거기에 확실히 number, object, color 등의 개념은 존재한다. 단지 그것은 일반적인 경험적 개념과는 다르게 존재한다는 것이다. 그것은 명제변수 속의 상수constant로 존재한다. 이것이 형상개념에 대한 비트겐슈타인의 결론이다.

4.1273

If we want to express in conceptual notation the general proposition, 'b is a successor of a', then we require an expression for the general term of the series of forms:

$$aRb,$$
$$(\exists x)\!: aRx \,.\, xRb,$$
$$(\exists x, y)\!: aRx \,.\, xRy \,.\, yRb,$$

$$\cdots\cdots\cdots$$

In order to express the general term of a series of forms, we must use a variable, because the concept 'term of that series of forms' is a formal concept.

We can determine the general term of a series of forms by giving its first term and the general form of the operation that produces the next term out of the proposition that precedes it.

만약 우리가 'b는 a에 이어서 온다.'라는 일반 명제를 개념적 표기로 표현하기를 원한다면, 우리는 다음과 같은 수열 형식의 일반 용어를 위한 표현을 필요로 한다.

$$aRb,$$
$$(\exists x)\!: aRx \,.\, xRb,$$
$$(\exists x, y)\!: aRx \,.\, xRy \,.\, yRb,$$

$$\cdots\cdots$$

수열 형식의 일반항을 표현하기 위해서는 우리는 변수를 사용해야 한다. 왜냐하면 '수열 형식의 항'이라는 개념은 형상개념이기 때문이다.

우리는 수열 형식의 일반항을 다음과 같이 정할 수 있다. 먼저 첫 번째 항과 연산의 일반 형식을 제시한다. 그 일반 형식은 앞의 명제에서 다음 항을 산출하는 것이다.

해제　　비트겐슈타인의 이 언명들은 수리철학과 관련한 그의 견해의 예고편이다. 그의 수리철학은 후반부에서 자세히 다뤄진다. 여기서는 단지 산술의 개념은 형상개념이라는 것을 주장하기 위해 이 언명들을 끄집어냈을

뿐이다.

이 언명들의 난해성은 끔찍하다고 말해진다. 그러나 그 난해성은 상당 부분 비트겐슈타인 고유의 용어의 문제이다. 아주 간단히 말했을 때, 그에게 수의 개념은 "and so on"이다. 즉 연역추론이 아니고 귀납추론이다. 단지 그 귀납적 대상에는 형상개념formal concept이 숨어 있을 뿐이라고 그에 의해 주장될 따름이다.

자연수의 예를 들자. 0, 1, 2, 3, 4, … 등을 비트겐슈타인은 자연수의 예로 든다. 그에게 자연수는 단지 and so on일 뿐이다. 즉 "0, 1, 2, 3, 4, …and so on"이다. 그는 이때 임의의 자연수 표기는 형상개념에 준해 변수여야 한다고 주장한다. 그렇다면 이 변수는 어떻게 표현되는가? 그는 간단히 말한다. 앞의 항에서 뒤의 항을 유출시키는 메커니즘에 의해 간단히 표현된다고. 자연수의 표현은 $[0, k, k+1]$로 끝이다. 최초의 항은 0, 임의의 어떤 항은 k, 그다음 항은 거기에 1을 더한 것. 그에게 있어 k는 변수이다. 이것은 다시 R_1, R_2, R_3, … 등으로 표현될 수 있다. 여기서 뒤의 수들은 앞의 수들의 후항successor이다. 예를 들어 네 개의 항으로 이루어진 수열이 있고 우리가 아는 것은 단지 초항과 말항이라고 하자. 그 경우 중간의 두 항은 변수로밖에는 나타낼 수 없다. 왜냐하면, 그것은 형상개념이기 때문이다. 만약 5개라면 역시 세 개의 항은 변수로밖에는 나타낼 수 없다. 이러한 과정은 무한히 지속된다. 중요한 것은 이때 앞의 항에서 뒤의 항을 연역시키는 규칙이다. 이것이 R이다.

네 개의 항의 경우를 예로 들자.

($\exists x, y, z,$) aRx, xRy, yRz, zRb, … 이 과정은 무한히 지속될 수 있다.

여기서 a와 b는 상수로서 주어진다. R이 주어짐에 따라 x, y, z는 상숫값을 갖게 된다. 이것이 비트겐슈타인이 생각하는 수의 개념이다.

4.2

The sense of a proposition is its agreement and disagreement with the possibilities of the existence and non-existence of the atomic facts.

명제의 뜻은 원자적 사실의 존립과 비존립의 가능성에 대한 그 명제의 일치와 불일치이다.

해제　　　 "비가 온다."라는 명제를 생각해 보자. 이때 이 명제는 참일 수도 거짓일 수도 있다. 그런 의미에 있어 이 명제는 '참과 동시에 거짓'이다. 만약 발생한 사건과 일치한다면 참이고 그렇지 않다면 거짓이다. 또한, 사건은 존립할 수도 안 할 수도 있다. 즉 비가 올 수도 안 올 수도 있다. 명제의 존재의의는 그것이 참이라는 데에 있지 않고 뜻^{sense}을 가진다는 데에 있다. 따라서 먼저 원자적 사실의 발생 가능성이 이 발생 가능성에 대해 일치하는 명제도 일치하지 않는 명제도 있을 수 있다.

4.21

The simplest proposition, the elementary proposition, asserts the existence of an atomic fact.

가장 단순한 명제인 요소명제는 원자적 사실의 존립을 말한다.

It is a sign of an elementary proposition, that no elementary proposition can contradict it.

어떤 요소명제도 그것에 모순되지 않는다는 것이 그것이 요소명제라는 증표이다.

해제   요소명제의 상호 간의 독립에 관한 명제이다. 서로 독립적인 명제들의 경우 그것들은 다른 명제와의 불일치^{discordance}에 의해 존재한다. 따라서 명제 상호 간에 불화가 일어날 이유가 없다. p와 $\sim p$는 서로 모순된다고 말할 수도 있다. 그러나 p와 $\sim p$는 앞에서 누누이 말한 것처럼 같은 명제이다. 단지 뜻이 서로 반대일 뿐이다. 따라서 서로 반박하지 않는다. 요소명제의 세계는 독자적인 개별자들이 구축하는 민주적 사회이다. 모든 것들은 단지 병렬적으로 나열되어 있을 뿐이다. 하나의 명제가 다른 명제를 구축하지 않는다. 요소명제들은 분석의 종단에 있는 명제들이다. 따라서 그것들 모두는 서로 다르다.

Even if the world is infinitely complex, so that every fact consists of an infinite number of atomic facts and every atomic fact is composed of an infinite number of objects, even then there must be objects and atomic facts.

세계가 무한히 복잡하여 모든 사실이 무한한 숫자의 원자적 사실로 구성되고, 모든 원자적 사실이 무한한 대상들로 구성된다 해도 거기에 대상과 원자적 사실은 있어야 한다.

　　　　이 부분은 비트겐슈타인의 '단순자에 대한 요구^{demand for the}

'에 관한 것이다. 우리가 어떤 실재 속에 살고 있는 것은 분명하다. 그

렇다면 그 세계는 분석 가능해야 한다. 또한, 그 분석의 기저에는 종단이 있

어야 한다. 우리는 물론 그것의 예를 들 수는 없다. 그렇다 해도 그것은 있어

야 한다. 만약 그것이 없다면 현존은 없기 때문이다. 그러나 우리의 세계는

분석의 종단, 즉 요소명제와 대상에서 출발하지는 않는다. 현존에서 출발한

다. "실존은 본질에 앞선다." 그러고는 그 실존은 본질의 존재를 — 논리적

으로 — 필연적인 것으로 요청한다.

4.24

The names are the simple symbols, I indicate them by single letters (x, y, z).

The elementary proposition I write as function of the names, in the form "fx", "$\emptyset(x, y)$", etc. Or I indicate it by the letters p, q, r.

이름은 단순 상징이다. 나는 그것들을 단일한 문자인 x, y, z로 표기한다.

나는 요소명제를 이름의 함수로서 fx, $\emptyset(x, y)$ 들로 표기한다. 혹은 그것들을 p, q, r로 표기한다.

If I use two signs with one and the same meaning, I express this by putting between them the sign "=".

"$a=b$" means then, that the sign "a" is replaceable by the sign "b".

(If I introduce by an equation a new sign "b", by determining that it shall replace a previously known sign "a", I write the equation — definition — (like Russell) in the form "$a=b$ Def.". A definition is a rule dealing with signs.)

내가 하나이며 같은 의미로서 두 개의 사인을 사용한다면 나는 이것을 둘 사이에 "=" 기호를 넣어서 표현하겠다.

따라서 "$a=b$"가 의미하는 것은 기호 "a"가 기호 "b"에 의해 대체될 수 있다는 것이다.

(내가 만약 여태 "a"로 알려진 기호를 대체하는 것으로서 방정식에 의해 "b"라는 기호를 새로 도입한다면 나는 그 방정식 ― 정의 ― 을 (러셀처럼) "$a=b$ Def."의 형식으로 쓴다. 정의는 기호를 다루는 규칙이다.)

해제   "="의 의미는 논리에서 매우 중요하고 까다로운 문제이다. 비트겐슈타인은 "="을 단지 표현의 한 수단이지 스스로 존재를 가진 대상^{object}은 아니라고 말한다. 그것은 단지 (이미) b는 a에 의해 대체될 수도 있다는 사실을 말한다.

그러나 이것은 정의에 의해 새로운 기호를 도입하는 것과는 다르다. a와 b가 기지의 사실로서 같은 것이 아니라 나의 결정에 의해 같은 것으로 정의된다면 그것은 "$a=b$ Def."라고 표기된다. 이것의 의미는 "b는 a로 정의된다."이다.

예를 들면 $ax+bx=(a+b)x$이다. 이것에는 정의^{definition}가 필요 없다. 그러나 만약 내가 b라는 새로운 미지수를 끌어들여 그것을 a라고 정의하고자 한다면 그것은 $a=b$ *Def.* 가 된다.

4.242

Expressions of the form "$a=b$" are therefore only expedients in presentation: They assert nothing about the meaning of the signs "a" and "b".

Can we understand two names without knowing whether they signify the same thing or two different things? Can we understand a proposition in which two names occur, without knowing if they mean the same or different things?

If I know the meaning of an English and a synonymous German word, it is impossible for me not to be able to translate them into one another.

Expressions like "$a=a$", or expressions deduced from these are neither elementary propositions nor otherwise significant signs.

따라서 "$a=b$"라는 형식의 표현은 단지 표상적 편의일 뿐이다. 그것들은 "a"와 "b"라는 기호의 의미에 대해서는 무엇도 말해주지 않는다.

두 개의 이름이 동일한 대상을 지칭하는지 혹은 서로 다른 대상을 지칭하는지 알지 못한 채로 그 두 개의 이름을 우리가 이해할 수 있을까? 어떤 명제 안에 두 개의 이름이 있을 때 우리가 그 두 개가 같은 것을 의미하는지 혹은 다른 것을 의미하는지 모르고도 그 명제를 이해할 수 있을까?

만약 내가 하나의 영어 단어와 거기에 준하는 독일 동의어의 의미를 안다면 내가 그것들이 동의어라는 사실을 모를 수는 없으며 그것들을 서로 번역하지 못할 수는 없다.

"$a=a$"와 같은 표현 혹은 그것들에서 연역된 표현들은 요소명제도 아니고 어떤 유의미한 기호도 아니다.

해제　　비트겐슈타인은 계속해서 "="이라는 기호에 대해 그 성격을 규명해 나가고 있다. 여기서 그의 주장은 한결같이 "="이라는 기호는 하나의 표현의 편의성을 위한 것일 뿐 세계의 표상은 아니라고 말하고 있다. 즉 그것은 대상이 될 수 없다고 말한다.

그는 먼저 "=" 기호에 의해 연결된 혹은 연결되지 않은 사실을 모르는 채로 어떤 두 개의 이름을 우리가 이해할 수 있는가 라고 묻는다. 다시 말하면 "=" 기호의 유무가 이름의 의미를 알기 위해 전제되어야 하느냐고 묻는다. 마찬가지로 어떤 명제에 속한 두 이름에 대해서 동치 혹은 비동치임을 알 수 없을 때 그 명제를 이해할 수 있는가 라고 묻는다.

비트겐슈타인의 생각은 물론 "그렇다."이다. 만약 우리가 "=" 기호가 유의미한significant 기호가 아니라는 비트겐슈타인의 견해에 동의한다면 두 이름의 동치 혹은 비동치에 대한 앎과 그 두 이름의 의미에 대한 앎은 관계없다. 왜냐하면, 우리는 그것이 동치인지 아닌지를 "=" 기호에 의해 확인하기 전에 "이미" 알고 있기 때문이다.

dog, Hund의 두 단어를 생각해 보자. 우리는 즉시 같은 이름을 떠올린다. 굳이 dog=Hund라고 말할 필요가 없다. "=" 기호가 유의미하기 위해서는 그것이 무엇인가 세계에 대한 정보를 주어야 한다. 그렇지 않다면 그 기호는 단지 표현의 편의일 뿐이다.

07:
PRO-POSITIONS AND OPERATIONS

명제와 연산

　　　비트겐슈타인이 생각하는 세계는 말해진 바와 같이 '사실의 총체'로서의 세계이다. 사실이 세계에 속한다고 할 때 명제가 우리에게 속한다. 따라서 세계는 '우리 명제 속에 표현되는 바의 세계'이다. 그렇다면 그 명제는 어떻게 하여 거기에 있게 되었는가? 비트겐슈타인은 우리의 명제들은 요소명제로부터의 연산에 의한 진리함수로서 우리에게 존재하게 되었다고 말한다. 따라서 (일반) 명제를 가능하게 하는 명제의 연산은 이를테면 이 《논리철학논고》의 논리학이다.

이 장은 전적으로 명제의 연산에 관한 것이다. 비트겐슈타인은 이 장에서 진리독립변수truth-argument, 진리근거truth-ground, 진리가능값 등을 도입하여 요소명제들의 연산이 어떻게 일반명제를 산출하며 또한 그 일반명제의 참과 거짓이 요소명제의 참과 거짓과 어떻게 관련 맺는가를 보여준다.

따라서 이 장은 또한 명제와 경우의 수number of cases에 관한 장이다. 이 장의 학습을 위해서는 경우의 수, 조합combination 등에 대한 초보적인 선행학습이 필요하다. 그러나 그것은 그렇게 부담스럽거나 어렵지 않다. 오히려 다른 장에 비해 쉽다.

과거의 수학표기를 현대적 표기로 바꿨으며 경우의 수에 관한 독자의 이해를 위해 많은 자세한 예증을 들었다. 비트겐슈타인은 이 장의 내용을 통해 수학의 세계에 지대한 공헌을 했다. '명제와 그 연산'이라는 주제는 현대 수학에서 매우 중요한 것이 되었다. 명제의 연산과 그 결과로서의 세계는 이제 모든 수학 교과서의 한 장을 차지하고 있다.

If an elementary proposition is true, the state of affairs exists; if an elementary proposition is false, the state of affairs does not exist.

하나의 요소명제가 참이라면 그(거기에 대응하는) 원자적 사실은 존립한다; 그것이 거짓이라면 그 원자적 사실은 비존립한다.

해제　　　'명제와 세계'에서 중요한 것은 거짓 명제는 단지 사태의 비존립만을 의미한다는 것이다. 즉 실재는 거기에 계속해서 존재한다. 그러나 가능성으로서 존재한다. 명제의 뜻sense은 세계의 참과 거짓에서 독립한다. 명제가 거짓이라고 해서 실재가 사라지지는 않는다. 단지 존립과 비존립의 실재에서 비존립만이 구현되었다는 말이다.

If all true elementary propositions are given, the result is a complete description of the world. The world is completely described by giving all elementary propositions, and adding which of them are true and which false.

모든 참인 요소명제가 주어지면 그 결과는 세계에 대한 완전한 기술이다. 모든 요소명제를 이 주어지는 것에 더해 거기에 어떤 요소명제가 참이고 어떤 요소명제가 거짓인가를 말해주면 세계는 완전히 기술된다.

해제   비트겐슈타인은 여기에서 두 개의 세계를 하나로 묶어서 설명한다. 가능성으로서의 세계와 존립하는 것으로서의 세계에 대해 말한다.

먼저 요소명제 전체가 주어지면 '가능성으로서의 세계'가 주어진다. 그러나 그중 어떤 요소명제가 참이고 어떤 요소명제가 그렇지 않으냐에 따라 현재 존재하는 세계가 기술된다.

4.27

With regard to the existence of "n" atomic facts there are $K_n = \sum_{\nu=0}^{n} \binom{n}{\nu}$ possibilities of the world.

n개의 원자적 사실이 존립하면 $K_n = \sum_{\nu=0}^{n} \binom{n}{\nu}$개의 세계의 가능성이 존재한다.

해제   여기서 비트겐슈타인이 n개의 원자적 사실에 대해서 말하고 있지 참인 원자적 사실에 대해 말하고 있지는 않다는 사실을 유념하자.

과거에 조합combination의 기호로 쓰였던 ( )는 이제는 C로 바뀌었다. 따라서 우리는 C를 쓰기로 하자. 여기서 C는 경우의 수에서의 '조합combination'을 의미한다. 따라서 $K_n = \sum_{\nu=0}^{n} \binom{n}{\nu}$는 앞으로 $K_n = \sum_{\nu=0}^{n} {}_nC_\nu$로 표현된다.

이 명제는 다음과 같다. 만약 단 한 개의 명제, 즉 P 하나의 명제로만 된 세계에 대해 생각하자. 그 경우 $K_1 = \sum_{\nu=0}^{1} {}_1C_\nu = {}_1C_0 + {}_1C_1 = 2$이다. 즉 두 개의 세계만이 가능하다. 그것은 p의 세계와 $\sim p$의 세계이다.

p, q 두 개의 요소명제로만 이루어진 세계를 상상하자. 이 경우 가능한 세계 $K_2 = \sum_{\nu=0}^{2} {}_2C_\nu = {}_2C_0 + {}_2C_1 + {}_2C_2 = 4$이다. 즉 네 개의 세계가 가능하다.

다음과 같은 명제의 경우의 수를 생각하자. 여기에서 보는 바와 같이 네 개의 세계가 존재한다.

p	q
T	T
F	T
T	F
F	F

여기의 네 개의 경우의 수와 위의 K_2는 물론 일치한다.

만약 p, q, r, s의 네 개의 요소명제로 구성된 세계라면 가능한 세계의 개수는

$$K_4 = \sum_{\nu=0}^{4} {}_4C_\nu = {}_4C_0 + {}_4C_1 + {}_4C_2 + {}_4C_3 + {}_4C_4 = 1+4+6+4+1 = 16$$ 이 된다. 즉 16개의 세계가 가능하다.

p	q	r	s
T	T	T	T
F	T	T	T
T	F	T	T
T	T	F	T
T	T	T	F
F	F	T	T
F	T	F	T
F	T	T	F
T	F	F	T
T	F	T	F

p	q	r	s
T	T	F	F
F	F	F	T
F	F	T	F
F	T	F	F
T	F	F	F
F	F	F	F

이 조합의 연산은 사실은 매우 간단하다. 만약 n개의 요소명제가 있고 발생하지 않는 사건, 즉 F인 요소명제가 하나도 없는 세계를 가정하면 그 세계는 $_nC_0$가 된다. 다시 단 하나의 요소명제만이 F인 세계는 $_nC_1$이 된다. 다시 두 개의 요소명제만이 F인 세계는 $_nC_2$가 된다. ... 마지막에는 모든 사건이 발생되지 않는 세계, 즉 $_nC_n$인 세계가 있다. 이 세계는 n개의 명제 전체가 F이다.

이 모든 세계의 경우의 수는 $_nC_0 + _nC_1 + _nC_2 + \cdots + _nC_n = \sum_{\nu=0}^{n} {_nC_\nu}$이 된다.

p, q, r 세 개의 요소명제로 이루어진 세계를 예로 들면 8개의 세계가 된다. 중요한 것은 이 가능한 8개의 세계 중 하나가 현재의 세계라는 사실이다. p, q, $\sim r$의 세계가 참인 세계라면 나머지 7개의 세계는 잠든 세계이다.

4.4

A proposition is an expression of agreement and disagreement with truth-possibilities of elementary propositions.

명제는 요소명제의 진리가능값과의 일치 혹은 불일치의 표현이다.

―――――

해제　　　비트겐슈타인은 이제 진리함수 이론을 말하기 시작한다. 예를 들어 'p∨q'라는 명제에 대해 생각해 보자. 이 명제는 요소명제 p, q의 진리 가능값과의 일치 혹은 불일치의 표현이다. 즉 'p∨q'는 p, q의 값을 표현하는 명제이다.

4.41

Truth-possibilities of elementary propositions are the conditions of the truth and falsehood of the propositions.

요소명제의 진리가능값이 명제의 참과 거짓의 조건이다.

―――――

해제　　　물론 요소명제는 참과 거짓의 가능성을 가진다. (복합)명제의 참과 거짓은 요소명제의 참과 거짓의 가능값의 함수이다.

다음과 같은 예를 들어보자.

p	q	$p \cdot q$
T	T	T
F	T	F
T	F	F
F	F	F

이때 'p · q'라는 명제의 참과 거짓은 요소명제 p와 q의 진리가능값에 달려 있게 된다.

이것이 유명한 '진리함수이론truth - function theory'이다.

4.411

It seems probable even at first sight that the introduction of the elementary propositions is fundamental for the comprehension of the other kinds of propositions. Indeed the comprehension of the general propositions depends palpably on that of the elementary propositions.

요소명제의 도입이 다른 종류의 명제의 이해를 위해 근원적인 것이라는 사실은 첫눈에도 그럴직하다. 확실히 일반명제에 대한 이해는 '명백히' 요소명제의 이해 위에 기초한다.

———

해제　　비트겐슈타인은 이번에는 진릿값에 대해서가 아니라 명제에 대한 이해에 있어서의 요소명제와 그 요소명제들을 독립변수로 하는 일반명제의 의미에 대한 관계에 대해 말하고 있다. 확실히 요소명제와 그 요소명제를 독립변수truth-argument로 하는 일반 명제 사이에는 의미의 함수 관계가 있다.

　'p' : "비가 온다."

　'q' : "바람이 분다."

　이 두 명제가 요소명제라고 가정하고 '$p \vee q$'를 일반명제라고 가정하자. '$p \vee q$'의 의미는 "비가 오거나 바람이 분다." 이다. 즉, '$p \vee q$'의 의미는 'p'와 'q'의 의미의 함수이다.

For n elementary propositions there are $\sum_{\kappa=0}^{K_n} \binom{K_n}{\kappa} = L_n$ ways in which a proposition can agree and disagree with their truth possibilities.

n개의 요소명제에 대해 하나의 명제가 그것의 요소명제들의 진리가능값과 일치 혹은 불일치할 가짓수는 $\sum_{\kappa=0}^{K_n} \binom{K_n}{\kappa} = L_n$이다.

해제　　　매우 복잡하고 어렵게 보이는 위의 언명들은 사실은 매우 간단하고 명료한 명제들이다. 비트겐슈타인은 이제 일반명제의 진리가능값의 경우의 수를 요소명제의 진리가능값에 맞춰 열거하려고 하고 있다. 'p', 'q' 두 개의 요소명제만으로 이루어진 세계는 물론 네 개의 실현 가능한 세계를 가진다. 그것을 넘어서는 세계는 없다. 이 네 개의 세계를 차례로 열거했을 때 명제에 대한 탐구는 끝나는 것인가? 그렇지 않다. 그것은 시작일 뿐이다. 이제 명제의 연산에 대해 배울 차례이다.

다음과 같은 도표를 생각하자.

p	q	$p \cdot q$	$p \vee q$	$\sim p \vee q$	....
T	T	T	T	T	....
F	T	F	T	T	....
T	F	F	T	F	....
F	F	F	F	T	....

'$p \cdot q$', '$p \vee q$', '$\sim p \vee q$', … 등의 'p'와 'q'라는 요소명제를 포함하는 몇 개의 일반명제의 연산을 예로 들었다. 이 연산의 진리가능값은 몇 개나 될까? 유한할까, 무한할까? 유한하다. 그리고 그것은 16개이다. 이것은

$L_n = \sum_{\kappa=0}^{4} {}_4C_\kappa$ 이다. 다시 말하면 'p', 'q'를 독립변수로 하는 명제의 개수는 16개이고 만약 그것 이외의 다른 명제가 있다면 그것은 16개의 명제 중 하나와 동치이다.

(p, q)를 'p'와 'q'를 그 한 요소로 하는 연산이라고 가정하자. 즉 (p, q)는 '$p \cdot q$', '$p \vee q$', '$\sim p \vee q$', '$\sim p \cdot q$', ... 등의 모든 것이 될 수 있다.

이것은 모두 네 개의 세계를 기반으로 한다. 'p'와 'q'의 진리가능값은 네 개의 경우의 수이기 때문이다. 다시 이것을 (예를 들어) '$p \cdot q$'의 경우 (T $\cdot$ $\cdot$ $\cdot$)$(p \cdot q)$라고 표기하기로 하자. 여기서 T는 true이고 $\cdot$은 false를 의미한다.

이것은 하나만 T이고 나머지는 모두 F라는 의미이다.

다른 예를 하나 더 들면, (T T $\cdot$ T)$(\sim p \vee q)$의 경우 $(\sim p \vee q)$의 진릿값은 (T T $\cdot$ T)가 된다.

자, 이제 일반화시킬 때가 되었다.

(p, q)가 'p'와 'q'로 이루어진 모든 종류의 연산이라고 가정하면 놀랍게도 그 개수는 'p'와 'q'의 연산에 의해 정해지는 것이 아니라 p와 q 각각의 요소명제의 진리가능값에 의해 정해진다. 'p'와 'q'는 네 개의 세계를 구성한다. 그 네 개의 진리가능값 중 어떤 것은 T가 되고 어떤 것은 F가 될 것이다. 즉

'$p \cdot q$'에 대해서는 (T F F F) 가 될 것이고 $p \vee q$에 대해서는 (T T T F)가 될 것이다. 이런 식으로 배열 가능한 T와 F의 모든 개수는 $L_4 = \sum_{\kappa=0}^{4} {}_4C_\kappa$ 가 된다.

이것은 $L_4 = {}_4C_0 + {}_4C_1 + {}_4C_2 + {}_4C_3 + {}_4C_4$로 계산된다. ${}_4C_0$는 모두 참일 때 (F가 하나도 없을 때), ${}_4C_1$은 하나만 F고 모두 참일 때 등등.

결론은 (p, q)의 진리가능값의 경우의 수는 'p'와 'q'의 진리가능값에 의존한다는 것이다.

다시 (p, q, r)의 진리가능값의 경우의 수는 먼저 $K_3 = \sum_{\nu=0}^{3} {}_3C_\nu = 8$이고, 다시 $L_3 = \sum_{\kappa=0}^{K_3} {}_{K_3}C_\kappa = \sum_{\kappa=0}^{8} {}_8C_\kappa = 256$ 개가 된다.

예를 들어 '$p \cdot q \cdot r$'의 표현은 $(\text{T} \cdots\cdots\cdots)(p \cdot q \cdot r)$이 된다.

다른 예 하나를 더 들자. '$p \vee q \vee r$'의 경우는 $(\text{T T T T T T T} \cdot)(p \vee q \vee r)$이 된다.

결론적으로 $($ $)(p, q, r)$

          ⌐ 256개의 경우의 수가 된다.

다시 앞으로 돌아가서 부연 설명을 하자면 다음과 같다. (p, q, r)의 세 개의 요소명제로 이루어진 세계의 진리가능값의 경우는 256개의 값 중 하나에 해당한다. 만약 새로운 연산이 나온다면 그것은 새로운 연산으로 보일 뿐이지 새로운 연산은 아니다. 왜냐하면, 256개의 진리가능값이 모든 경우의 수이기 때문이다. 새로운 것으로 보이는 연산은 단지 256개의 연산 중 어떤 하나와 동치일 뿐이다.

여기서 거듭 새겨야 할 사실은 (p, q, r)의 세계의 요소명제로 이루어진 세계의 종류는 단지 8개라는 사실이다. 256개의 경우의 수는 그 세 개의 요소명제로 이루어진 진리함수 전체의 진리가능값의 경우의 수이다.

Among the possible groups of truth-conditions there are two extreme cases.

In one of these cases the proposition is true for all the truth-possibilities of the elementary propositions. We say that the truth-conditions are tautological.

In the second case the proposition is false for all the truth-possibilities: the truth-conditions are contradictory.

가능한 진리 조건의 그룹 중 두 개의 극단적 경우가 있다.

그 한 경우는 요소명제의 모든 진리가능값에 대해 명제가 참인 경우이다. 이것을 우리는 그 진리 조건이 "항진적"이라고 말한다.

두 번째 경우는 명제가 모든 진리가능값에 대해 거짓일 때이다. 이때 이것은 진리 조건이 "모순적"이라고 말한다.

해제　　　두 개의 요소명제 'p', 'q'의 진리 조건^truth-possibility을 생각하자. 이때 (p, q)의 연산은 16개의 진리 조건 ($\sum_{\kappa=0}^{4} {}_4C_\kappa$)을 갖는다. 이중 (T T T T)(p, q)가 될 때 (p, q)는 항진적인 명제 (예를 들면 'p'이면 'q'이고, 'q'이면 'p'이다 같은 명제)가 된다. 즉, 모든 진리 조건이 T이다. 반면에 그 16개의 진리 조건 중 (p, q)의 연산이 F, F, F, F로 나타나는 명제에 대해 생각해 보자. 이것은 (· · · ·)(p, q)로 나타내진다. 즉 (p, q) 연산이 'p'와 'q'의 모든 진리가능값에도 불구하고 그 진리 조건이 거짓(F)인 경우이다. 예를 들면 '$(p \cdot {\sim}p)$ and $(q \cdot {\sim}q)$' 등이 여기에 해당한다. 우리는 이것을 "모순적"이라고 부른다.

4.461

Propositions show what they say: tautologies and contradictions show that they say nothing.

A tautology has no truth-conditions, since it is unconditionally true: and a contradiction is true on no condition.

Tautologies and contradictions lack sense.

명제는 그것들이 말하는 바를 보여준다. 항진명제와 모순명제는 그것들이 아무것도 말하지 않는다는 사실을 말한다.

항진명제는 그것들이 무조건 참이기 때문에 진리 조건을 갖지 않는다: 또한 모순명제는 그것을 참으로 만들 어떤 조건도 없다.

항진명제와 모순명제는 뜻이 없다.

해제   항진명제: $(T\ T\ T\ T)(p,\ q)$

모순명제: $(\cdot\ \cdot\ \cdot\ \cdot)(p,\ q)$

이 두 명제는 이미 왼쪽의 진리 조건에서 그 명제의 성격을 말하고 있다. 무조건 참이거나 무조건 거짓이라고 할 때 그 명제들이 무엇을 말하고 있겠는가?

중요한 것은 항진명제나 모순명제 모두 뜻을 결하고 있을[lack sense] 뿐이지 nonsensical 하지는 않다는 사실이다. 이것은 명제에서뿐만 아니라 우리 삶 전체에서 매우 중요한 요소이다. 0, -, 허수[imaginary number] 등은 모두 sense 가 없지만, nonsensical 하지는 않은 것들이다. 스스로 뜻을 지니지 않지만 연산의 도구나 징검다리 역할을 하는 것들이 있다. 항진명제와 모순명제도 여기에 속한다.

4.4611

Tautologies and contradictions are not, however, nonsensical. They are part of the symbolism, much as '0' is part of the symbolism of arithmetic.

그러나 항진명제나 모순명제가 (의미를 결한다 해도) nonsensical 하지는 않다. 그것들은 상징체계의 일부이다. 마치 0이 산술상징체계의 일부이듯이.

해제　　여기서 비트겐슈타인은 항진명제와 모순명제가 nonsensical 하지 않다고 말한다. 그가 nonsensical이라고 말할 때 그것이 의미하는 바는 무엇인가? 비트겐슈타인은 nonsensical을 어떤 경우에는 '논리형식을 지키지 않는 경우illogical'로 어떤 경우는 '뜻이 없는without sense' 경우로 사용한다. 즉 혼란이 있다. 여기에서 nonsensical은 논리형식을 어기는 의미로 사용하고 있다. 논리형식을 지키지만 비실증적인 대상을 지칭하는 명제는 without sensesenseless이고 논리형식 자체를 안 지키는 '말이 안 되는' 명제는 nonsensical 하다.

항진명제나 모순명제는 senseless 하지만 nonsensical 하지는 않다. 그것은 연산의 도구들이다. '연산의 도구'라는 의미는 무엇일까? 이것은 매우 delicate한 주제이지만 반드시 이해해야 할 주제이다. 다음과 같은 예를 살펴보자. 음수나 허수가 실제로 존재하는 수인가? 즉 그것들은 sense를 가지는가? 그렇지 않다. 실재에는 그러한 것은 없다. 그것들은 단지 실재의 수를 위한 연산의 하나의 수단일 뿐이다.

다음의 정식을 예로 들자.

$(x-1)(x^2+1)fx = x^4-ax^2+b$

이 정식이 항등식일 때 상숫값 a, b는 어떻게 정해지는가?

(i) 양변의 x에 1을 대입한다.

$0 = 1 - a + b$ — ①

(ii) 양변의 x^2에 −1을 대입한다.

$0 = 1 + a + b$ — ②

①과 ②를 연립으로 연산한다.

이때 $b = -1$, $a=0$ 이 된다.

이 연산과정에서 (ii)의 연산에 허수가 숨어 있다. $x^2 = -1$에서 x를 만족시키는 수는 ± i 이다. 실재하지 않는 수가 실재하는 수를 위해 하나의 수단으로 작용했다.

0도 마찬가지이다. 실재에 0이라는 것은 없다. 우리는 0을 가정할 수는 없다. 이것 역시 연산의 한 수단일 뿐이다.

항진명제와 모순명제도 마찬가지이다. 그것들은 뜻을 가지지 않는다. 즉 실재하는 명제가 아니다. 그러나 그것은 실재하는 명제들의 연산을 위해 필요하다.

4.462

Tautologies and contradictions are not pictures of reality. They do not represent any possible situations. For the former admit all possible situations, and latter none.

항진명제와 모순명제는 실재의 그림이 아니다. 그것들은 어떤 가능한 상황도 표상하지 않는다. 전자는 모든 가능한 상황을 (참으로) 수용하고 후자는 어떤 것도 (참으로) 수용하지 않기 때문이다.

해제   흄과 칸트가 각각 'demonstrative knowledge'와 'analytic knowledge'를 말할 때 비트겐슈타인은 항진명제에 대해 말한다. 러셀에 대한 비트겐슈타인의 탁월함은 러셀이 그의 logical atomism을 매우 현학적이고 스콜라주의적으로 몰고 간 반면 비트겐슈타인은 전통적으로 철학이 부딪혀 온 모든 중요한 문제에 기호와 명제의 측면에서 대응하고 있기 때문이다.

항진명제나 모순명제나 모두 분석적이고 따라서 선험적인 명제이다. 예를 들어 "삼각형은 각이 세 개인 도형이다."라고 말한다면 이것은 분석적인 명제이고 따라서 선험적이다. 이 명제를 "$p \supset q$ (p이면 q이다)" 꼴의 명제로 본다면 q는 단지 p의 논증적 분석 이외에 아무것도 아니기 때문이다. 다음과 같은 진리함수 표의 진리 조건에 대해 살펴보기로 하자.

p	q	$p \cdot q$	$p \lor q$	$(p \cdot q) \supset (p \lor q)$
T	T	T	T	T
F	T	F	T	T
T	F	F	T	T
F	F	F	F	T

여기에서 "'$p \cdot q$'이면 '$p \lor q$' 이다."라는 명제는 항상 참이고 따라서 항진

명제이다.

다시 말하면 '$p \cdot q$' $\supset$ '$p \vee q$' 라는 명제의 진리 조건^truth-conditions^은 없다고 할 수 있다. 그것은 'p'와 'q'의 진리가능값^truth-probabilities^과 상관없이 항상 참이기 때문이다.

우리는 이 명제의 참과 거짓을 알기 위해 이 명제와 실재를 대비시켜 볼 필요조차 없다. 이 명제는 경험과 어떤 관련도 맺지 않기 때문이다. 항진명제가 'p', 'q'의 어떤 진릿값에도 불구하고 참이라면 모순명제는 어떤 진릿값에도 불구하고 거짓이다. 이 명제 역시 "무조건" 거짓이다. 따라서 경험에 호소하지 않는다. 이 명제의 존재의의는 항진명제와 다르지 않다. 분석적이고 선험적인 명제이다. 단지 이 명제는 분석적으로 항상 거짓일 따름이다.

비트겐슈타인은 《논고》의 후반부에서 논리 명제^propositions of logic^에 대해 자세히 말한다. 논리 명제는 항진명제이다. 그것은 하나의 참의 형식이기 때문이다.

반면에 "'$p \cdot q$' 이며 '$\sim p \vee \sim q$'이다"라는 명제는 이 모순명제의 한 예이다.

4.462, 4.463, 4.464의 세 항목은 모두 같은 사실을 부연 설명한다.

The logical product of a tautology and a proposition says the same thing as the proposition. This product, therefore, is identical with the proposition. For it is impossible to alter what is essential to a symbol without altering its sense.

항진명제와 (일반)명제의 곱은 (일반)명제와 동일한 것을 말한다. 따라서 이 곱은 그 (본래의)명제와 동일하다. 왜냐하면, 그 뜻을 변경시키지 않은 채로 상징에 본질이 되는 것을 변경하는 것은 불가능하기 때문이다.

———

해제   먼저 '논리곱은 and' 임을, '논리합은 or' 임을 생각하자. p를 항진명제로 가정하자. 그리고 다음과 같은 진리함수표를 생각하자.

p	q	$p \cdot q$
T	T	T
T	T	T
T	F	F
T	F	F

p가 항진명제이고 따라서 $p \cdot q$의 진리 조건은 q의 진리 조건과 같아진다.

이 명제곱은 결국 명제와 같을 수밖에 없다. 왜냐하면, 항진명제는 명제의 뜻을 변화시키지는 못하기 때문이다. 그리고 뜻이 변하지 않으면 상징도 바뀌지 않고 따라서 명제는 변하지 않는다.

08:
TRUTH-FUNCTION THEORY

진리함수이론

진리함수이론은 매우 간단하다. 우리는 어떤 명제들을 기반

base으로 연산에 의하여 새로운 명제들을 만들 수 있다.

예를 들어 p와 q의 두 명제가 있을 때 '$p \cdot q$', '$p \vee q$', '$p \vee \sim q$', '$p \supset q$' 등

등의 명제를 새롭게 만들 수 있다. 이때 새롭게 만들어진 명제들을 명제 p,

q의 진리함수라 부른다. 따라서 세계에 대한 묘사에 있어 진리함수가 새로

운 것을 말해주지는 않는다. 그것들은 단지 연산의 결과일 뿐이다. 그것들의

의미와 진릿값은 기초base가 되는 명제들에 종속된다. 다시 말하면 진리함수

는 기반이 되는 명제들의 종속변수이다.

비트겐슈타인은 여기에서 다시 한번 항진명제에 대해 말하며 인과율the

law of causality에 대한 자신의 견해를 피력한다. 이것은 물론 그의 진리함수이

론에 대한 이론에서 연역된 것이다. 모든 명제는 요소명제의 진리함수이다.

이때 요소명제의 존립과 비존립에는 어떠한 필연성도 없다. 어떤 요소명제

는 존립하고 다른 요소명제는 존립하지 못할 필연적인 법칙은 없다. 요소명

제는 또한 서로 간의 독립이다. 어떤 요소명제의 존립이 다른 요소명제의 존

립을 강제할 수 없다. 이것은 (일반)명제에 있어서도 마찬가지이다.

어떤 경우에 서로 인과관계에 있는 것처럼 보이는 명제들이 있다. 예를

들면 "해가 뜨면 어둠이 사라진다."라는 명제에서 "해가 뜬다."는 명제는 "어

둠이 사라진다."라는 명제를 강제한다. 그러나 이 경우는 "어둠이 물러간

다."는 명제가 "해가 뜬다."라는 명제의 논리적 종속logical consequence이다. 즉

"어둠이 물러간다."는 명제는 "해가 뜬다."라는 명제에 이미 들어 있다. 따라

서 이 명제는 내적인 것이고 단지 형식적인 것이다. 이러한 명제가 항진명제

이다. 이 명제는 또한 분석명제로 불리기도 한다. 주부를 분석하면 술부가

저절로 나타나기 때문이다.

이것을 순수한 형식논리학의 예를 들어 설명하면 "'$p \cdot q$'이면 '$p \vee q$'이다."와 같은 것이 된다. 우리는 '$p \cdot q$'에서 '$p \vee q$'를 추론^{inference}할 수 있다.

비트겐슈타인은 이러한 분석적 명제의 경우를 제외하고는 어디에서도 추론은 불가능하다고 말한다. 유일하게 가능한 추론은 결국 항진명제를 구성해 나가는 것이다. 이 이외의 "인과율에 대한 믿음은 미신이다." 과학은 따라서 과학법칙과 관련된 것은 아니다. 과학적 법칙에 대한 믿음은 비논리이다. 과학은 존립하는 사태의 총체의 기술^{description}이다. 그것으로 끝이다. 이 부분은 나중에 배우게 될 '과학철학' 편에 자세히 설명된다. 만약 과학이 '법칙의 체계'임을 주장한다면 그것은 미신이다.

A proposition is a truth-function of elementary propositions.

(An elementary proposition is a truth-function of itself.)

하나의 명제는 요소명제들의 진리함수이다.

(요소명제는 스스로의 진리함수이다.)

———

해제　　　비트겐슈타인은 이제 분석의 과정을 역으로 하여 현존하는 세계를 종합하려 하고 있다. 그는 모든 요소명제가 주어지면 동시에 모든 세계 — 엄밀하게는 가능한 모든 세계 — 가 동시에 주어진다고 말한다. 왜냐하면, 요소명제가 분석의 종단이며 현재 세계는 거기에서 연역된 것이기 때문이다. 비트겐슈타인은 모든 대상^{object}이 주어질 때 이미 세계의 형식도 주어진다고 말했다. 그리고 요소명제 역시도 일련의 형식에 준하는 대상들로 구성된다. 이 요소명제들이 엮어져서 일반적인 명제를 구성한다. 예를 들면, 하나의 명제 $P = f_{p,q,r}...$ 등이 된다.

중요한 것은 요소명제는 스스로의 진리함수라는 사실이다. 요소명제가 누리는 이 독자적 우월성은 바로 그것이 요소명제이기 때문, 즉 분석의 종단에 있는 것이기 때문이다.

이것이 철학사상의 '원인 그 자체^{causa sui} 혹은 '최초의 원인^{causa prima}'이라고 불리는 것들의 비트겐슈타인의 대응물이다.

우리가 피타고라스 정리를 분석한다고 하자. (일반적으로 이것을 증명이라고 한다.) 우리는 이 분석의 종점에서 5개의 공준을 발견한다. 그렇다면 이 공준은 어디에 기초하는가?

어디에도 기초하지 않는다. 그것은 단지 있기 때문에 있다. "두 점 사이에 직선을 그을 수 있다."거나 "모든 직각은 서로 같다." 등이 어떻게 분석될 수 있겠는가? 그것들은 분석의 종점이다. 따라서 스스로가 스스로의 증명이다. 이것을 "자명self-evident하다."고 말한다. 요소명제의 지위도 이와 같다.

여기에서 그러나 관념론 철학이 가정하는 '제1원리'와 비트겐슈타인이 가정하는 요소명제들의 차이를 정확히 이해하는 것이 매우 중요하다. 두 개 모두 세계의 기저substance이다. 그러나 전통적인 관념론자들이 주장하는 기저는 세계의 출발점으로서 경험 이전에 주어진 것이다. 반면에 요소명제는 현존하는 일반명제에 의해 요청되는 것이다. 따라서 요소명제의 존재는 단지 '논리'에 의해 요구될 뿐이다. 요소명제의 예증은 없다.

5.01

Elementary propositions are the truth-arguments of propositions.

요소명제는 명제의 진리독립변수이다.

해제 명제의 기초base는 요소명제이다. 명제의 진릿값은 그 명제의 기반인 요소명제의 진릿값에 의해 결정된다. 이런 의미에서 요소명제는 그것을 기반으로 만들어진 명제의 독립변수로 작동한다.

이를테면 '$p \supset q$'라는 명제의 값은 p와 q의 값에 의해 정해진다.

The truth-functions of a given number of elementary propositions can always be set out in a schema of the following kind:

(T T T T) (p, q) Tautology (If p then p; and if q then q.)

$$(p \supset p \cdot q \supset q)$$

(F T T T) (p, q) In words: Not both p and q. $(\sim(p . q))$

(T F T T) (p, q) ″   ″ : If q then p. $(q \supset p)$

(T T F T) (p, q) ″   ″ : If p then q. $(p \supset q)$

(T T T F) (p, q) ″   ″ : p or q. $(p \vee q)$

(F F T T) (p, q) ″   ″ : Not q. $(\sim q)$

(F T F T) (p, q) ″   ″ : Not p. $(\sim p)$

(F T T F) (p, q) ″   ″ : p or q, but not both.

$$(p . \sim q :\vee: q . \sim p)$$

(T F F T) (p, q) ″   ″ : If p then q, and if q then p

$$(p \equiv q)$$

(T F T F) (p, q) ″   ″ : p

(T T F F) (p, q) ″   ″ : q

(F F F T) (p, q) ″   ″ : Neither p nor q.

$$(\sim p . \sim q \text{ or } p \mid q)$$

(F F T F) (p, q) 〃 　〃 : p and not q. $(p . \sim q)$

(F T F F) (p, q) 〃 　〃 : q and not p. $(q . \sim p)$

(T F F F) (p, q) 〃 　〃 : q and p. $(q . p)$

(F F F F) (p, q) Contradiction (p and not p, and q and not q.) $(p . \sim p . q . \sim q)$

I will give the name truth-grounds of a proposition to those truth-possibilities of its truth-arguments that make it true.

주어진 수의 요소명제의 진리함수는 다음과 같은 종류의 도표에 펼쳐질 수 있다.

나는 어떤 명제를 참으로 만드는 그 명제의 독립변수의 진리가능값에 진리근거(truth-grounds)라는 이름을 부여한다.

———

해제

p	q	$p \cdot q$	$p \vee q$
T	T	T	T
F	T	F	T
T	F	F	T
F	F	F	F

▨ truth−grounds

5.11

If all the truth-grounds that are common to a number of propositions are at the same time truth-grounds of a certain proposition, then we say that the truth of that proposition follows from the truth of the others.

일련의 명제에 공통인 모든 진리근거가 동시에 어떤 명제의 진리근거라면 우리는 그 명제의 참은 그 명제들의 참으로부터 나온다고 할 수 있다.

해제   5.101의 도표를 다시 보고 생각해 보자.

(T T • •)(p, q) 이고 (T • • •)(p, q) 이다.

이것은 동시에 (T T T •)(p∨q)의 진리근거에 속한다. 앞의 진릿값은 단지 'q'만의 값이고, 뒤의 진릿값은 'p • q'의 그것이다. 이때 우리는 'p∨q'의 참은 "q의 참에서 나온다."고 말할 수 있다. 물론 그것은 "p • q의 참으로부터 나온다."고도 말할 수 있다.

5.12

In particular the truth of a proposition p follows from that of a proposition q, if all the truth-grounds of the second are truth-grounds of the first.

만약 q의 모든 진리근거가 p의 진리근거라면 명제 p의 참은 명제 q의 참에서 나온다고 할 수 있다.

해제   다음과 같은 진리함수 도표를 가정하자.

q	p
T	T
T	T
F	T
F	F

'q'의 진리근거 모두가 동시에 'p'의 진리근거가 된다. 즉 'q'의 T들은 동시에 p의 T의 부분집합이다. 이때 "p의 참은 q의 참으로부터 나온다."고 말한다. 혹은 좀 더 전문적인 논리용어로 'p는 q의 논리적 귀결logical consequence'이라고 부른다.

우리는 간단하게 $(T \cdot \cdot \cdot)(p, q)$ 인 명제와 $(T\ T\ T \cdot)(p, q)$ 인 명제를 생각할 수 있다. 전자의 명제는 '$p \cdot q$'이고 후자의 명제는 '$p \vee q$'이다. 각각의 왼쪽의 진리근거를 살펴보면 전자의 진리근거가 후자의 진리근거의 부분집합임을 알아볼 수 있다. 따라서 '$p \vee q$'는 '$p \cdot q$'의 논리적 귀결이다. 더욱 상식적으로 말했을 때 '$p \cdot q$'가 참이면 '$p \vee q$'는 (무조건) 참이다. 즉 '$p \cdot q$' ⊃ '$p \vee q$'는 항진명제이다.

5.122

If p follows from q, the sense of 'p' is contained in the sense of 'q'.

p가 q의 논리적 종속이라면 명제 p의 의미는 명제 q의 의미에 포함되어 있다고 할 수 있다.

해제   다음과 같은 가정을 하자.

'q': "비가 오고 바람이 분다. $(r \cdot w)$"

'p': "비가 오거나 바람이 분다. $(r \vee w)$"

'q'가 성립할 때 'p'는 무조건 성립한다.

'p'의 참은 세 가지로 구성된다.

> 1. "비가 오고 바람이 분다. $(r \cdot w)$"
>
> 2. "비가 오고 바람이 불지 않는다. $(r \cdot \sim w)$"
>
> 3. "비가 오지 않고 바람이 분다. $(\sim r \cdot w)$"

여기서 '$\sim$'은 그 사건이 단지 발생하지 않았음을 가리킨다. 따라서 위의 세계는 다시,

> 1. "비가 오고 바람이 분다."
>
> 2. "비가 온다."
>
> 3. "바람이 분다."

로 나타내질 수 있다. 이제 'q'의 의미 속에 'p'의 의미가 내포되어 있음이 잘 보인다.

5.124

A proposition affirms every proposition that follows from it.

명제는 그 명제에서 도출되는 모든 명제를 긍정한다.

해제　　　만약 'p'가 'q'로부터 나왔다(추론되었다, 도출되었다)면 'p'는 당

연히 'q'를 확인해준다. 즉 'q'가 참이라면 당연히 'p'도 참이다.

'$p \cdot q$' is one of the propositions that affirm 'p' and at the same time one of the propositions that affirm 'q'.

'$p \cdot q$'는 'p'를 확인하는 하나의 명제이며 동시에 'q'를 확인하는 다른 하나의 명제이다.

해제   '$p \cdot q$'는 'p and q'로 읽는바, 이것은 'p'이며 동시에 'q'인 것을 말한다. 이 명제의 참은 'p'와 'q' 모두가 참일 때에만 가능하다.

When the truth of one proposition follows from the truth of others, we can see this from the structure of the propositions.

하나의 명제의 참이 다른 하나의 명제의 참에서 도출될 때, 우리는 이것을 그 명제들의 구조에서 (이미) 알 수 있다.

해제   예를 들어 'q'의 참은 '$p \cdot q$'의 참에서, 혹은 '$\sim p \cdot q$'의 참에서 도출된다. 우리는 그것을 이미 '$p \cdot q$'와 'q' 사이의, 혹은 '$\sim p \cdot q$'와 'q' 사이의 구조에서 알 수 있다. 항진명제는 언제나 주어와 술어의 분석에서 그 증명이 끝난다.

If the truth of one proposition follows from the truth of others, this finds expression in relations in which the forms of the propositions stand to one another: nor is it necessary for us to set up these relations between them, by combining them with one another in a single proposition; on the contrary, the relations are internal, and exist as soon as, and by the very fact that, the propositions exist.

하나의 명제의 참이 다른 명제들의 참에서 도출된다면 이 사실은 명제의 형식들이 상호 간에 존립하는 관계 속에서 스스로를 표현한다. 따라서 우리가 그것들을 단일한 명제 속에서 서로를 결합시킴에 의해 그것들 사이의 관계를 셋업할 필요는 없다. 오히려 반대로 그 관계들은 내적인 것이고 그 명제들이 존재한다는 바로 그 사실에 의해 즉시로 존재하는 것이다.

해제 비트겐슈타인은 계속해서 '연역(분석적 지식)'에 대해 말하고 있다. 아주 간단히 말했을 때 연역을 보이기 위해 주부와 술부를 복잡하게 결합시킬 필요가 없다는 것이 그의 주장이다. 그것은 이미 거기에 있다는 사실만으로, 즉 그 구조를 보임에 의해 분명한 사실이라는 것이다.

하나의 예를 들어보자.

"삼각형의 내각의 합은 2R이다."

우리는 이 명제를 증명한다. "엇각이 같다."와 "동위각이 같다."는 사실에 의해 삼각형의 내각의 합은 2R로 밝혀진다. 비트겐슈타인은 "'삼각형의 내각'과 '2R'은 내적 관계internal relation에 있다."고 말한다.

'삼각형의 내각의 합'을 명제 p로 하고 '2R'을 q로 하자. 그렇다면 $p \supset q$ (p이면 q이다)'가 된다. $p \supset q$'는 $\sim p \lor q$'라는 단일한 명제로 전환된다. 그러나 이것은 필요 없다. 명제의 연역 관계를 단일한 명제로 만든다는 것이 무슨 의미가 있는가?

5.1311

When we infer q from $p \vee q$ and $\sim p$, the relation between the propositional forms of '$p \vee q$' and '$\sim p$' is masked, in this case, by our mode of signifying. But if instead of '$p \vee q$' we write, for example, '$p|q.|.p|q$', and instead of '$\sim p$', '$p|p$' ($p|q$ = neither p nor q), then the inner connection becomes obvious.

(The fact that we can infer fa from $(x).fx$ shows that generality is present also in the symbol "$(x).fx$".)

우리가 'q'를 '$p \vee q$'와 '$\sim p$'로부터 추론할 때 '$p \vee q$'와 '$\sim p$'의 명제 형식 사이의 관계는 이 경우 우리의 지칭 양식에 의해 덮여져(masked) 있다. 그러나 만약 '$p \vee q$' 대신에 예를 들어 '$p|q.|.p|q$'로 '$\sim p$' 대신 '$p|p$'로 쓴다면 (그것들 사이의) 내적 관계가 분명해진다.

(우리가 $(x).fx$에서 fa를 추론할 수 있다는 사실 자체가 $(x).fx$라는 상징에 일반화가 제시되어 있다는 것을 말한다.)

해제　　비트겐슈타인은 매우 어렵고 까다로운 예를 들어 '구조와 추론structure and inference'에 대해 말하고 있다.

먼저 Sheffer stroke와 Peirce arrow에 대해 알아보자. 일반적으로 Sheffer stroke은 | 로 Peirce arrow는 ↓ 의 기호로 나타낸다. 이것은 논리학에서뿐만 아니라 현대 컴퓨터 공학의 기초로서 절대 필요한 연산이다.

아주 간단히 말했을 때 '$p\,|\,q$'에 있어서의 Sheffer stroke은 '$\sim p \vee \sim q$'를 의미한다. 이에 따라 Sheffer stroke은 교차부정alternative negation이라 불리기도 한다. '$p \downarrow q$'에 있어서의 Peirce arrow는 '$\sim p \cdot \sim q$'를 의미한다.

이 두 기호의 의미는 각각의 기호만으로 모든 논리 상수logical constant를 배제할 수 있다는 사실에 있다. 즉, $\wedge$(and), $\vee$(or), $\sim$(not) 등의 모든 논리 상수는 이 두 기호 중 하나를 사용함에 의해 쓸모가 없게 된다.

정말 이상한 오류이지만 어느 순간 논리학과 철학에서 혼란이 일어났다. Sheffer stroke과 Peirce arrow 사이에 혼란이 있어 Sheffer의 | 기호를 '$\sim p \cdot \sim q$'의 기호로 사용하게 되었다. 비트겐슈타인도 역시 Sheffer stroke(|)을 '$\sim p \cdot \sim q$'의 의미로 사용한다. 우리 역시 그 혼돈에 잠기도록 하자. 혼란은 그것이 일반적이라면 문제 되지 않는다. 현재 사용되는 대로 사용하면 된다.

'p'와 'q'의 두 명제로 이루어진 세계가 있다고 하자. 그 세계는 '$p \vee q$'와 '$\sim p \cdot \sim q$'로 이루어진 세계이다. '$p \vee q$' = '$\sim(\sim p \cdot \sim q)$' = '$\sim(p\,|\,q)$' ('$\sim p$'는 Sheffer stroke으로는 '$p\,|\,p$'가 된다.) 따라서 '$\sim(p\,|\,q)$' = '$p\,|\,q.\,|.\,p\,|\,q$'가 된다. 다시 '$\sim p \cdot \sim q$' = '$p\,|\,q$' 이다. 위의 '$p\,|\,q.\,|.\,p\,|\,q$' 와 '$p\,|\,q$' 만으로 or와 $\sim$의 기호가 대체된다.

※ '$p\,|\,q.\,|.\,p\,|\,q$'에서 .(dot)는 현대적 기호로는 괄호(bracket)이다. '$p\,|\,q.\,|.\,p\,|\,q$'는 현대의 표기법으로는 (p | q) | (p | q)이다. 그러나 이 표기에 관한 한 과거의 표기가 더 낫다. 혼란의 여지가 덜하다. 우리는 비트겐슈타인의 표기를 계속 쓰기로 하자.

본문으로 돌아가자.

비트겐슈타인은 $(p \vee q) \cdot \sim p$로부터 q를 추론해낸다고 말한다. 물론 그렇다. 추론해낼 수 있다. 다음과 같은 표를 보자.

p	q	$p \vee q$	$\sim p$	$(p \vee q) \cdot \sim p$
T	T	T	F	F
F	T	T	T	T
T	F	T	F	F
F	F	F	T	F

여기에서 '$(p \vee q) \cdot \sim p$'의 두 번째 항이 T이고 이것은 'q'의 첫 번째, 두 번째 T에 속한다. 따라서 'q'는 '$(p \vee q) \cdot \sim p$'의 논리적 귀결(혹은 follows from)이다.

비트겐슈타인이 여기서 말하는 것은 만약 우리가 Sheffer stroke을 사용한다면 이 표는 필요 없다는 것이다. 앞에서 이미 본 바와 같이 '$p \vee q$'는 '$p|q. |.p|q$'로 전환될 수 있고 '$\sim p$'는 '$p|p$'로 전환될 수 있다. 그렇다면 최종적으로 ('$p|q. |.p|q$' and '$p|p$') 가 된다.

앞의 장에서 일단 'p'는 'p'로 'q'는 'q'로 나타난다. 그러나 '$p|p$'에 따라 전체는 '$p. |.q|q$' 가 된다. 이것은 '$\sim p \cdot q$' 이고 따라서 'q'는 여기에서 도출된다.

우리는 $(x).fx$에서 f_a, f_b, f_c, ... 등을 도출한다. 즉 f_a, f_b, f_c 등은 $(x).fx$의 논리적 귀결logical consequence이다.

다음의 표를 보도록 하자. $(x).fx$에서 x는 변수이며 따라서 '모든 $x(\forall x)$' 라는 의미를 갖는다.

f_a	f_b	f_c	$(x).fx$
T	T	T	T
F	T	T	F
T	F	T	F
T	T	F	F
F	F	T	F
F	T	F	F
T	F	F	F
F	F	F	F

$(x).fx$의 논리근거$^{truth-ground}$는 다른 모든 상수함수의 부분집합이다. 따라서 f_a, f_b, f_c…는 모두 $(x).fx$에서 도출될 수 있다.

그러나 우리는 직관적으로 $(x).fx$에서 f_a, f_b, f_c … 등을 추론한다. 예를 들어 모든 개가 짖는다고 하자. 이것은 $(x).fx$이다. 그렇다면 멜로디도 짖고 로쬬도 짖고 케이트도 짖는다. 우리는 즉시 f_m, f_l, f_k 등도 짖는다는 사실을 추론한다. 즉, $(x).fx$와 f_m, f_l, f_k 등의 관계를 내적인 것으로 즉시 판단한다.

5.132

If p follows from q, I can make an inference from q to p, deduce p from q.

p가 q의 논리적 귀결이라면 나는 q에서 p를 추론할 수 있다. 즉 q에서 p를 연역할 수 있다.

해제   추론과 연역, 논리적 귀결 등은 모두 같은 말이다.

All deductions are made a priori.

모든 연역은 선험적으로 이루어진다.

해제 　　　연역은 단지 '구조structure' 상의 문제이다. 'p'는 '$p \cdot q$'에서 연역된다. 그것은 이미 'p'와 '$p \cdot q$' 사이에 있는 구조적 관계structural relation 혹은 내적 관계internal relation에 의해 분명하다.

5.134

One elementary proposition cannot be deduced form another.

하나의 요소명제가 다른 하나의 요소명제에서 연역될 수는 없다.

해제 　　　모든 명제는 그 명제가 포함하고 있는 요소명제에서 연역될 수 있다. 그러나 요소명제 사이에서의 연역(혹은 추론)은 있을 수 없다. 모든 요소명제는 서로 독립적이다. 예를 들어 'p', 'q' 각각이 요소명제라고 하자. 'p'에서 'q'도, 'q'에서 'p'도 연역되지 않는다.

5.135

There is no possible way of making an inference from

the existence of one situation to the existence of another, entirely different situation.

전적으로 상이한 상황인 다른 하나의 상황의 존재에서 하나의 (다른) 상황을 추론할 어떤 가능한 방법도 없다.

해제　　　비트겐슈타인은 연역 이외에 다른 어떤 추론의 가능성도 인정하지 않는다. 물론 'p' 혹은 'q'는 '$p \cdot q$'에서 추론된다. 이때 'p'와 '$p \cdot q$' 혹은 'q'와 '$p \cdot q$' 사이에는 내적 관계가 성립하기 때문에 전적으로 다른 상황이 아니다. '$p \cdot q \supset p$' 혹은 '$p \cdot q \supset q$'는 무조건 성립한다. 이것이 연역이다. 그러나 두 상황이 서로 다를 때 하나에서 다른 하나를 추론하는 것은 불가능하다.

이것은 흄의 철학사상 가장 중요한 사건에 대한, 즉 인과율의 문제에 관련된 언명이다.

'p'와 'q'가 서로 다른 상황이라면 인과관계 혹은 추론관계는 불가능하다. 'p'와 'q'가 '전적으로 다른 상황'이라고 혹은 '같은 상황'이라고 말할 때 그것의 의미는 무엇인가?

예를 들어

'p': 어떤 거리를 유지하고 있는 질량을 가진 두 물체

'q': 끄는 힘

이라고 정의할 때 'p'에서 'q'가 추론되는 것은 단순히 논리적으로 '$r \cdot s$'에서 'r' 혹은 's'가 추론되는 것과 같은 것인가?

비트겐슈타인은 'p'와 'q'는 서로 다른 상황이고 'p'와 'q' 사이의 인과관계는 없다고 말한다. 다시 말하면 칸트적 의미에 있어서의 '종합적 선험지식

synthetic a priori knowledge'은 없다고 말한다. 서로 다른 요소명제 사이에서 추론은 불가능하다. 'p'와 'q'는 각각 서로 다른 — 같은 것도 있겠지만 — 요소명제를 지니고 있다. 둘 사이에서 추론은 불가능하다. 추론은 같은 요소명제 — 혹은 그들의 집합 — 사이에서만 가능하다.

5.1361

We cannot infer the events of the future from those of the present.

Superstition is nothing but a belief in the causal nexus.

우리는 현재의 사건들에서 미래의 사건들을 추론할 수 없다.

미신은 인과관계에 대한 믿음일 뿐이다.

해제 우리가 미래의 사건을 예견할 수 있다고 믿는 것은 '인과관계 causal nexus'의 존재를 믿기 때문이다. 우리는 어떤 행성의 현재 위치와 운동량으로부터 내일의 행성 위치와 운동량을 계산해낸다. 이것이 가능한 것은 거기에 인과율이 있기 때문이다.

행성과 항성과의 관계를 관통하는 뉴턴의 물리법칙을 기반으로 우리는 미래의 사건을 예견한다고 믿는다. 그러나 그러한 법칙은 없다. 모든 법칙의 탄생은 어차피 귀납추론이기 때문이다.

인과율은 하나의 사유양식이고 이것은 함수적 사고방식과 밀접한 관계가 있다.

$y = fx$ 라고 할 때 x는 truth-argument이고 y는 그것의 값value이다. 이

때 x는 원인으로 작동하고 f라는 공장을 통해 y에 닿는다. 우리가 인과율을 구성하는 것은 세계의 상황 역시 이와 같은 것이라고 믿기 때문이다. x를 현재의 사건으로 y를 내일의 사건으로 규정한다. 그러고는 x에서 y를 추론했다고 믿는다. 이때 x와 y의 관계가 인과관계causal nexus이고 그 양상의 기반이 되는 법칙이 f(인과율)이다.

문제는 이 f의 출신 성분이다. 그것은 귀납추론의 결과이다. 아주 간단한 예를 들자.

"오늘의 태양이 동쪽에서 떴다."라는 사실에서 "내일의 태양이 동쪽에서 뜬다."라는 사실을 추론하는 것, 즉 현재의 사건에서 미래의 사건을 추론하는 것은 '모든' 태양은 동쪽에서 뜬다는 전칭all 인과율을 배경으로 가능하다.

비트겐슈타인은 인과율을 부정하며 따라서 인과관계도 부정한다. 그것에 대한 믿음이 곧 미신이다. 이것은 실증과학positive science에 있어서 뿐만 아니라 신앙에 있어서도 마찬가지이다. 나의 신앙과 신의 축복 사이에 어떤 인과관계를 설정할 수는 없다.

5.1362

The freedom of the will consists in the impossibility of knowing actions that still lie in the future. We could only know them if causality were an inner necessity, like that of logical deduction. — The connexion of knowledge and what is known is that of logical necessity.

("A knows that p is the case" is senseless if p is a

tautology.)

자유의지는 미래에 놓여있는 행위를 아는 것이 불가능하다는 사실에 있다. 우리는 인과관계가 내적 필연성일 때에만, 즉 논리적 연역의 내적 필연성과 같을 때에만 그것을 알 수 있다. 아는 것과 알려지는 것 사이의 관계는 논리적 필연성의 관계이다.

("A는 p라는 사실을 안다."라는 것은 만약 p가 항진명제라면 무의미하다.)

해제　　비트겐슈타인은 여기서 자유의지를 실존적인 견지에서 받아들이고 있다. 합리론자들과 전통적인 실재론적 신학자들은 미래의 행위를 알 수 있기 때문에 자유의지가 가능하다고 말한다. 즉 좋은 삶a good life은 이미 알려져 있고 그것을 선택하는 것은 각각의 의지에 달린 문제라고 말한다. 여기에서의 각각의 의지를 자유의지로 받아들인다면 — 사실 전통적인 철학자들이 그렇게 받아들인바 — 이 자유의지는 비트겐슈타인이 말하는 자유의지와는 다르다. 비트겐슈타인은 현재의 행위에서 미래의 행위를 추론할 수 있다면 인간의 모든 행위는 현재에서 연역될 수 있다고 말하고 있다. 그렇다면 우리의 선택은 있을 수 없다. 그러나 비트겐슈타인은 미래를 알 수는 없으므로 매 순간이 선택이라고 생각할 것이다.

미래의 행위를 예견하기 위해서는 현재의 행위와 미래의 행위 사이에 논리적 인과관계, 즉 내적 필연성이 있어야 한다. 다시 말하면 현재와 미래가 항진명제tautology에 의해 묶여야 한다.

"'$p \cdot q$': $\supset$: '$p \lor q$'는 항진명제이다(: 기호는 괄호를 의미한다.)." 그러나 우리가 일반적으로 두 개의 사건이라고 말할 때에는 이러한 논리적 명제들을 말하지는 않는다. 사건이라고 말할 때 우리는 실증적인 사실을 말한다.

이것들 사이에 내적 필연성은 없다. 미래는 우연이다. 우리는 "비가 오고 바람이 분다."에서 "비가 온다."는 사실이 추론된다는 사실을 안다knowledge. 이것은 이를테면 "$p \cdot q \supset p$"의 논리적 구조로 알려져 있다. 이 둘의 관계는 논리적 필연성의 관계이다.

"'$p \cdot q$' 이면 q라는 사실을 안다."라는 언명은 뜻을 지니지 않는다. 나는 항진명제를 말하고 있기 때문이다. 나는 어떤 말을 하지 않은 것과 같다.

"그는 15라는 수는 3 곱하기 5라는 사실을 안다."라는 명제는 무의미하다. "현재의 15는 미래의 3 곱하기 5라는 사실에 대해 필연성을 가진다. 따라서 미래의 사건을 현재의 사건에서 추론할 수 있다." 는 무의미이다. '그'는 항진명제에 대해 말하고 있을 뿐이다.

5.1363

When from the fact that a proposition is obvious to us it does not follow that it is true, then obviousness is no justification for our belief in its truth.

하나의 명제가 우리에게 명백하다는 사실로부터 그것이 참이라는 사실이 연역되지는 않는다면, 그 명백성이 그것의 참에 대한 우리 믿음의 근거는 아니다.

해제 　　　예를 들어 "물에 열을 가하면 끓는다."는 명제에 대해 생각해보자. 이것은 "물과 열"을 p로, "끓는다."를 q로 할 때 '$p \supset q$' 꼴의 명제이다. 이것이 참이기 위해서는 q가 p로부터 연역되어야 한다. 그러나 "물과 열"에서 "끓는다."는 연역될 수 없다. 왜냐하면, 이 둘 사이에는 어디에도 내적 필

연성이 없기 때문이다.

이 명제는 명백하다^{obvious}. "물에 열을 가하면 끓는다."는 명제는 명백해 보인다. 그러나 논리적으로 참임을 보장받지 못한다면 ─ 사실은 논리적 참 외에 다른 참은 없는바 ─ 어떤 식으로도 참임을 보장받을 수는 없다. 따라서 명백성이 참의 보장은 될 수 없다. 적어도 비트겐슈타인의 논리^{logic}에서는 그렇다.

물이 담긴 용기의 내압을 계속 높여 주면 열을 가해도 끓지 않는다.

5.14

If one proposition follows from another, then the latter says more than the former, and the former less than the latter.

하나의 명제가 다른 명제에서 나온다면 후자가 전자보다 많은 것을 말하고, 전자가 후자보다 적은 것을 말한다.

해제　　　"'p': 비가 온다. 'q': 바람이 분다." 라고 하자. '$p \cdot q$'는 "비가 오고 바람이 분다."이다.

'$p \cdot q \supset p$'도 되고 혹은 '$p \cdot q \supset q$' 도 된다. 당연히 '$p \cdot q$'가 'p'보다 혹은 'q'보다 많은 것을 말한다.

5.142

A tautology follows from all propositions: it says nothing.

항진명제는 모든 명제에서 도출된다. 따라서 그것은 무엇도 말하지 않는다.

해제 언제나 도출되는 명제가 본래의 명제보다 적은 것을 말한다 (5.14). 만약 어떤 명제인가가 모든 명제에서 도출된다면 그것은 아무것도 말하지 않는 것이다. 이것은 진리 조건$^{truth\text{-}ground}$에서도 분명히 보여진다.

p	*q*	*r*	*s*
T	T	T	T
F	T	T	T
T	F	T	T
T	T	F	T
F	F	T	T
F	T	F	T
T	F	F	T
T	F	F	T

여기에서 *s*를 항진명제로 가정하자. 왼쪽의 '*p*', '*q*', '*r*' 모든 명제의 진리 조건이 '*s*'의 진리 조건의 부분집합이다. 이것은 '*s*'가 앞의 모든 명제의 논리 적 귀결$^{logical\ consequence}$임을 말한다. 모든 명제의 논리적 귀결은 무엇도 말하 지 않는 명제이다. 다른 명제와는 다른 세계에 사는 명제이다.

The structures of propositions stand in internal relations to one another.

명제들의 구조들은 서로 간에 내적 관계들에 처한다.

해제 '$p \cdot q$'는 'p'와 혹은 'q'와 내적 관계에 처한다. 즉 '$p \cdot q$'라는 명제와 'p'라는 명제 사이의 관계에서 외적요소의 개입은 없다.

"'p': 비가 온다. 'q': 덥다." 라는 명제로 예를 들자. "'$p \cdot q$'는 비가 오고 덥다."이다. 그리고 "'p'는 비가 온다."이다. 이때 "비가 오고 덥다."와 "덥다."라는 명제 사이의 관계는 내적인^{internal} 혹은 구조적^{structural}인 것이다. 그렇다면 명제 사이의 외적 관계^{external relation}는 무엇인가? 엄밀히 말하면 외적 관계란 존재하지 않는다. 외적 관계는 아무 관계도 아니다. 외적 관계가 소위 말하는 인과관계^{causal relation}이다. 그리고 '이것에 대한 믿음이 곧 미신'이다.

예를 들어 "'p': 눈이 온다. 'q': 바람이 분다. 'r': 춥다."라고 하자. 이때 '$p \cdot q$'와 'r' 사이에 어떤 관계가 있는가? 많은 사람이 당연히 그렇다고 말할 것이다. 그러나 '$p \cdot q$' 어디에도 'r'은 들어 있지 않다. "그럼직하다^{plausible}."는 것은 논리상의 문제는 아니다.

We can bring out these internal relations in our manner

of expression, by presenting a proposition as the result of an operation which produces it from other propositions (the bases of the operation).

우리는 하나의 명제를 (연산의 베이스들인) 다른 명제들에서 산출하는 연산 결과로 그 하나의 명제를 제시함에 의해 우리 표현에 있어서의 이 내적 관계들을 불러올 수 있다.

해제 우리는 '*p*', '*q*', '*r*' ... 등등의 수많은 요소명제를 상상할 수 있다. 단지 '*p*', '*q*'의 두 개의 요소명제만을 예로 들기로 하자. '*p*'와 '*q*'로 이루어지는 명제들을, 예를 들면 '*p* • *q*', '*p* ∨ *q*', '~*p* ∨ *q*' ... 등등의 많은 명제 — 실제로는 16개 — 를 생각할 수 있다.

이때 이 16개의 명제들의 베이스는 물론 '*p*'와 '*q*'이다. 이때 and, or, ~ 등의 작용을 연산^{operation}이라고 한다.

'*p* • *q*'는 '*p*'와 '*q*'에 대한 어떤 종류의 연산이 가해진 것이고 나머지 '*p*'와 '*q*'로 이루어진 명제들 모두 '*p*'와 '*q*'에 가해진 어떤 연산의 결과이다. 우리는 이때 '*p*'와 '*q*' 그리고 '*p* • *q*'를 봄에 의해 즉각적으로 서로의 내적 관계를 포착한다. 진리함수에 있어 요소명제를 벗어나는 것은 없다.

5.234

The truth-functions of elementary proposition, are results of operations which have the elementary propositions as bases.

요소명제의 진리함수는 요소명제를 베이스로 한 연산의 결과이다.

이를테면 '$p \cdot q$'라는 명제는 'p', 'q'라는 요소명제를 베이스로 하는 진리함수의 하나이다.

5.24

An operation manifests itself in a variable; it shows how we can proceed from one form of proposition to another.

It gives expression to the difference between the forms.

(And what the bases of an operation and its result have in common is just the bases themselves.)

연산은 변수 가운데 모습을 드러낸다. 그것은 우리가 어떻게 명제 형식에서 다른 명제 형식으로 진행해 갈 수 있는가를 보인다.

그것은 형식 사이의 차이를 표현한다.

(또한, 연산의 베이스들과 연산의 결과가 공동으로 가지는 것은 베이스들 자체이다.)

해제   연산은 당연히 변수에서 작동한다. 연산은 명제가 다른 명제로 진행해나가기 위한 양식들이다. 예를 들어 '$p \lor q$'라는 명제에서 or($\lor$)는 미지의 명제 'p'와 'q'에 작용한다. 물론 'p'와 'q'가 기지의 명제라 해도 상관없다. 어느 경우에나 연산은 기초^{base}가 되는 명제에 무심하다. 연산은 명제의 뜻에 의해 제약을 받지 않는다. 그것은 무차별이다. 즉 명제를 변수로 취급한다.

'p'와 '$p \lor q$'에서 or($\lor$)라는 논리 상수는 어떻게 'p'와 'q'라는 형식의 명

제가 어떻게 '$p \lor q$'라는 다른 형식의 명제로 진행해 나가는가를 보인다. 따라서 그것은 두 종류의 형식의 차이를 보여주는 표현이다.

(만약 우리가 연산의 결과로 '$\sim p \lor q$'라는 결과를 얻는다면 '$\sim p \lor q$'의 베이스는 'p'와 'q'이다. 연산의 베이스와 결과 모두 'p'와 'q'를 공유하고 있다.)

5.25

The occurrence of an operation does not characterize the sense of a proposition.

For an operation does not assert anything; only its result does, and this depends on the bases of the operation.

연산의 발생은 명제의 뜻을 규정하지는 않는다.

왜냐하면 연산은 어떤 것도 단언하지 않기 때문이다. 다만 연산의 결과는 어떤 것을 단언하지만 이것도 (결국은) 연산의 베이스에 달린 문제이다.

해제   연산은 뜻을 규정하는 것은 아니다. 또한 형식^{form}을 규정하는 것도 아니다. 연산은 단지 연산의 베이스와 연산의 결과 사이의 형식의 차이를 보여줄 뿐이다. 예를 들어 'p'라는 명제에 $\sim$(not)이라는 연산을 가한다고 하자. "'p' : 비가 내린다."라고 가정하자. 이때 $\sim$은 'p'의 내용과 관련된 것이 아니다. $\sim$이 'p'의 의미와 형식과 관련해서 할 수 있는 일은 없다. 그것은 단지 'p'(연산의 베이스)와 '$\sim p$'(연산의 결과) 사이의 형식 차이만을 보여줄 뿐이다.

이렇게 연산은 명제의 뜻^{sense}과 관련하여 무엇도 말하지 않는다. 물론 연산의 결과는 무엇인가를 말한다. 그렇지만 ^{무엇인가를 말하는} 연산의 결과는 연산의 베이스의 문제일 뿐이다.

예를 들면 ~은 그 자체의 뜻을 가지고 있지는 않다. ~에 대응하는 실재^{reality}는 없다. 단지 '$\sim p$'는 무엇인가를 말한다. 즉 연산의 결과는 무엇인가를 말한다. 그러나 그것은 연산의 베이스인 'p'에 달린 문제이지 ~에 달린 문제는 아니다. 이것은 모든 연산에 해당한다. 논리 상수는 무엇도 말하지 않는다.

5.251

A function cannot be its own argument, but the result of an operation can be its own base.

함수는 스스로의 독립변수가 될 수 없다. 그러나 연산의 결과는 스스로의 베이스가 될 수 있다.

해제 예를 들어 $f(f\,f_x\,\ldots)$ 등등은 불가능하다. "x is a dog."를 f_x로 나타내기로 하자. 이때 x를 멜루^{Meloo}로 하자. 이 경우 f_m은 유의미하고 또한 참이다. f_m을 베이스로 한 연속된 함수는 $f(f_m)$이고 이것은 $f_{멜루는개}$ 가 되고 다시 "멜루는 개는 개"라는 이상한 것이 되고 만다. 따라서 함수는 스스로가 스스로의 베이스가 될 수는 없다. 수열^{series}을 생각해 보자.

1, 3, 5, 7, . . .

이때 n번째 항의 값은 앞의 항을 베이스로 할 수 있다. 즉 앞의 항에 $+2(O'\xi)$를 하면 된다.

5.252

Only in this way is the progress from term to term in a formal series possible.

오로지 이 방식으로 형식 시리즈(formal series)에 있어서의 한 항에서 다음 항으로의 전개가 가능해진다.

———

해제   우리가 배우고 알고 있는 바의 수학 세계는 그 현실적 모습이 아무리 복잡해 보인다 해도 결국은 산술^{arithmetic}에 있어서의 자연수에 기초한다. 이것은 수학의 형이상학적 양상을 규정하는 데에 있어 매우 중요한 사항이다. 비트겐슈타인은 지금 숫자의 전개를 일종의 수열로 처리하려 하고 있다. 즉 앞의 숫자에 어떤 연산^{operation}을 가했을 때 뒤의 숫자가 나오는 양식이다. 비트겐슈타인은 수의 영역을 형식적^{formal}인 것으로 본다. 수의 영역이 어떻게 해서 형식적인 것인가에 대해 비트겐슈타인은 특별한 설명을 하지 않는다.

5.2521

If an operation is applied repeatedly to its own results, I speak of successive applications of it. ("$O'O'O'a$" is the result of three successive applications of the operation "$O'\xi$" to "a".)

만약 어떤 연산이 그 스스로의 결과에 연속해서 적용된다면 나는 연산의 연속적 적용이라고 말하겠다. ("$O'O'O'a$"는 "$O'\xi$"의 a에 대한 세 번의 연속적 연산의 결과이다.)

"*O*'"라는 연산이 a에 연속해서 적용된다면 그 결과는 차례로 a, *O'a*, *O'O'a*, *O'O'O'a*가 된다. 비트겐슈타인은 나중에 이것을 [a, ξ, *O'ξ*] 라고 표현한다.

(*O'ξ*의 연속적인 연산에서 *O'*는 연산을, ξ는 그 값을 지칭한다. 예를 들어 앞의 항에 +2를 한다면 *O'*는 +이고 2는 ξ이다.)

5.2522

The general term of the formal series a, *O'a*, *O'O'a*, ... I write thus: "[a, x, *O'* x]". This expression in brackets is a variable. The first term of the expression is the beginning of the formal series, the second the form of an arbitrary term x of the series, and the third the form of that term of the series which immediately follows x.

나는 형식 시리즈(formal series) a, *O'a*, *O'O'a*, ...를 "[a, x, *O'x*]"라 쓰겠다. 괄호 안의 표현은 변수이다. 이 첫 번째 표현 형식의 항은 형식 시리즈의 초항이다. 두 번째는 시리즈의 임의의 항 x의 형식이고, 세 번째는 x를 바로 뒤따르는 시리즈의 항의 형식이다.

해제 비트겐슈타인이 시리즈(행렬, 수열 등)를 형식^{form}으로 규정짓는다는 사실은 앞에서 말한 바 있다. 그 규정의 표현이 어떻게 되는가를 여기에서 밝히고 있다. 그것은 매우 간단하며 분명하다. 예를 들어 1, 4, 9, 16, 25, ... 의 시리즈를 생각하자. 이것을 비트겐슈타인은 괄호^{bracket}를 사용하여 다음과 같이 표현할 것이다. [1, x, $(\sqrt{x} + 1)^2$]

1이 이 시리즈(수열)의 시작이고 임의의 어떤 수를 변수 x로 가정한다면 $(\sqrt{x} + 1)^2$이 바로 x를 뒤따르는 항이 된다. 이러한 표현 양식은 시리즈를 표현하기에 매우 좋은 방법이다. 자연수는 이렇게 정의된다. [0, x, x+1]

5.2523

The concept of the successive application of an operation is equivalent to the concept "and so on."

연산의 연속적 적용의 개념은 "그렇게 계속된다."는 개념과 같은 것이다.

———

해제　　　　　이 간단한 언명이 '수학'에 대한 비트겐슈타인의 규정의 전제를 말하고 있다. 비트겐슈타인에게 있어서 수학은 선험적인 것이 아니다. 그는 모든 경험론자와 같은 견해를 보인다.

우리는 반복에 의해 숫자의 개념을 얻게 된다. 이 반복이 "$O'\xi$"이다. 비트겐슈타인에게 있어서의 수^{number}는 반복^{repetition}과 같은 것이다. 우리는 반복을 경험하며 숫자의 개념을 익히게 된다.

5.32

All truth-functions are results of the successive application of a finite number of truth-operations to elementary propositions.

모든 진리함수는 요소명제에 대한 제한된 수의 진리연산의 연속적 적용의 결과이다.

Here it becomes clear that there are no such things as "logical objects" or "logical constants" (in the sense of Frege and Russell).

여기에서 (프레게적 혹은 러셀적 의미에 있어서의) "논리 대상" 혹은 "논리 상수" 같은 것이 없다는 것은 명백하다.

해제 　　　프레게와 러셀은 논리를 어떤 공준의 토대 위에 놓기를 원한다. 이를테면 '$p \cdot q$', 'if p then q', '$p \lor q$', '$\sim p$' 등등의 논리 대상 혹은 논리 상수를 기반으로 그 위에 논리적 토대를 쌓으면 논리적 체계가 연역적으로 구축될 수 있다고 주장한다.

　　이에 대해 비트겐슈타인은 논리에 그러한 것이 '원초적인 것'으로서 자리 잡고 있을 필요가 없다고 말한다. 물론 $\sim$이나 $\lor$ 등의 기호는 때때로 필요하다. 그러나 그것이 필연적인 것은 아니다. 러셀은 논리 상수를 우리 마음이 직접적으로 부딪히는 — 즉 선험적인 — 실재^entities로 간주했다. 러셀은 그의 지식론^Theory of Knowledge에서 '개별자^particulars, 보편자^universals, 관계 ^relations, 술부^predicates' 등을 우리는 선험적으로 이해한다고 말한다. 또한, 러셀은 'or', 'not', 'all', 'some' 등의 논리 대상^logical objects이 세계에 대한 — 물론 논리에 대한 — 이해를 위해 절대 필요하다고 말한다. 그러나 러셀의 이 견해는 다시 칸트의 선험적 분석으로 되돌아간다는 것을 의미한다. 비트겐슈타인은 이것을 받아들이지 않는다.

　　비트겐슈타인이 보는 세계는 요소명제에서 연속적인 연산에 의해 생겨난 진리함수 즉 명제의 세계이다. 이것 외에 다른 세계는 없다. 다시 말하면 세계의 기저는 요소명제 외에 아무것도 없다. 두 개의 요소명제 'p', 'q'가 있다면 세계는 단지 네 종류이고 진리함수는 16개다. 이것으로 끝이다. 세계에 대해 더 복잡한 얘기를 할 필요가 없다. 논리 상수는 연산의 도구일 뿐이다. 실체를 가진 것이 아니다.

5.41

The reason is that the results of truth-operations on truth-functions are always identical whenever they are one and the same truth-function of elementary propositions.

진리함수에 대한 진리 연산의 결과는 그것들이 요소명제의 단일하고 동일한 것일 때마다 항상 같기 때문이다.

해제　　　앞에서 본 5.101의 진리함수표는 'p', 'q'라는 두 개의 요소명제에 대한 모든 종류의 진리연산의 결과를 보여주는 표이다. 두 개의 요소명제에 대한 진리연산의 결과는 총 16개이다. 이 이외의 진리연산은 없다. 만약 있다면 그것은 동치이다. 이러한 동치가 ∨ 혹은 ~ 등으로 대치되거나 혹은 그 반대라면? 그렇다면 논리 상수 혹은 논리 대상은 존재하지 않는다. 그것에 고유성은 없기 때문이다. 어떠한 것이 원초적^{primitive}이라면 그것은 대치될 수 없다.

5.42

It is self-evident that ∨, ⊃, etc. are not relations in the sense in which right and left etc. are relations.

The interdefinability of Frege's and Russell's 'primitive signs' of logic is enough to show that they are not primitive signs, still less signs for relations.

∨, ⊃ 등등이 왼쪽과 오른쪽 혹은 기타 등등이 관계라는 의미에 있어서의 관계는 아니라는 사실은 자명하다.

프레게와 러셀의 논리의 '원초적 기호'의 상호 정의 가능성이 그것들이 원초적 기초가 아니라는 사실을 보이는 데 충분하고 더구나 관계가 아니라는 사실을 보이는 데 더욱 충분하다.

해제　　왼쪽과 오른쪽은 서로 간에 다른 쪽의 존재를 가정한다. 즉 '왼쪽'이라고 말할 때 그것이 의미를 얻는 것은 오른쪽이 가정되어 있기 때문이다. 그 관계에 처한 대상들은 또한 서로 간에 대체가 불가능하다. 오른쪽이 왼쪽은 될 수 없다. vice versa.

　　프레게와 러셀은 몇 개의 '관계'를 전제로 논리의 기초를 놓으려 하고 있다. 칸트의 카테고리들 역시도 관계를 규정하는 것이다. 프레게와 러셀은 카테고리 대신에 몇 개의 논리 상수를 도입하려 하고 있다.

　　'$p \supset q$'라는 명제를 생각하자. 이것은 '$\sim p \vee q$'와 동치인 명제이다. 즉 ⊃는 ~과 ∨로 대치될 수 있다(상호 정의될 수 있다). 만약 이러한 논리 상수들이 원초적인 것이고 관계를 지시하는 것이라면 어떻게 상호 정의될 수 있겠는가?

Even at first sight it seems scarcely credible that there should follow from one fact p infinitely many others, namely $\sim\sim p$, $\sim\sim\sim\sim p$, etc. And it is no less remarkable that the infinite number of propositions of logic (mathematics) follow from half a dozen 'primitive propositions'.

But in fact all the propositions of logic say the same thing, to wit nothing.

첫눈에도 하나의 사실 p에서 무한대의 다른 사실, 즉 $\sim\sim p$, $\sim\sim\sim\sim p$ 등이 따른다는 사실이 거의 믿을 수 없을 것으로 보인다. 그리고 또한 6개의 '원초적 명제'에서 무한대의 논리적 (수학적) 명제가 뒤따른다는 사실도 그에 못지않게 놀라운 일이다.

그러나 사실은 모든 논리 명제는 동일한 것을 말한다. 즉, 아무것도 말하지 않는다.

해제　　비트겐슈타인의 논리의 기본적인 원칙은 명제가 실재[reality]에 대응하지 않는 요소를 포함하고 있다면 그것은 사실은 아무것도 말하고 있지 않다는 것이다. $\sim\sim p$, $\sim\sim\sim\sim p$ 등의 무한한 명제가 p로부터 나올 수 있다.

그러나 이것은 의미 없다. $\sim\sim p$, $\sim\sim\sim\sim p$ 등은 p 이외에 어떤 것도 말하지 않는다. $\sim$에 대응하는 실재는 없기 때문이다.

이 언급에 이어 비트겐슈타인은 러셀의 용어[terminology]를 흉내 내며 러셀을 약간 비꼰다. 러셀은 '원초적 명제[primitive propositions]'로 6개를 규정하여 그의 저서 《수학적 원리[Principia Mathematica]》에서 '수학적 명제'로 규정한다. 그러고는 이 여섯 개의 명제에서 모든 논리적 명제가 연역된다고 말한다. 이것은 마치 뉴턴의 만유인력의 법칙에서 모든 물리학적 법칙이 연역되는 것과 같은 양상이다.

그러나 이것은 비트겐슈타인이 받아들일 수 없는 것이다. 왜냐하면, 러셀은 경험론을 표방하며 사실은 논리를 기반으로 한 새로운 합리론을 불러들이고 있기 때문이다. 비트겐슈타인은 모든 논리 명제(일반명제가 아닌)는 "무엇도 말하지 않는다."는 점에서 동일한 것을 말한다. 러셀은 ~과 or로 모든 명제를 연역할 수 있다고 말한다. 물론 그렇다. 그러나 이것이 무슨 의미가 있는가?

앞에서도 본 바와 같이 (p, q)의 연산은 16개로 수렴된다. 16개의 연산 모두 ~과 or로 환원시킬 수 있다. 그러나 이중 어떤 연산인가가 그렇게 환원되었다고 해서 새로운 의미가 창출된 것은 아니다. 세계에 대해 말하는 것은 일반명제이다. 논리 명제는 세계에 대해 말하지 않는다. 그것은 단지 형식의 전환일 뿐이다.

5.44

Truth-functions are not material functions.

For example, an affirmation can be produced by double negation: in such a case does it follow that in some sense negation is contained in affirmation? Does '$\sim\sim p$' negate $\sim p$, or does it affirm p – or both?

The proposition '$\sim\sim p$' is not about negation, as if negation were an object: on the other hand, the possibility of negation is already written into affirmation.

진리함수는 질료에 관한 함수는 아니다.

예를 들면, 긍정은 이중 부정에 의해 산출될 수 있다. 그 경우 어떤 의미에서, 부정은 긍정에 이미 포함되어 있다는 사실인 것인가? '$\sim\sim p$'가 '$\sim p$'를 부정하는 것인가 혹은 p를 긍정하는 것인가? 혹은 양자 모두인가?

'$\sim\sim p$'는 부정에 대한 것은 아니다. 그렇다면 부정은 대상이 된다. 반대로 부정의 가능성은 이미 긍정 속에 새겨져 있다.

해제　　여기서 비트겐슈타인이 질료적 함수라고 말하는 것은 세계의 실재에 대한 묘사의 함수라는 것이다. 예를 들면 '멜루가 짖는다.'를 f_m이라고 표현한다면 이것은 질료적 함수이다. '그러나 진리함수는 단지 진리연산일 뿐'이라는 사실을 인식하는 것은 매우 중요하다. 이것이야말로 세계의 기저substance에서 모든 것이 정해진다는 사실을 말하기 때문이다.

비트겐슈타인은 여기서 부정negation의 연산을 통해 앞에서 진행해왔던 러셀의 《수학적 원리》에 대한 반박을 계속한다.

'$\sim\sim p$'는 'p'에 대한 두 번의 $\sim$의 진리연산이다. 이때 '$\sim\sim p$'의 맨 앞의 $\sim$은 '$\sim p$'를 부정하는 것인가 아니면 '$\sim p$'를 다시 'p'로 만드는 것인가? 즉 $\sim$은 $\sim$에 작용하는 것인가, '$\sim p$' 전체에 작용하는 것인가? 비트겐슈타인은 후자라고 말한다.

'$\sim p$'에 대한 새로운 $\sim$은 물론 '$\sim\sim p$'가 되며 동시에 'p'가 된다. 이때 '$\sim\sim p$'는 하나의 표기 이외에 다른 의미를 가지지는 않는다. 그것은 단순히 'p'일 뿐이다. 만약 $\sim$이 독자적 의미를 갖는다면 그것은 실재reality 속에 거기에 대응하는 물질적 대상^{material object}을 가져야 한다. 그러나 그러한 것은 없다.

이것에 대한 비트겐슈타인의 논증은 바로 아래의 5.44의 후반부에서 매우 선명하게 다뤄진다.

5.44(Ⅱ)

And if there were an object called '$\sim$', it would follow that '$\sim\sim p$' said something different from what 'p' said, just because the one proposition would then be about '$\sim$' and the other would not.

만약 '$\sim$'라고 불리는 대상이 있다면 '$\sim\sim p$'는 'p'와는 다른 무엇인가를 말하는 것이 된다. 왜냐하면, $\sim\sim p$의 명제는 $\sim$을 다루지만 후자는 그렇지 않기 때문이다.

해제 　　　이 부분과 관련해서는 앞에서도 자세히 다룬 바 있다.

5.441

This vanishing of the apparent logical constants also occurs in the case of '$\sim(\exists x).\sim fx$', which says the same as '$(x).fx$', and in the case of '$(\exists x).fx.\ x = a$', which says the same as 'fa'.

외연적 논리 상수들의 사라짐은 다음의 사례에서도 발생한다. '$\sim(\exists x).\sim fx$'는 단지 $(x).fx$ 와 같은 말이다. 또한 '$(\exists x).fx.\ x = a$'는 fa 와 같은 말이다.

해제　　　　some x에 대한 부정은 all x이다. 따라서 $\sim(\exists x).\sim fx$ 는 (x).

fx가 된다. 여기서 $\sim$는 사라진다. 마찬가지로 '$(\exists x).fx.\ x = a$'는 다음과 같

은 사실을 말한다. "어떤 x에 대해 그 x는 fx를 만족하는바, 그 x는 a이다."

그러나 이것은 단지 fa일 뿐이다. 논리 상수($\exists x$)는 사라진다.

5.451

If logic has primitive concepts then they must be independent of one another. If a primitive concept is introduced then it must be introduced in every combination in which it ever occurs. One cannot, therefore, introduce it for one combination first and then another time for another. For example, if negation is introduced then we must now understand it in propositions of the form "$\sim p$" in just the same way as in propositions like '$\sim(p \vee q)$', '$(\exists x)\ \sim fx$', etc. We may not introduce it first for one class of cases and then for the another, because it would then remain undecided whether its meaning in each case was the same, and there would be no available ground using the same way of combining the signs in both cases.

논리가 만약 원초적 개념을 가지고 있다면 그것들은 서로 독립적이어야 한다. 일단 원초적 개념이 도입되면 그것이 발생하는(occur) 모든 조합에 동시에 도입되는 것이다. 따라서 우리는 먼저 하나의 조합에 도입하고 다른 경우에 또다시 도입할 수는 없다. 예를 들어 부정

(not)이 도입된다면 "$\sim(p \vee q)$", "$(\exists x).\sim fx$" 등에 따라 동일한 양식으로 $\sim p$의 형식의 명제에서도 이해해야 한다. 우리는 그것을 먼저 사례의 하나의 클래스에 도입하고 또다시 다른 클래스를 위해 도입할 수는 없다. 왜냐하면 그 부정의 의미가 각각의 경우에 같은 것인지 그렇지 않은지가 결정되지 않은 채로 남기 때문이다. 그리고 또한 양쪽 사례 모두에 있어 기호의 동일한 양식의 조합의 사용에 대한 적절한 근거가 없기 때문이다.

해제　　러셀과 화이트헤드는 그들의 《수학적 원리^{Principia Mathematica}》에서 or와 $\sim$을 기호로 모든 논리 명제를 연역할 수 있다고 말했다. 그러나 문제는 양화사^{quantifier}의 도입과 함께 발생했다. '$\sim$(not)'이 $(\exists x)$ 혹은 $(\forall x)$ 등과 같이 사용될 때 $\sim$을 새롭게 정의해야 했기 때문이다.

$\sim(\exists x)\, fx$ 는 $(\forall x)\,\sim fx$ (혹은 $(x)\sim fx$)가 된다. some과 결합한 $\sim$은 all을 전제해야 한다. 이때 $\sim$은 새롭게 정의된다. 비트겐슈타인은 이 사실을 지적하고 있다.

만약 or 혹은 $\sim$ 등이 원초적 기호라면 그것들은 마땅히 독립적이어야 하고 일단 그것이면 영원히 그것이어야 한다. 그러나 $\sim$ 에서와 같이 각각의 사용 사례에 있어 새롭게 정의되어야 한다면 그것은 각각의 용례에 묶인 것이므로 — 예를 들면 $(\exists x)$ 등에 — 독립적이지도 않고 원초적인 것도 아니다. 우리는 매번 $\sim$이 여기에선 이렇게 사용되고 있는가를 따져야 한다. 이것은 말이 안 된다.

모든 문제는 러셀의 Universalist Logic(보편논리)에서 발생한다. 프레게는 자신의 모든 논리체계를 (소위 말하는) '원초적^{primitive}' 연결사에 기초시키는바, 그의 연결사는 'not($\sim$)'과 'if ... then'이었다. 이에 대응하여 러셀은 'not($\sim$)'과 'or'를 그의 시스템의 원초적 상수로 삼았다.

이 둘은 '원초적 기호'를 가정했다는 문제점을 가진다. 만약 그들이 말하는 것이 원초적 기호라면 그것은 당연히 독자적이며 항시적이고 유일한 것이어야 한다. 그러나 아주 간단히 말했을 때 프레게의 "$p \supset q$(p이면 q이다)"는 러셀의 "$\sim p \vee q$"로 전환된다. 하나가 다른 하나로 전환된다면 어떻게 그것이 원초적일 수 있겠는가?

문제는 여기서 그치지 않는다. 러셀의 스콜라주의적 허영은 더 큰 문제를 불러왔다. 그는 그의 논리를 물리학이나 화학의 보편적 법칙과 같은 것에 기반시키기를 원했고 또한 그 근원적인 몇 개의 논리법칙들을 나열했다. 즉 러셀은 모든 논리를 연역 시킬 수 있는 가장 기본적인 명제(기하학의 공준과 같은)를 가정했다. 즉 그의 '논리대전(수학적 원리)'을 위해 있어야 하는 것은 몇 개의 기본적인 논리 상수로 구성된 자명한 근원적 논리 공준이고 여기에 더해 거기에서 계속해서 복잡한 논리 명제를 연역할 수 있는 추론의 법칙이었다.

러셀은 어리석게도 철학사에서 가까스로 극복해온 실재론(혹은 합리론)의 세계를 논리학의 세계에서 새롭게 구축하려 하고 있다. 비트겐슈타인은 이것을 간단하게 거절한다. "논리 명제는 아무것도 말하지 않으며to wit nothing, 논리 상수는 원초적인 것이 아니다." 러셀의 공준 시스템에 준하면 우리는 근원적인 공준에서 더 진행된 명제를 연역할 수 있다. 예를 들면 "$p \vee \sim\sim\sim p$"는 그 자체로서는 공준이 아니고 "$p \vee \sim p$"에서 추론된 것이고 따라서 그 참은 보장되고 따라서 논리 명제에 속한다.

애초에 러셀의 논리 공준 자체가 항진명제이다. 러셀은 단지 그것을 자명self-evident하다고 표현할 뿐이다. 자명에서 연역된 모든 명제는 또한 자명하다. 따라서 논리 명제는 무엇도 말하지 않는다.

The introduction of any new device into the symbolism of logic is necessarily a momentous event. In logic a new device should not be introduced in brackets or in a footnote with what one might call a completely innocent air.

(Thus in Russell and Whitehead's Principia Mathematica there occur definitions and primitive propositions expressed in words. Why this sudden appearance of words? It would require a justification, but none is given, or could be given, since the procedure is in fact illicit.)

But if the introduction of a new device has proved necessary at a certain point, we must immediately ask ourselves, 'At what points is the employment of this device now unavoidable?' and its place in logic must be made clear.

논리기호체계에 있어서의 새로운 도구(device)의 도입은 작지 않은 사건이다. 논리에 있어서의 새로운 도구는 괄호나 각주로 소개되어서는 안 된다. 아무 일도 아닌 듯한 태도로(시치미 떼고.)

(러셀과 화이트헤드의 《수학적 원리》에 있어서는 그런 식으로 정의와 원초적 명제가 언어로 소개된다. 왜 갑자기 "말"이 나타나는가? 정당화가 요구된다. 그러나 정당화가 주어지지 않는다. 혹은 주어질 수가 없다. 왜냐하면, 그 과정 자체가 허용되는 것이 아니기 때문이다.)

그러나 (논리 전개의) 어떤 시점에선가 새로운 도구의 도입이 필연적인 것이 될 때에는 우리는 즉시로 우리 자신에게 물어야 한다. '어떤 계기에서 이 도구의 채용이 불가피한가?' 그리고 또한 논리에 있어서의 그 새로운 도구의 장소는 명백한 것이 되어야 한다.

해제　　　이 제법 긴 언명은 비트겐슈타인 자신의 '근검의 원칙principle of parsimony'의 천명에 대해 그리고 러셀과 화이트헤드의 'deus ex machina'에 대해 말하는 것이다.

논리에는 말words이 필요 없다. 'say/show' distinction에서 논리는 show에 속한다. 일반적인 명제 자체는 세계에 대해 무엇인가를 말한다say. 그러나 논리 명제proposition of logic는 말해질 수 없는 것이다. 우리가 논리에 대해 말할 수 있는 것은 기껏해야 진리함수이다. 비트겐슈타인 역시 ⊃, ∨, and, ~ 등의 논리 상수를 사용한다. 그러나 여기에 무엇인가 전적으로 새로운 것이 도입된다면 그것은 작은 사건은 아니다.

논리는 매우 차갑고 간결한 세계이다. 그것은 무엇도 말하지 않는 항진적인 세계이다. 논리에 있어서의 새로운 도구는 단지 "참고" 정도로 도입될 성질의 것이 아니다. 논리에 무엇인가 새로운 것이 도입된다면 그것은 전면적인 것이 되어야 하고 그렇지 않다면 그것은 도입되어서는 안 되는 도구이다. 그것은 편의에 따라 언제라도 가져다 쓰는 'deus ex machina'와 같은 것은 아니다. 이것이 왜 필요한가? 비트겐슈타인은 '수학적 원리'에서 정의와 원초적 명제axiomatic proposition가 구체적으로 언어로 언급된 사실에 대해 어이없어하고 있다. 도대체 논리에서 왜 언어가 필요한가? 논리는 단지 구조만 제시되는 건물의 비계와 같은 것이고 따라서 전적으로 추상적인 것이며 또 스스로를 보여주는 것이다.

물론 새로운 고안이 불가결한 것으로 입증된다면 우리는 우리 자신에게 물어야 한다. 왜 이것이 불가피한가하고. 이것이 자기검열이다. 그리고 그 필요불가결함이 증명되어야 한다. 또한, 그것이 논리에서 한자리를 차지하게 되면 그것은 모든 논리에서 한자리를 차지할 수 있어야 한다. 논리의 세계에서 반 표나 두 표는 있을 수 없다. 온전한 하나의 대표권이 없다면 어떤 대표권도 없다.

All numbers in logic stand in need of justification.

Or rather, it must become evident that there are no numbers in logic.

There are no privileged numbers.

논리에 있어서 모든 수(등수)는 정당화의 요구에 처한다.

아니면 오히려 논리에는 어떤 수도 없다는 사실이 명백해야 한다.

특권적인 수는 없다.

해제　　　비트겐슈타인은 또다시 러셀과 화이트헤드의 논리 공준을 비판하고 있다. 논리에는 우월한 것과 열등한 것은 없다. 즉 순위가 없다. 거기에 특권적(공준과 같은)인 순위의 명제는 없다.

In logic there is no side by side, there can be no classification.

In logic there cannot be a more general and a more special.

논리에는 열이 없다. 즉 특별한 계층이 없다.

논리에는 더 일반적인 것 혹은 더 개별적인 것은 없다.

해제　　　또다시 러셀의 Universalist Logic을 공격하고 있다. 논리에는 어떤 일련의 것들이 배타적으로 열을 지어 계층을 구성할 수는 없다. 또한, 거기에는 일반과 특수도 없다. 러셀은 몇 개의 논리 공준과 논리 상수와 추론법칙을 논리에 끌어들임에 의해 논리 일반ᵒᵍⁱᶜ ⁱⁿ ᵍᵉⁿᵉʳᵃˡ을 구성하고 거기에서 특수한 논리 명제를 도출했다. 그러나 비트겐슈타인은 이것을 인정하지 않는다.

5.46

If we introduced logical signs properly, then we should also have introduced at the same time the sense of all combinations of them; i.e. not only "$p \lor q$" but also "$\sim (p \lor \sim q)$" as well, etc. etc. We should then already have introduced the effect of all possible combinations of brackets; and it would then have become clear that the proper general primitive signs are not "$p \lor q$", "$(\exists x). fx$", etc., but the most general form of their combinations.

만약 우리가 적절하게 논리 기호를 도입했다면 그것들 모든 결합의 뜻은 그 논리기술들과 더불어 이미 도입된 것이다. "$p \lor q$"뿐만 아니라 "$\sim (p \lor \sim q)$" 등등도. 이때 우리는 괄호의 모든 가능한 조합의 결과를 도입한 것이다; 그리고 적절한 원초적 기호는 "$p \lor q$" 혹은 "$(\exists x). fx$" 등이 아니라 그 결합의 가장 일반화된 형식이라는 사실이 명백해질 것이다.

해제　　　or(∨)라는 논리 기호를 일단 도입했다면 그 도입의 우선권은 없다. 먼저 도입되었기 때문에 다른 or(∨)가 거기에서 연역될 수는 없다. 왜냐하면, 일단 or가 주어지면 그것은 or를 포함할 수 있는 모든 조합에 이미 도입된 것이기 때문이다. 만약 '$p \lor q$'가 도입되었다면 거기에 이미 '$\sim(p \lor \sim q)$' 등이 있다. 따라서 ∼과 or를 논리 명제의 연역의 기호로 본 러셀의 견해는 다소 우스운 것이다. 우리는 괄호(여기서는 '$p \lor q$' 등에서의 ' ')의 조합의 결과는 이미 나와 있는 셈이다. or는 단지 or일 뿐이다. or에서 or가 아닌 새로운 결과가 나올 수는 없다. 따라서 적절한 일반적 원초적 기호는 '$p \lor q$' 혹은 '$(\exists x).\, fx$' 등일 수는 없다. 왜냐하면, 그것들은 계속해서 사용되는 것들이고 단일하며 유일한 것은 아니기 때문이다. 원초적 기호이기 위해서는 단일한 것이어야 한다. 모든 논리 기호를 무의미하게 만드는 가장 일반화된 논리 결합 형식이 있는가? 비트겐슈타인은 있다고 말한다. 그것은 곧 논의되게 될 Sheffer stroke이다.

5.461

Though it seems unimportant, it is in fact significant that the pseudo-relations of logic, such as ∨ and ⊃, need brackets—unlike real relations.

Indeed, the use of brackets with these apparently primitive signs is itself an indication that they are not primitive signs. And surely no one is going to believe brackets have an independent meaning.

∨와 ⊃ 등과 같은 논리의 사이비 관계가 ─ 진짜 관계와는 달리 ─ 괄호를 필요로 한다는 사실은 겉으로는 중요해 보이지 않아도 사실상 매우 중요하다.

이러한 겉보기의 원초적 기호의 괄호 사용은 그 자체로서 그것들이 원초적 기호가 아니라는 사실을 말한다. 또한, 누구도 괄호 자체가 독자적 의미를 갖는다고는 믿지 않을 것이다.

───────

해제   비트겐슈타인은 세계의 그림으로서의 명제 이외에 다른 어떤 실재도 없다고 믿는다. 그 명제는 물론 요소명제의 진리함수이다. ∨, ⊃ 등의 기호는 세계에 존재하지 않는다. 다시 말하지만 세계에는 ∨, ⊃ 등에 대응하는 대상^{object}이 없다. 먼저 이 기호들은 비물질적이기 때문이다. 만약 ∨, ⊃ 등이 세계 속에 있는 것이라면 그것을 괄호('$p \lor q$' 식의)로 묶을 이유가 없다. 그것이 실체를 가진 것이라면 괄호로 묶을 이유가 없다. 그냥 $p \lor q$로 기술하면 된다. "멜루와 로쪼가 짖는다."라는 문장에서 괄호로 묶어야 할 것은 없다. 문장의 요소가 모두 상징^{symbol}을 가지기 때문이다. 또한, 괄호가 그 자체로서 세계의 일부로서 ─ 사이비 기호가 아닌 ─ 진짜 기호라고는 누구도 생각하지 않을 것이다.

09:

GENERAL PRO-
POSITIONAL
FORM

일반논리형식

　　　　이 장에서 비트겐슈타인은 요소명제로부터 시작하여 모든 진리함수에 걸치는 표현을 단일한 논리형식으로 만들기 위한 기초를 놓는다. 이 논의의 결론은 6장에서 제시된 원리가 어떤 전제를 가지는가를 이야기해 나간다. 이것은 단지 전제일 뿐이다.

비트겐슈타인은 다만 여기에서 ~(negation)이 어떻게 모든 논리 상수를 대체할 수 있는가에 대해서만 말하고 있다. 여기에서 Sheffer stroke가 본격적으로 소개된다. 또한, 그는 이렇게 규정되는 '일반논리형식'으로 가기 위한 길을 닦는다.

그러기 위해서는 프레게와 러셀에 의해 원초적인primitive 것으로 지칭되어온 논리 상수들을 배제하여야 한다. 여기에서 비트겐슈타인의 요지는 명제가 존재한다는 것이 이미 모든 논리 상수를 배제하고 있다고 말한다. '(∃x).fx. x=a'라는 표현은 비트겐슈타인에게는 웃기는 과잉이다. 이것은 "어떤 x가 있는바 그 x는 f를 만족한다. 그런데 그 x는 a이다."로 읽힌다. 이것을 비트겐슈타인은 fa라는 명제하면 충분하다고 말한다. 거기에 이미 필요한 논리 상수 — 그러한 것이 있다면 — 가 있기 때문이다.

비트겐슈타인은 또한 '동일성 기호(=)'의 논리적 필요성도 부정한다. 그가 보기에 동일성 기호는 단지 대체를 의미할 뿐이다. 즉 항등식에 있어서의 하나의 표기일 뿐이다. '(∃x).fx. x = a'를 다시 보자. 여기서 'x = a'라는 표현 역시도 무의미하다. 도대체 동일성 기호에 의해 논리에 무엇이 더해지는가? 이것은 과잉이다. 만약 (a, b)가 같다면 (a, a)혹은 (b, b)로 표기하면 된다. 다르다면 (a, b)로 표현하면 된다. 여기에 동일성 기호를 끌어들일 이유가 없다. 비트겐슈타인은 누누이 단지 명제와 그 진리함수로 충분하다고 말한다. 그의 '일반논리형식'은 이것을 바탕으로 한다. 그는 논리 명제에서 다른 명제를 연역해 내는 것은 무의미하다고 말한다. 그는 대신 세계를 하나의 형식으로 규정해 낼 수 있다고 말한다.

It is clear that whatever we can say in advance about the form of all propositions, we must be able to say all at once.

An elementary proposition really contains all logical operations in itself. For 'fa' says the same thing as

'$(\exists x).fx.\ x = a$'.

Where there is composition, there is argument and function, and where these are present, we already have all the logical constants.

One could say: the one logical constant is that which all propositions, according to their nature, have in common with one another.

But that is the general propositional form.

우리가 모든 명제의 형식에 대해 '먼저' 무엇인가를 말할 수 있다면 우리는 '한꺼번에' 말할 수 있어야 한다.

모든 요소명제는 자체 내에 모든 논리적 연산을 포함한다. 왜냐하면 'fa'가 말하는 것은 '$(\exists x).fx.\ x = a$'와 같기 때문이다.

거기에 문장이 있다면 또한 독립 변수와 함수가 있는 것이며 이것들이 있다면 우리는 이미 모든 논리 상수를 지닌 것이다.

우리는 말할 수도 있다: 유일한 논리 상수는 모든 명제가 스스로의 본질에 준해 서로 간에 공유하는 것이다.

그러나 그것이 일반 논리형식이다.

———

해제　　　비트겐슈타인은 느닷없이 나타나는 논리설명들 — 러셀의

Principia Mathematica — 은 불가하다고 앞에서 말했다. 논리에 있어서 'deus ex machina'는 말도 안 된다. 논리는 정보의 문제도 물질성과 관련된 것도 아니다. 명제의 형식에 대해 미리 말할 수 있다면 그것은 전체에 걸쳐 한꺼번에 말해져야 한다. 즉 모든 명제를 예외 없이 표현할 수 있는 것이어야 한다.

예를 들면 독립 변수 a와 그것의 함수 f로 이루어진 요소명제는 이미 그 안에 모든 논리 상수를 가지고 있다. 논리 상수는 어떤 경우에 주어지고 다른 경우에는 주어지지 않는 그러한 것이 아니다. 그것은 단지 감춰져 있을 뿐이다. fa에서 f를 짖는다, a를 Arthur라는 이름의 강아지로 가정하자. fa는 "Arthur가 짖는다."가 된다. 겉으로는 간단해 보이는 이 명제도 사실은 논리 상수들을 이미 포함하고 있다.

'어떤 x가 있는 바($\exists x$), 그 x는 짖는데, 그 x는 Arthur'은 물론 '$(\exists x).fx$. $x = a$'로 표현된다.

논리 상수 $\exists$가 들어가 있다. 이것이 fa에서 감춰져 있다.

비트겐슈타인은 '유일한 논리 상수sole logical constant'에 대해 말한다. 이 논리 상수는 모든 명제가 공유하는 것이다. 즉 모든 명제에는 이 논리 상수가 하나의 이데아로서 자리 잡고 있다. 그것은 무엇인가? 그는 그것을 '일반논리형식general propositional form'이라고 부른다.

비트겐슈타인은 이 일반논리형식에 대한 구체적인 얘기를 아직 하지 않는다. 이것은 명제 5.5에서 구체적으로 나타나게 된다. 5.471, 5.4711, 5.472는 모두 이 일반논리형식의 성격에 관한 부연 설명이다.

프레게와 러셀은 각각 두 개씩의 논리 상수를 수단으로 공준이 되는 명제axiomatic proposition에서 부속이 되는 명제들을 차례로 추론할 수 있다는 가설을 세웠다. 그러나 논리 상수에 대한 비트겐슈타인의 생각은 위 두 사람의 생각과는 다르다.

1. 논리 상수는 실체를 가진 것은 아니다.

2. 논리 상수로 불릴 만한 유일한 것이 있지만 그것은 자체적으로 논리 상수의 자격을 갖는 것이 아니라 단지 일반논리형식만을 지칭하는 것이다.

3. 그것은 물론 원초적 어떤 것이라고 할만하다. 대체될 수 없으며 모든 명제가 그것으로 표현될 수 있기 때문이다.

5.473

Logic must take care of itself.

A possible sign must also be able to signify. Everything which is possible in logic is also permitted. ("Socrates is identical" means nothing because there is no property which is called "identical". The proposition is senseless because we have not made some arbitrary determination, not because the symbol is in itself unpermissible.)

In a certain sense we cannot make mistakes in logic.

논리는 스스로를 보살펴야 한다.

가능한 기호는 또한 지칭할 수 있어야 한다. 논리에 있어서 가능한 것은 또한 허용된다. ("소크라테스는 동일하다."는 명제가 아무것도 의미하지 않는 이유는 "동일하다."고 불릴만한 속성이 없기 때문이다. 그 명제는 뜻을 가지지 못한다. 그 상징(symbol)이 그 자체로 허용되지 않기 때문이 아니라 우리가 어떤 임의적 결정을 하지 않았기 때문이다.)
어떤 의미로는 우리는 논리에 있어 실패할 수가 없다.

해제　　　논리는 '닫히고 완결된closed and complete' 체계이다. 그것은 항진명제tautology의 세계이다. 논리의 세계는 그 의미를 갖기 위해 외부 세계에 눈을 기웃거릴 필요가 없다. 자체 충족적인 세계이고 '가난한(비물질적인, 비경험적인)' 세계이기 때문이다.

논리는 기호를 매개로 작동한다. 따라서 기호의 의미가 매우 중요하다. 앞에서도 누누이 말해져 온 바와 같이 기호의 존재의의는 그 지칭 대상을 갖는다는 것이다. 지칭 대상을 갖지 않는 기호는 존재 이유가 없다. 즉 sign은 signify 하지 않는 한 존재 이유가 없다.

우리의 일상적인 삶에 있어서는 가능하지만 허용되지 않는 많은 것들이 있다. 경험적empirical인 세계는 그와 같다. 살인은 가능하지만 허용되지 않는다. 그러나 논리에 이러한 것은 없다. 논리에서 가능하다는 것은 이미 그 항진적 체계 안에 자리한다는 것을 의미하고 그것으로 끝이다. 논리에 있어 허용되지 않았다면 그것은 이미 불가능했기 때문이다. "Socrates is identical. (소크라테스는 동일인이다.)"이라는 명제가 논리에서 허용되지 않는 이유는 그것이 이미 불가능한 명제이기 때문이다.

비트겐슈타인은 중세 말의 실재론realism과 유명론nominalism과의 논쟁에서 로스켈리누스, 피에르 아벨라르, 윌리엄 오컴 등이 이 명제를 통해 실재론을 논박했던 사실을 알고 있다. 동질성이 곧 '공통의 본질common nature'이라는 성 안셀무스나 토마스 아퀴나스의 실재론을 반박하기 위해 위의 명제의 맹점을 지적한다.

※ 이 부분은 이 책에서 자세히 기술하기에는 매우 복잡하다. 그러기에는 새로운 책이 필요하다. 독자가 스스로 오컴의 《논리 총서(Summa Logicae)》를 읽을 것을 권한다.

비트겐슈타인은 고유의 기호학을 통해 위 명제의 불가능함 — '허용되지 않는'과 같은 말인바 — 을 지적한다. 문제는 identical 이란 기호가 그 지칭 대상을 갖지 못한다는 사실이다. '동일한'이란 형용사는 애초에 지칭 대상을 갖지 못한다. 그것은 대체를 의미할 뿐이다. 즉 "a는 b와 동일하다."는 단지 (a, a) 혹은 (b, b)일 뿐이다.

어떤 기호가 의미를 갖기 위해서는 우리는 그 기호에 임의적인(우연적인) 대상을 묶어줘야 한다. 그러나 우리는 identical의 경우 거기에서 실패했다. 실패했다는 사실 자체가 이 명제가 뜻을 가지지 못함senseless을 의미한다. 논리는 실패할 수 없는 세계이다. 지칭 대상을 갖지 못한 지칭sign without the signified은 불가능하기 때문이다.

5.4731

Self-evidence, which Russell talked about so much, can become dispensable in logic, only because language itself prevents every logical mistake.—What makes logic a priori is the impossibility of illogical thought.

러셀이 그렇게 자주 말하는 자명성은 언어 그 자체가 모든 논리적 오류를 막는다는 단지 그 사실 때문에 논리에 있어서 쓸데없는 것이 된다고도 할 수 있다. 논리를 선험적인 것으로 만드는 것은 '비논리적 사유'의 불가능성이다.

해제　　　　논리의 선험성에 대한 비트겐슈타인의 간결하고 빛나는 통찰이 우아한 언어 위에 실려 있다.

다음과 같은 예를 들어 보자 "'$p \cdot q$'이면 'p'라는 명제는 자명하다." 우리는 이 언명에서 무엇인가 불편함을 느낀다. 불편함의 근거는 무엇인가?

"자명하다$^{\text{self-evident}}$."는 동어반복이기 때문이다. "$p \cdot q$이면 p이다." 이것으로 충분하다. 논리에 있어 자명성이나 비자명성은 없다. 논리에 있어서 가능한 것은 자명한 것이고, 자명하지 않다면 논리가 아니기 때문이다.

앞에서 다음과 같이 '말해질 수 있는 것'에 대해 말했다.

'뜻을 가진 명제$^{\text{proposition with sense}}$'가 곧 사유이며 올바른 언어는 사유에 일치하는 언어이다. illogical thought는 형용모순이다. 그것이 illogical하다면 이미 사유가 아니다. 우리 자신은 무엇인가? 우리 자신이란 논리 이외에 아무것도 아니다. 만약 illogical하다면 그것은 이미 우리 자신이 아니다. illogical한 세계가 불가능한 것처럼 illogical한 사유도 불가능하다. 말해질 수 있는 세계는 논리 명제를 뼈대로 한다.

5.4732

We cannot give a sign the wrong sense.

우리는 기호에 잘못된(틀린) 뜻을 부여할 수 없다.

해제　　　　그렇다면 잘못된 뜻을 부여받은 기호는 없는가? 없다. 있다면 그것은 이미 기호가 아니다. 존재하지 않는 것이기 때문이다. 그럼에도 그것

이 존재한다면 그것을 존재시킨 사람들에게 어떤 문제가 있기 때문이다.

5.47321

Occam's razor is, of course, not an arbitrary rule nor one justified by its practical success. It simply says that unnecessary elements in a symbolism mean nothing.

Signs which serve one purpose are logically equivalent, signs which serve no purpose are logically meaningless.

오컴의 면도날은 임의적인 원칙도 아니고 그 현실적 성공에 의해 정당화될 원칙도 아니다. 그것은 단지 기호 체계에 있어 불필요한 요소들은 아무것도 의미하지 않는다는 사실을 의미한다.

하나의 목적에 봉사하는 기호들은 논리적으로 동일하며 어떤 목적에도 봉사하지 않는 기호들은 논리적으로 무의미하다.

———

해제 비트겐슈타인은 원칙rule, 법칙law, 원리principle 등에 대한 믿음을 모두 미신으로 치부한다. 세계는 우연이다. 따라서 거기에 있는 것은 임의적인 것들뿐이다.

그는 오컴의 금언(면도날) 역시도 임의적인 것이 아니라는 문제를 지니고 있다고 말한다. 그것이 사람들에 의해 아무리 많이 회자된다고 해도 이 사실을 부정할 수는 없다. 오컴의 면도날은 단지 "어떤 기호가 필요 없으면 의미 없다."라는 사실을 말할 뿐이다. 또한, 비트겐슈타인은 "개별자만이 존재한다."라는 사실을 brilliant하게 자기 기호학에 준해 설명해 나간다.

먼저 오컴의 면도날은 보편자universalia 혹은 공통의 본질common nature을 잘라내기 위해 작동한다. 비트겐슈타인은 보편자를 지칭하는 기호[sign]는 불필요하다고 말한다. 왜냐하면, 여러 개의 상징을 지칭하는 하나의 기호는 쓸모없기 때문이다.

'배'라는 기호를 예로 들자. 그것은 사실 페어[pear], 쉽[ship], 벨리[belly]라는 세 개의 상징을 지칭하는 공통의 기호이다. 그러나 각각의 상징이 페어, 쉽, 벨리라는 고유의 기호를 갖는다고 가정하면 '배'라는 공통의 기호는 쓸모없어지게 된다. 공통의 본질을 가정하는 기호는 이렇게 잘려나간다.

물론 하나의 상징에 대해 여러 기호가 있을 수 있다. 하나의 강아지가 두 개의 이름을 가질 수 있다. '멜루'라는 본래 이름과 '멜로디'라는 애칭을. 이때 두 개의 기호라고 해서 두 개의 상징을 갖지는 않는다. 이 두 개의 기호는 하나의 목적[one propose]을 향하는바, 이 두 개는 결국 논리적으로 하나일 뿐이다. 반대로 지칭 대상, 즉 목적을 갖지 않는 기호는 쓸모없게 된다.

5.5

Every truth-function is a result of the successive application of the operation$(- - - - - T)(\xi, ...)$ to elementary propositions.

This operation denies all the propositions in the right-hand bracket and I call it the negation of these propositions.

모든 진리함수는 $(- - - - -T)(\xi, ...)$의 연산을 계속해서 요소명제에 가한 결과이다.

이 연산은 오른쪽 괄호에 있는 모든 명제를 부정하는 것이다. 나는 이것을 이 명제들의 부정(negation)이라고 칭하겠다.

해제　　　비트겐슈타인은 《논고》에서 가장 어렵다는 부분에 육박하기 시작한다. 먼저 $(-----T)(\xi,.....)$의 수학적 정의를 살펴보자. 이 수학적 표기^{notation}는 5.101항을 참고하면 무엇인지 알 수 있다.

여기에서 (p, q)를 어떤 종류의 연산이라고 가정했을 때 모든 연산의 종류는 16개가 된다. 만약 (p, q, r)이라는 요소명제를 가정하면 256개가 된다. 이 경우의 수는 (p, q)와 (p, q, r)의 연산을 일일이 열거해서보다는 왼쪽의 진리근거$^{truth\text{-}ground}$의 숫자를 계산해서 곧 얻어질 수 있다.

2개일 경우는 $\sum_{\nu=0}^{4} {}_4C_\nu$ 이고 3개일 경우에는 $\sum_{\nu=0}^{8} {}_8C_\nu$ 개 이다. 이것과 관련해서는 앞에서 자세히 설명했다.

이제 p, q 두 개의 명제를 가정하자. 이때 $(F\,F\,F\,T)(p, q)$의 경우는 $\sim p \cdot \sim q$의 경우이다. 이때 F를 단지 $\cdot$으로 표현한다면 다시 $(\cdot\,\cdot\,\cdot\,T)$ (p, q)는 곧 $\sim p \cdot \sim q$를 의미한다. 만약 p, q, r 세 개의 명제라면 $(\cdot\,\cdot\,\cdot\,\cdot\,\cdot\,\cdot\,\cdot\,T)(p, q, r)$이다. 따라서 $(-----T)(\xi,.....)$은 $\sim\xi_1 \cdot \sim \xi_2 \cdot \sim\xi_3,\, ...$로 정의된다.

5.501

When a bracketed expression has propositions as its terms — and the order of the terms inside the brackets is indifferent — then I indicate it by a sign of the form '$(\bar{\xi})$'. 'ξ' is a variable whose values are terms of the bracketed expression and the bar over the variable indicates that it

is the representative of all its values in the brackets.

(E.g. if '(ξ)' has the three values P, Q, R, then ($\bar{\xi}$) = (P, Q, R).)

괄호 속의 표현(expression)이 명제들을 그 항목으로 할 때 — 그리고 괄호 안의 항목의 순서들은 상관없을 때 — 나는 그것을 '($\bar{\xi}$)'의 형식의 기호로 지칭하겠다. 'ξ'는 괄호 안의 표현의 항목을 값으로 하는 변수이고 그 변수 위의 바($^-$)는 ξ이 괄호 속의 모든 값의 대표임을 나타낸다.

(예를 들면 ξ가 세 값 P, Q, R을 가진다면 '($\bar{\xi}$)' = (P, Q, R)이다.)

———

해제　　　이것은 새롭게 도입되는 'ξ'와 '(ξ)'에 대한 정의이다. 'ξ'는 한마디로 명제를 그 값으로 하는 변수이다. 즉 'ξ'는 P도 Q도 R도 될 수 있다. 위에 bar($^-$)를 가지는 변수, 즉 $\bar{\xi}$ 는 모든 상숫값을 다 가지는 변수이다. 즉 'ξ'가 단지 선택되는 상숫값을 가질 수 있는 반면에 ($\bar{\xi}$)는 ξ가 가질 수 있는 모든 상숫값을 한꺼번에 가진다.

5.502

So instead of '(— — — — — T)(ξ,......) ', I write '$N($ $\bar{\xi}$)'.

$N($ $\bar{\xi}$) is the negation of all the values of the propositional value ξ.

따라서 나는 (— — — — — T)(ξ,......)' 대신에 '$N($ $\bar{\xi}$)'라고 쓰겠다.

$N($ $\bar{\xi}$)는 명제값 ξ의 모든 값의 부정이다.

———

해제　　　$(\cdot \ \cdot \ \cdot \ \mathrm{T})(p, q) = \sim p \cdot \sim q$

$$(\cdots\cdots T)(p, q, r) = \sim p \cdot \sim q \cdot \sim r$$

등이다.

또한 $N(\bar{\xi}) = \sim\xi_1 \cdot \sim\xi_2 \cdot \sim\xi_3, \ldots\ldots$로 정의된다.

비트겐슈타인은 이러한 'not and^nand'의 양식으로 일반적인 논리형식을 구축할 수 있다고 생각한다.

이것이 어떻게 가능한가?

앞에 5.5에서도 $(-----T)(\xi, \ldots\ldots)$의 연속적인 적용^successive application으로 모든 진리함수를 표현할 수 있다고 말한다.

5.512

'$\sim p$' is true if 'p' is false. Therefore, in the proposition '$\sim p$', when it is true, 'p' is a false proposition. How then can the stroke '$\sim$' make it agree with reality?

But in '$\sim p$' it is not '$\sim$' that negates, it is rather what is common to all the signs of this notation that negate p.

'p'가 거짓이라면 '$\sim p$'는 참이다. 따라서 '$\sim p$'라는 명제에 있어 그것이 참이라면 'p'는 거짓 명제가 된다. 그렇다면 어떻게 '$\sim$'이라는 스트로크가 그것을 실재에 일치시킬 수 있겠는가? 그러나 '$\sim p$'에 있어서 부정하는 것은 '$\sim$'이 아니라 이 표기법의 모든 기호에 공통되는 무엇 인가이다.

해제 　　비트겐슈타인은 '$\sim$'을 사용하여 전체 세계를 표상하는 시스 템을 구성하고자 한다. 이것은 명제 6에서 대담하게 표현된다. 그는 먼저 어떻게 '∼'이 전체 세계를 표상하기 위한 주요 기호로 사용될 수 있는가를 밝힌다.

비트겐슈타인은 '∼'은 그 자체로 실재를 가지지 않는다는 사실을 앞에서 부터 누누이 말하고 있다. 만약 '∼'가 어떤 실재에 대응하는 기호라면 '∼p', '∼∼∼p', '∼∼∼∼∼p' 등은 서로 달라야 한다. 그러나 이 세 개의 명제는 사실은 같은 것이다. 'p'와 '∼p'의 차이는 단지 동일한 명제 p에 대한 서로 반대되는 뜻을 가진다는 데에 있을 뿐이다.

5.5151

Must the sign of a negative proposition be constructed with that of the proposition? Why should it not be possible to express a negative proposition by means of a negative fact? (E.g. suppose that 'a' does not stand in a certain relation to 'b'; then this might be used to say that aRb was not the case.)

But really even in this case the negative proposition is constructed by an indirect use of the positive.

The positive proposition necessarily presupposes the existence of the negative proposition and vice versa.

부정 명제의 기호는 긍정 명제의 기호와 더불어 구축되어야만 하는가? 왜 부정적 사실에 의해 부정 명제를 표현하는 것이 가능하지 않은가? (예를 들어 'a'는 'b'와 어떤 관계에 처하지 않는다는 사실이: aRb는 사례가 아니다 등으로)

그러나 정말이지 이 경우에도 부정 명제는 긍정 명제의 간접적 사용에 의해 구축된다.

긍정 명제는 필연적으로 부정 명제의 존재를 가정하고 또한 그 역도 사실이다.

해제　　　비존립은 존립을 전제로 한다. 만약 우리가 "비가 오지 않는다."라는 명제를 살펴본다면 이것은 "∼(비가 온다)"의 꼴로 되어 있다는 것을 곧 알 수 있다. 만약 어떤 명제에 그 부정^{negation}이 없다면 그 명제는 뜻^{sense}을 가질 수 없다. 왜냐하면, 모든 명제는 '어떤 것'인가의 존립 혹은 비존립을 가정하기 때문이다. 존립이 가정되지 않은 것으로서의 '어떤 것'은 없다.

　　이 점에 있어 비존립은 존립에 의존한다. 물론 비존립이 존립을 이미 요청하고 있다는 점에서는 존립도 비존립에 의존한다. 비존립이 없다면 존립도 없기 때문이다. "a와 b는 어떤 관계에 처하지 않는다."라는 명제를 가정하자. 우리는 이것을 "∼(a와 b는 어떤 관계에 처한다)"로 표현하게 된다. 즉 'aRb'라는 기호를 생각하고는 '∼(aRb)'라고 표현하게 된다. 비존립을 표현하기 위해 존립을 표현한다.

5.52

If ξ has as its values all the values of a function fx for all values of x, then, $N(\bar{\xi}) = \sim(\exists x).\, fx$.

만약 ξ가 그 값으로 x의 모든 값에 대한 fx의 모든 값을 가진다면 $N(\bar{\xi}) = \sim(\exists x).\, fx$ 이다.

해제　　　비트겐슈타인은 지금 프레게와 러셀이 구축해 놓은 논리 상

수의 세계를 단일한 것, 즉 ~으로 표현하려 하고 있다. 러셀은 "모든 x에 대하여 fx가 아니다"를 '$x. \sim fx$' 혹은 '$\sim (\exists x). fx$'로 표현한다. 전자의 경우 $\sim fa \cdot \sim fb \cdot \sim fc \ldots$ 이고 후자의 경우 $\sim (fa \lor fb \lor fc\ldots)$이다. 물론 둘은 같다.

비트겐슈타인은 이 복잡한 표현을 간단히 $N(\bar{\xi})$으로 환원시킨다. 이것은 물론 앞에서도 말한 바와 같이 $\sim \xi_1 \cdot \sim \xi_2 \cdot \sim \xi_3 \ldots$ 이다. 러셀의 경우 $x.fx.$는 "모든 x에 대하여"가 가정되고 $\sim (\exists x).fx$의 경우에는 어떤 x에 대하여가 가정된다. 비트겐슈타인은 all과 certain이라는 두 개의 quantifier를 쓸모없는 것으로 만들어 버린다. 연속된 부정negation이 이것을 가능하게 한다.

5.53

Identity of the object I express by identity of the sign and not by means of a sign of identity. Difference of the objects by difference of the signs.

대상의 동일성을 나는 동일성 기호로 나타내지 않고 (대상의) 기호의 동일함으로 나타낸다. (또한) 대상의 상이함은 (대상의) 기호의 상이함으로 나타낸다.

───────

해제   비트겐슈타인은 5.53에서 5.5352에 이르기까지 매우 많은 내용을 동일성identity의 성격에 관한 설명에 할애한다. 동일성이라는 것이 철학에서 왜 그렇게 중요한가? 이 문제는 역시 보통명사(이데아, 개념, 공통의 본질, 보편자)와 자연과학의 법칙에 관련되어 있기 때문이다.

비트겐슈타인의 주장은 매우 간단하다. 동일성 기호(이를테면 '='과 같은)가 어떤 마법을 가지지는 않는다는 것이다. 다시 말하면 동일성 기호가 동일하다고 얘기되는 두 대상의 새로운 공통의 성격을 부여하지는 않는다는 것이다. 비트겐슈타인은 두 개의 대상이 같다면 같은 기호로, 다르다면 다른 기호로 나타내면 끝이라고 말한다. 이 말의 구체적인 적용은 다음에 서서히 나타난다.

5.5301

It is self-evident that identity is not a relation between objects. This becomes very clear if one considers, for example, the proposition '(x): $fx. \supset . x = a$'. What this proposition says is simply that only a satisfies the function f, and not that only things that have a certain relation to a satisfy the function f.

동일성이 대상 간의 관계가 아닌 것은 분명하다. 이것은 우리가 '(x): $fx. \supset . x = a$'라는 명제를 생각하면 분명해진다. 이 명제가 의미하는 것은 단지 a가 함수 f를 만족한다는 것이지 a와 어떤 관계를 맺은 대상들만이 f를 만족시킨다는 것이 아니다.

해제   오컴은 "만약 관계라는 것이 있다면 신이 이미 그것을 만들었을 것이다."라고 말한다. 이 말은 대상 간의 관계relation는 없다는 언명이다. 존재하는 모든 것은 개별자로서 존재한다. 따라서 우리가 무엇들인가를 서로 같다고 한다면 그것은 단지 하나를 여러 번 언급한 것에 지나지 않는다. 개별자는 서로 다르다. 비트겐슈타인은 "헤겔은 서로 다르게 보이는 사물들을 같은 것으로 말하기를 항상 원하는 것처럼 내게 보인다. 반면에 나의 관심사는 같은 것으로 보이는 사물들이 사실은 다른 것이라는 것을 보이는 것

이다."라고 말한다.

비트겐슈타인은 모든 경험론자들과 마찬가지로 대상과 대상을 같은 것으로 만드는 '마법적인' 관계는 없다고 말한다. 하나는 하나이고 다수는 다수이다. '관계' 같은 것은 없다. 비트겐슈타인은 함수로 그의 논증을 해나간다. f를 '짖는다'로 a를 Meloo(개의 이름)으로 정의하자. "f를 만족시키는 x가 있는바 그 x는 a이다."라고 하자. 이 모든 것은 면도날에 잘려나가야 할 것들이다. 이것은 간단히 fa라고 말해질 뿐이다. "f를 만족시키는 x가 있는바 그 x는 a와 같다는 관계를 가진다." 등등은 모두 쓸모없는 것에 지나지 않는다. 이것이 또한 오컴의 면도날이다.

5.5303

Roughly speaking, to say of two things that they are identical is nonsense, and to say of one thing that it is identical with itself is to say nothing at all.

대충 말해서 두 개의 사물에 대해 그것들이 같다고 말하는 것은 난센스이며, 하나의 사물이 스스로와 같다고 말하는 것은 아무것도 말하지 않는 것이다.

해제 비트겐슈타인은 또다시 실재론을 공격하고 있다. 비트겐슈타인은 실재론(합리론도 역시)은 서로라는 대상을 같다고 말하는 문제를 가지고 있다고 생각한다. 예를 들어보자. 여기에 '장미'라는 보통명사가 있다가 하자. 이것은 개별적 장미들이 어떤 점에서 '같다'는 전제하에 주조된 단어이다. 비트겐슈타인은 그러한 것은 없다고 생각한다. 개별적 장미들은 각각 서

로 다른 존재들이다. 그것들을 하나로 묶을 근거가 없다. 만약 그것을 굳이 하나의 보통명사로 묶어 말한다면 그것은 경험적 개념concept proper, empirical concept으로서일 뿐이다. 그것은 선험적인 것은 아니다.

이러한 결론은 기독교와 관련하여 심각한 문제를 야기한다. 기독교의 존재 근거는 '신이며 인간'인 예수에 기초한다. 즉 성부와 성자는 다르면서 동시에 하나여야 한다. 경험론에 의하면 다르며 하나인 것은 없다. 다른 것은 개별자이고 같은 것은 하나일 뿐이다.

5.531

I write therefore not "$f(a, b), a = b$" but "$f(a, a)$" (or "$f(b, b)$"). And not "$f(a, b), \sim a = b$", but "$f(a, b)$".

따라서 나는 "$f(a, b), a = b$"라고 표기하는 대신 "$f(a, a)$" (혹은 "$f(b, b)$")라고 표기하고, "$f(a, b), \sim a = b$" 대신에 "$f(a, b)$"라고 표기한다.

————

해제　　　비트겐슈타인은 한 개의 기호sign가 여러 개의 상징에 적용되어서는 안 된다고 말한다.(그 반대는 논리적 오류는 아니다.) 그렇다면 같을 경우 같은 기호를 쓰면 되고 다를 때에는 다른 기호를 쓰면 된다. 만약 a와 b가 같다고 하자. 이 경우 "$f(a, b)$인데 $a = b$이다."라고 말하는 것은 논리적 오류의 위험이 있다. a와 b는 원래 별개의 것이었는데 "="에 의해 같게 되었다는. 따라서 a와 b가 같다면 $f(a, a)$, 혹은 $f(b, b)$라고 써야 한다.

예를 들자. 나의 강아지의 이름은 'Meloo'이다. 어느 날 뛰어다니는 모습이 매우 melodious 하여 'Melody'라는 이름을 또 하나 붙여 줬다고 하자.

f를 "짖는다."는 함수로 보자. 그리고 'Meloo'를 o로 'Melody'를 d로 표기한다고 하자. "멜루(혹은 멜로디)는 짖는다."라는 명제를 생각하자. "$f(o, d)$. $o=d$"라고 표기할 것인가? 이것은 다음과 같이 읽힌다. "멜루는 짖는다. 멜로디는 짖는다. 멜루는 멜로디와 같다." 이것은 마치 두 마리의 개가 각각 짖는 데 그것은 동일성 기호(=)에 의해 같은 개가 되는 것과 같다. 이에 대해 비트겐슈타인은 간단히 $f(o, o)$ 혹은 $f(d, d)$로 표현하라고 한다. 즉 멜루(혹은 멜로디)가 짖는 것이다.

만약 우리가 'a, b'로 표기한다면 그것은 이미 서로 다른 것이다. '$\sim a=b$' 식의 표기로 상황을 복잡하게 만들 필요가 없다.

'a, b'의 표기가 이미 a와 b가 서로 다르다는 사실을 말하고 있기 때문이다.

5.533

The identity sign is therefore not an essential constituent of logical notation.

따라서 동일성 기호는 논리적 표기에 있어 불가결한 요소는 아니다.

───────

해제   동일성 기호(우리가 보통 이퀄이라고 부르는)는 논리적으로 불가결한 것은 아니다. 오히려 동일성 기호에 의해 존재하지도 않는 관계를 끌어들일 위험만 있다. 동일성 기호가 필요 없다는 것은(즉 동일성 기호에 면도날을 작동시키는 것은) '세계는 우연'이며 "존재하는 것은 그대로 존재하고 발생하는 것은 그대로 발생한다."는 것을 의미한다.

동일성 기호가 없다면 하나의 존재가 다른 하나의 존재를 필연적으로 요구할 수는 없다. 각각의 존재는 우연히 거기 있는 것이다. 또한, 인과율도 가능해지지 않는다. 다음과 같은 언명을 생각하자. "두 물체 사이에는 끄는 힘이 있다." 이것은 (두 물체 사이)⊃(끄는 힘)으로 표현할 수 있다. 즉 "a이면 b이다."의 형식이다. ⊃ 기호에는 동일성 기호 (=)가 숨어있다. 그러나 비트겐슈타인은 이러한 것은 없다고 말한다. 단지 두 물체가 있고, 끄는 힘이 있을 뿐이다. 이 둘 사이에선 어떤 추론 관계가 성립할 수 없다.

비트겐슈타인이 동일성 기호를 부정한다는 것은 따라서 보통명사(혹은 보통개념)와 인과율을 동시에 부정한다는 것을 말한다. 비트겐슈타인은 과거에 데이비드 흄이 누누이 말한 것을 기호학으로 말한다.

10:
THE
WORLD
& I

세계와 나

이 장에서는 '자아^{self}'에 대한 탐구를 해나간다. '자아'에 대한
비트겐슈타인의 정의는 간결하고 날카롭다.

"거기에 형이상학적 자아^{metaphysical subject}라고 할 만한 것은 없다. 있는
것은 세계 뿐이다."

그렇다면 우리가 자아라고 말해온 것은 무엇인가? 그는 그것은 자신을
물들이는 감각이라고 말한다. 물론 이것은 그의 기호학이 내놓은 결론이다.
그는 "A says P is the case."라는 언명을 예로 들며 말한다. 'A'는 단지 'P'
라는 사례에 물든 감각 인식에 지나지 않는다. 따라서 이것은 "P says P."이
다.

세계는 진리함수이다. 주체와 대상이 동일한 자격으로 공존해 있을 수
없다. 'A'라는 기호에 대응하는 상징^{symbol}은 세계 내에 없다. 또한, 그러한
것이 있다 해도 대상은 명제와 같은 자격으로 존립할 수는 없다.

이러한 전제에서 자아에 대한 그의 정의는 매우 유명하다. 먼저 그는
"내가 나의 세계이다." 혹은 "나의 언어의 한계가 나의 세계의 한계이다." 등
의 언급을 통해 '유아론^{solipsism}'을 주장한다. 여기에 형이상학적 '나'는 없다.
단지 '나의 언어', '나의 세계'가 있을 뿐이다. '세계에서 독립한 나' 혹은 내가
주장하는 '모두의 세계' 혹은 '우리의 세계' 같은 것은 없다. 세계를 관통하여
우리 모두를 참여시키는 형이상학이나 과학은 없다. 왜냐하면, 이것의 담당
자인 주체(나)가 없기 때문이다. 우리는 모두 각각 세계에 편재한다. 누구도
세계에서 독립하여 세계를 종합하거나 판단할 수 없다. 우리는 사슴이나 소
나무가 자연의 일부이듯이 자연의 일부이다. 나는 나의 감각 인식이다. 그
감각 인식은 세계에 편재한다. 나는 세계에 소멸한다.

In the general propositional form, propositions occur in a proposition only as bases of the truth-operations.

일반적인 명제 형식에 있어 명제들은 단지 진리연산의 토대로서 명제 속에서 나타난다.

해제   비트겐슈타인은 명제의 존재는 두 가지 경우 외에는 없다고 말한다. 하나는 요소명제^{elementary propositions}의 경우이다. 이때 이 명제들은 원인 중의 원인이며 토대 중의 토대이다. 요소명제들은 그 자체가 스스로의 함수이다. 모든 것의 토대이기 때문이다. 다른 하나의 경우는 일반적인 명제의 경우이다. 이 경우에는 이 일반적인 명제들은 모두 다른 명제들을 진리연산의 토대로 삼게 된다.

예를 들어 p, q의 명제가 있고 R이라는 명제가 있다. 이때 R은 $p \wedge q$라는 명제라고 하자. 그렇다면 p와 q는 R이라는 명제의 토대를 이룬다. 이것이 비트겐슈타인이 말하는 "진리연산의 토대"이다.

이 두 경우 이외에 다른 형식이나 성격으로서의 명제의 존재는 없다. 즉 모든 명제는 요소명제거나 그것을 기반으로 한 진리 연산의 결과로서의 (일반적인) 명제이거나이다.

At first sight it looks as if it were also possible for one proposition to occur in another in a different way.

Particularly with certain forms of proposition in psychology, such as 'A believes that p is the case' and A has the thought p', etc.

For if these are considered superficially, it looks as if the proposition p stood in some kind of relation to an object A.

얼핏 보면 하나의 명제가 다른 하나의 명제 속에 이와는 다른 양식으로 발생하는 것이 또한 가능한 것처럼 보인다.

특히 심리적 경우의 명제 형식, 예를 들면 "'A는 p가 사례이다'라고 믿는다."라거나 "A는 p라는 생각을 가진다." 등등과 같은.

왜냐하면, 이것들이 피상적으로 고려되었을 때에는 명제 p가 대상 A와 어떤 종류의 관계 속에 있는 것처럼 보이기 때문이다.

해제 비트겐슈타인은 명제의 존립은(앞에서도 말한 바와 같이) 진리 함수 이외의 다른 어떤 것으로도 가능하지 않다는 입장을 견지한다. 하나의 명제를 분석하면 그 하위의 명제들의 존립으로 결론지어진다. 즉 명제들은 서로 병치되어 존재한다. 이 이외에 다른 양식의 명제의 존립은 없다. 그러나 어떤 경우 특이한 양식으로 명제가 존립하는 것으로 보이는 경우가 있다. 이것은 우리가 문법적으로 '복문complex sentence'이라고 알고 있는 문장에서 발생한다. "A는 비가 온다고 믿는다."라는 문장을 생각해 보자. 이것은 'A'라는 대상과 "비가 온다."라는 명제가 "믿는다."라는 특수한 관계를 맺고 있는 것으로 보인다. 즉 대상과 명제가 어떤 종류의 관계를 맺고 있는 것으로 보인다. 만약 이러한 것이 가능하다면 "모든 명제는 진리 함수에 의해 존립한다."는 비트겐슈타인의 가설은 무너진다.

대상은 명제 속에서 대등한 자격을 가진 채로 병렬해 있어야 한다. 대상과 명제가 대등한 자격으로 마주 볼 수는 없다.

이것은 어떠한 것인가? 그 답은 다음 항에서 제시된다.

5.542

It is clear, however, that 'A believes that p', 'A has the thought p', and 'A says p' are of the form '"p" says p': and this does not involve a correlation of a fact with an object, but rather the correlation of facts by means of the correlation of their objects.

그러나 'A는 p를 믿는다.', 'A는 p를 생각한다.', 'A는 p를 말한다.' 등은 모두 '"p"는 p를 말한다.'의 형식이다. 그리고 이것은 사실과 대상의 연계가 아니라 그것들이 지닌 대상 간의 연계에 의한 사실의 연계를 의미한다.

해제   이 부분은 "자아self"라는 것에 대한 비트겐슈타인의 논리적 고찰을 포함하는 매우 중요한 언명이다. "John은 비가 온다고 믿는다."라는 언명을 예로 들어 보자. 이것은 가능하며 따라서 유의미한 언명인가? 이것이 하나의 명제가 될 수 있는가? 이 언명의 독특성은 앞에서도 말한 바와 같이 명제와 명제가 서로 병치되어 진리함수를 이루는 것이 아니라 대상 A(John)가 명제 p(비가 온다.)와 서로 조합을 이루고 있다는 사실에 있다. 이것은 물론 비트겐슈타인의 진리함수이론truth-function theory에 비추어 모순이다.

이 문장은 가능하다. 그러나 일반적으로 생각되는 바와 같이 대상 A와 명제 p의 상호 조합correlation에 의해서는 아니다. 왜냐하면, 여기에 대상은 없기 때문이다. 다시 말하면 A는 대상이 아니기 때문이다. 만약 A가 무엇인가를 말한다면 — 그것은 사실은 A가 무엇인가를 인지하는 것인바 — A는 말하는 그 상황 이외에는 아무것도 아니기 때문이다. "John은 비가 온다고 말한다.^{John says it rains}"고 할 때 John은 하나의 대상^{object}은 아니다. 다시 말하면 그것은 원초적인 것으로서의 대상은 아니다. 이때의 John은 단지 "it rains" 이외에 아무것도 아니다. 거기에 사례를 주시하거나 종합하거나 판단하는 것으로서의 대상(여기서는 John)은 없다. 만약 John이 "it rains."라고 말한다면 이때 John이란 없는 것이거나 있다면 "it rains."만이 있게 된다. 거기에는 단지 감각 인식만이, 즉 사실^{fact}만이 있다.

따라서 "A says p"라는 언명은 "p says p"라는 언명과 같아진다. 굳이 A를 가정한다면 그 A는 p에 의해 물든 것으로서의 감각 인식 이외에 다른 어떤 것도 아니다.

5.5421

This shows too that there is no such thing as the soul — the subject, etc. — as it is conceived in the superficial psychology of the present day.

Indeed a composite soul would no longer be a soul.

이것은 또한 오늘날의 피상적 심리학에서 가정되는 바와 같은 영혼(soul) — 혹은 주체 등 — 과 같은 것은 없다는 사실을 보인다.

복합적 영혼은 더 이상 영혼일 수 없다.

우리는 먼저 전통적으로 철학자들에 의해 영혼^{soul}이라는 것이 어떻게 정의되어 왔느냐는 사실을 명확히 해야 한다. 철학자들은 영혼을 주체^{subject}와 같은 의미로 사용한다. 우리 각각은 스스로에 대해 하나의 주체이며 그 주체는 단일하고 불변하고 불가분이다. 그 주체는 우리가 겪는 모든 경험의 종합자이고 따라서 세계에 대해 독립적이다. 즉 우리는 주체에 의해 세계 전체와 대립적 입장에 선다. 우리는 물론 물리적으로 우주의 일부이다. 그러나 우리의 단일하고 견고한 영혼은 우주와 대면하여 설 수 있다.

이때의 영혼은 단일해야 한다. 만약 그것이 단일하지 않다면 그것이 영혼일 수는 없다. 왜냐하면 복합적^{composite}인 것은 영혼이 될 수 없기 때문이다. "내"가 어떻게 단일한 것이 아닐 수 있겠는가? 우리 각각은 한결같아야 한다. 만약 복합적이라면 그것은 정신분열이다. 그러나 감각 인식은 복합적인 사실들일 뿐이다. 거기에 단일함은 없다.

"주체^{subject}"라고 보통 말해져 온 것은 사실은 환상이다. 거기에는 감각의 집합만이 있을 뿐이다. 따라서 "A says p"라고 할 때 A는 단지 A를 물들이는 p라는 사례 이외에 아무것도 아니다. 따라서 위의 언명은 "p says p"가 되고 이것은 다시 "$p = p$"가 된다. 이때 앞에서 말한 바와 같이 동일성 기호는 불필요하다. 따라서 거기에는 명제(사례) p만이 남는다. 이것이 "A says p"의 의미이다.

5.55

We now have to answer a priori the question about all

the possible forms of elementary propositions.

Elementary propositions consist of names. Since, however, we are unable to give the number of names with different meanings, we are also unable to give the composition of elementary propositions.

이제 우리는 모든 가능한 형식의 요소명제에 대한 선험적 답변을 해야 한다.

요소명제는 이름으로 구성된다. 그러나 여러 다른 의미를 지닌 여러 다른 이름을 제시할 수 없으므로 우리는 또한 요소명제의 구성을 제시할 수 없다.

──────

해제　　누군가가 비트겐슈타인에게 "이름과 요소명제의 예를 들어줄 수 있습니까?"라고 질문을 했을 때 비트겐슈타인은 시큰둥하게 "나는 단지 논리학자라서.(예를 들 수 없습니다)"라고 말한다. 이 대화는 《논고》와 관련하여 상당히 중요한 의미를 지닌다. 우리는 소립자의 예를 들 수 없다. 그러나 그것이 존재해야만 한다는 사실을 안다. 즉 소립자의 존재는 경험적인 것이 아니라 선험적(논리적)인 것이다. 현재의 물리적 세계가 존재한다면 그것은 소립자의 존재를 가정한다. 그러나 우리는 그 소립자가 무엇인지 모른다. 현재 그것을 향한 (희망 없는) 분석을 하고 있을 뿐이다.

　　비트겐슈타인은 5.55에서 가능한 요소명제의 형식에 대해 "선험적으로" 답변해야 한다고 말한다. 우리는 요소명제의 형식을 경험적empirical으로 알 수는 없기 때문이다. 결국, 이름과 그 이름으로 구성되는 요소명제는 논리의 문제이고 논리는 선험적인 것이다.

　　우리는 이름을 열거할 수 없다. 따라서 그 이름들로 구성되는 요소명제의 형식을 설명할 수는 없다. 우리는 단지 거기에 세계의 형식에 준하는 요소명제의 형식이 있다는 사실을 알 뿐이다. 요소명제의 형식은 세계의 형식이고 세계의 형식은 논리의 문제이다. 그런데 논리는 선험적이다.

5.551

Our fundamental principle is that whenever a question can be decided by logic at all it must be possible to decide it without more ado.

(And if we get into a situation where we need to answer such a problem by looking at the world, this shows that we are on a fundamentally wrong track.)

우리의 기본적 원칙은 어떤 질문이 논리에 의해 해결된다면 그 질문을 다른 어떤 시끄러움 없이 해결하는 것이 가능해야 한다는 것이다.

(그리고 만약 우리가 세계를 바라봄에 의해 그러한 질문에 답변해야 하는 상황에 처한다면 이것은 우리가 기본적으로 잘못된 길 위에 있다는 사실을 보인다.)

해제   두 개의 언명을 예로 들어보자.

1. "비가 내린다."

2. "자주색이 내린다."

우리는 1번은 가능하지만 2번은 불가능한 문장이라고 말할 것이다. 그렇다면 당연히 다음과 같이 사실이 물어져야 한다. 왜 1번은 가능하고 2번은 가능하지 않은가? 여기에 대해 우리는 1번은 말이 되지만 2번은 말이 되지 않는다^{nonsensical}고 대답할 것이다. 자, 이제 한 걸음 더 나아가자. "말이 된다."고 말할 때 그것이 정확히 의미하는 바는 무엇인가?

논의의 결론은 다음과 같다. 논리에 대해 그 이유를 물을 수는 없다. "비가 내린다."는 논리적으로 가능한 명제이다. 왜? 여기에 이유는 없다. 답변을 할 수 없는 질문을 하면 안 된다. 논리는 탐구의 종점이며 탐구의 지표이다.

만약 무엇인가가 논리에 의해 가능하다면 그것은 선험적으로 가능한 것이다. 따라서 논리적으로 옳다면 거기에 대해 새롭게 혹은 "시끄럽게^{with ado}" 덧붙일 것은 없다. 그것으로 끝이다.

(논리상의 문제는 경험에 의해 결정될 수는 없는 것이다. 만약 우리가 세계를 바라보며 거기에서의 정보를 수집하여 어떤 것은 논리적으로 옳고 어떤 것은 논리적으로 그르다는 결론을 내린다면 우리의 탐구는 완전히 길을 잃은 것이다. 논리는 세계를 바라봄에 의해 얻어지는 것이 아니다. 선험적인 것이기 때문이다.)

5.552

The "experience" which we need to understand logic is not that such and such is the case, but that something is; but the 'is' is not an experience.

Logic precedes every experience — that something is so.

It is before the How, not before the What.

논리를 이해하기 위해 우리가 필요로 하는 "경험"은 어떠어떠한 사례가 있다는 것이 아니라 무엇인가가 있다는 것이다. 그리고 그것은 경험적인 것은 아니다.

논리는 모든 경험에 앞선다 ― 즉 어떠한 것이 그러하다이다.

그것은 '어떻게'에 앞선다. '무엇을'에 앞서지 않는다.

비트겐슈타인은 앞선 논증에 대한 부연 설명을 해나간다. 여기에서도 그는 계속 논리는 경험의 문제는 아니라는 사실을 말하고 있다. 논리를 알기 위해 어떠어떠한 사례를 알고 이해할 필요는 없다. 논리는 단지 거기에 있는 그 무엇이고 우리를 물들이고 있는 그 무엇이고 또한 세계에 팽배pervade한 것이고 궁극적으로는 우리 자신인 것이기 때문이다. 비트겐슈타인은 그것을 "is"라고 말한다. 여기에서 "is"는 존재를 말하는 것이 아니다. 무엇인지 모르지만, 아무튼 어겨서는 안 되는 어떤 법칙을 말하고 있을 뿐이다. 그리고 그것은 경험하는 것이 아니라 이미 우리를 물들이고 있는 것이다.

과학은 '무엇을'에 대해 연구하지 않는다. 가령 예를 들어 과학은 '무엇이' 지구로 하여금 태양을 돌게 하였는지를 연구하지 않는다. 과학은 지구가 태양을 '어떻게' 돌고 있는가를 탐구한다. 그러나 철학은 근본적으로 과학적 주제에 앞선 주제를 탐구한다. 즉 과학을 가능하게 하는 '그 무엇'을 탐구한다. '그 무엇'이 곧 논리logic이다.

5.5521

And if this were not the case, how could we apply logic? We could say: if there were a logic, even if there were no world, how then could there be a logic given that there is a world?

만약 그렇지 않다면 어떻게 우리는 논리를 적용시키겠는가? 우리는 이것을 다음과 같이 표

현할 수 있다: 세계가 없다 할지라도 논리가 있다면 세계가 주어졌을 때 논리는 어떤 식으로 존재하겠는가?

———

해제　　　　우리의 모든 경험은 논리형식 가운데에서 가능하다. 즉 우리의 경험은 논리의 적용(응용)에 의해 생명을 얻는다. 오컴이 말한 바와 같이 "신은 비논리적인 세계 외에 어떤 세계도 창조할 수 있다." 즉 논리는 세계에 앞선다. 세계가 없더라도 거기에 논리는 있다. 만약 세계가 주어진다면 그때 논리는 세계에 앞선다. 논리는 이미 거기에 선험적으로 있다. 하나의 형식으로 세계에 적용되기 위해.

5.556

There cannot be a hierarchy of the forms of elementary propositions. We can foresee only what we ourselves construct.

요소명제의 형식에 있어 위계는 없다. 우리는 우리 자신이 구성하는 것만을 예견할 수 있다.

———

해제　　　　다음과 같은 언명을 생각해 보자. "두 물체 사이에는 끄는 힘이 존재한다." 이 언명은 분명히 경험적인 — 여기에서는 '우리 자신이 구성하는 것'으로 표현되는바 — 명제보다 더 상위에 있음을 자처하고 있다. 경험을 일반화한 언명이기 때문이다.

　　비트겐슈타인은 '우월한 형식'은 없다고 말한다. 즉 이 일반화를 표현하는 언명은 존재하지 않는다고 말한다. 경험적인 명제가 아니기 때문이다. 우리가 경험하는 것은 어떤 우연적인 (개별적인) 두 물체와 우연적인 힘일 뿐이다. 두 물체와 끄는 힘 사이의 필연적 관계에 대해서도 우리는 모른다. 따라서 이 언명은 실재^{reality}를 벗어나 있다.

우리는 과학적 법칙을 내세워 예언자를 자처한다. "태양은 동쪽에서 뜬다."라는 언명은 미래를 예고한다. 이것은 우리로부터 독립한다.

비트겐슈타인은 그러나 그러한 것은 없다고 말한다. 우리가 구성할 명제를 우리는 예견할 수 있다. 우리 머리 위에서 무엇인가를 예견하는 명제는 없다.

5.5561

Empirical reality is limited by the totality of objects. The boundary appears again in the totality of elementary propositions.

The hierarchies are and must be independent of reality.

경험적 실재는 대상의 총체라는 테두리로 제한된다. 이 테두리는 요소명제의 총체 가운데에 다시 나타난다.

위계는 실재에서 독립하고 또 독립하여야만 한다.

해제 　　비트겐슈타인은 5.556에서부터 5.5563에 이르기까지 계속 인과율^{law of causality}의 존재의 불가능함을 논증하고 있다. 데이비드 흄은 우리 지식의 한계^{boundary}를 우리 경험의 테두리로 한정시켜야 한다고 말했다. 여기에 대해 비트겐슈타인은 우리의 지식을 '경험적 실재^{empirical reality}'로 우리

의 경험을 '대상^{object}의 총체'로 혹은 — 같은 말이지만 — 요소명제의 총체로 바꿔 말한다.

실재는 대상을 초월할 수 없다. 따라서 대상으로 구성되는 요소명제의 세계를 벗어날 수 없다. 우리의 모든 지식은 이렇게 구체성과 물질성을 가진다. 이것을 초월하는 지식이 인과율인바 그러한 것은 없다.

만약 위계가 있다면 그것은 무의미하다. 왜냐하면, 그것은 실재를 벗어나 있거나 또 벗어난 것이어야 하기 때문이다. 그러나 실재를 벗어난 것은 우리 지식의 테두리 내에 있지 않다. 그것은 언급의 대상이 아니다.

5.5562

If we know on purely logical grounds, that there must be elementary propositions, then this must be known by everyone who understands propositions in their unanalyzed form.

만약 우리가 순수하게 논리적인 근거에서 거기에 요소명제들이 있어야 한다는 사실을 안다면 이것은 그 미분석화된 형식을 이해하는 모든 사람에게 알려져야 한다(알려지는 게 당연하다).

해제   요소명제는 예증에 의해 제시될 수는 없다. 그것은 마치 물리학에서 분석의 최종 단위가 예증에 의해 제시될 수 없는 것과 같다. 이것은 명령 혹은 요청과 같은 것이다. 우리는 명제의 세계에서 산다. 그리고 이 명제의 세계를 긍정한다면 그 명제의 분석적 종점 역시도 긍정해야 한다. 이것이 '순수하게 논리적인 근거'에서의 대상^{objects}과 요소명제^{elementary propositions}

의 존재의 결정이다.

만약 우리가 어떤 명제를 이해한다면 그것은 동시에 우리가 그 명제의 분석의 종점에 요소명제들이 있어야 한다는 사실을 알고 있는 것이다. "분석의 종점은 논리의 문제이다. 그것은 경험의 문제는 아니다. 따라서 요소명제가 전통적인 철학적 견지에서 제1원칙이다."

5.6

The limits of my language mean the limits of my world.

나의 언어의 한계가 나의 세계의 한계를 의미한다.

해제 비트겐슈타인의 이 언명은 그의 철학을 소개할 때마다 인용되는 유명한 문구이다. 그러나 제대로 이해되어 인용되지는 않는다. 비트겐슈타인이 말하는 바의 '나의 언어'는 무엇을 말하는 것인가? '나의 언어'라는 것이 '우리의 언어'에서 독립하여 따로 존재하는 것인가? 만약 내가 알고 있는 어휘 수가 저 사람의 그것보다 적다면 나의 세계는 그의 세계보다 좁은 것인가? 중요한 것은 비트겐슈타인이 말하는 바의 '언어'는 어떻게 정의되는가?

여기서 말해지고 있는 '언어'는 단지 '경험적 사실의 명제적 처리'라고 정의될 수 있다. 나의 세계는 나의 명제의 세계이고 나의 명제의 세계는 나의 경험의 세계이다. 따라서 '나의 언어'는 '나의 경험(감각적 경험)'을 의미한다.

비트겐슈타인의 이 언명은 두 가지의 의미를 내포하고 있다. 하나는 명제(언어)로 응고되지 않은 경험은 무의미하다는 것이다. 그때의 경험은 이미 경험이 아니다. 명제가 아닌 지식은 지식이 아니다. 다음으로는 우리 지식의 한계는 우리 경험에 의해 그어진다는 것이다. 다시 말하면 비트겐슈타인이 '언어'라고 말할 때 그 언어는 경험을 의미한다는 것이다.

이때 이 언어가 나의 세계이다. 다시 말하면 나의 세계는 나의 언어의 테두리에 갇힌다. 나는 나의 언어를, 즉 명제화된 나의 경험을 초월할 수 없다. 이것이 나의 세계이기 때문이다.

그렇다면 이 언어는 어떤 시점의 언어인가? 이 언어가 영원한 시점을 의미하지 않는 것은 분명하다. 영원한 시점에 처하는 명제라면 그것은 영원한 사실을 말하는 것이며 동시에 우월한pre-eminent, 혹은 형식을 달리하는 명제가 되기 때문이다. 이 명제는 당연히 실재reality를 벗어나고 따라서 사이비 명제이다.

그렇다면 우리의 언어의 시점은? 그것은 바로 '그 순간'을 의미한다. 놀랍게도 비트겐슈타인이 말하는 세계는 1초 전의 혹은 1초 후의 세계도 아닌 바로 그 순간의 세계이다. 물론 여기에는 수사적 과장이 있다. 그렇다 해도 비트겐슈타인이 말하는 바의 세계는 바로 이 순간의 세계이다. 우리는 바로 다음 순간의 세계(언어)에 대해서도 알 수 없다. "현재의 사건에서 미래의 사건을 추론할 수는 없다." 우리가 미래에 대해 알 수 있는 것은 없다. 심지어 그것이 존재하는지조차도.

"나의 언어의 한계가 나의 세계의 한계"라고 말할 때 이것은 동시에 "너의 언어의 한계는 너의 세계의 한계"이고 "그의 언어의 한계는 그의 세계의 한계"이다. 그렇다면 이러한 세계는 공유되는 세계인가? 비트겐슈타인은 그렇지 않다고 말한다. 우리 각각은 각자의 언어를 말한다. 그러나 이 언어의 세계는 모두 다르다. 물론 모든 언어는 동일한 형식(논리)을 공유한다. 이것이 소통communication의 근거이다. 그러나 그것 이외에 우리가 서로 간에 공유할 수 있는 것은 없다. 나중에 말해지는 바와 같이 "나는 나의 세계이고" 또한, 우리는 서로 간에 이해 불가능한 언어를 말한다.

5.61

Logic pervades the world: the limits of the world are also its limits.

So we cannot say in logic, 'The world has this in it, and this, but not that.'

For that would appear to presuppose that we were excluding certain possibilities, and this cannot be the case, since it would require that logic should go beyond the limits of the world; for only in that way could it view those limits from the other side as well.

We cannot think what we cannot think; so what we cannot think we cannot say either.

논리는 세계에 팽배하다: 세계의 한계가 또한 논리의 한계이다.

따라서 우리는 논리에 있어 '세계는 그 안에 이것을 또한 이것도 가지고 있다. 그러나 저것을 가지고 있지는 않다.'고 말할 수는 없다.

왜냐하면, 그것은 우리가 어떤 가능성을 배제하고 있는 것을 상정하는 것으로 보일 것이기 때문이다. 그러나 이것은 있을 수 없다. 그것은 논리가 세계를 넘어서는 것을 요구하기 때문이다; 왜냐하면 오로지 이 방식으로만 논리가 그 한계들을 또한 다른 쪽에서 볼 수 있기 때문이다.

우리들은 생각할 수 없는 것을 생각할 수 없다; 따라서 우리는 우리가 생각할 수 없는 것을 또한 말할 수 없다.

———

해제 언어와 논리와 세계는 다 같은 한계에 처한다. 어쩌면 '한계limit'라는 표현도 부적절하다. 한계는 그 너머에 무엇인가가 있다는 것을 전제하기 때문이다. 우리는 단지 어떤 세계에선가 살고 있고 다른 세계에 대해서는 그 존재조차도 가정할 수 없다. 우리의 세계가 전체 세계이고 우리의 논리가 동시에 그 세계이기 때문이다.

우리는 우리의 세계가 어떤 것은 포함하고 있고 어떤 것은 배제하고 있다고 말할 수 없다. 두 세계를 논하는 것 자체가 무의미하다. 우리 세계 외에 다른 세계에 대해서는 그 언급조차 불가능하다. 하나의 예를 들어 우리의 세계는 빛을 포함하고 있고 어둠을 배제하고 있다고 가정하자. 그 경우 우리는 세계에 대한 우리의 논리가 빛은 물론 어둠에까지 미쳐야 한다는 것을 의미한다. 우리가 언급할 때 이미 그것은 우리 논리의 대상이 되어야 하기 때문이다. 그러나 논리는 우리 세계밖에 미칠 수는 없다. 따라서 우리 세계 밖에 대해 무엇인가를 언급한다는 것은 — 단지 존재만을 언급한다고 해도 — 모순에 처하게 된다. 그것은 이미 "침묵 속에서 지나쳐야 할 것what should be passed over in silence"이다.

예를 들면 우리는 신God의 세계에 대해 어떤 것도 말할 수 없다. 그것은 우리 세계 안에 있지 않다. 우리 세계 안에 있기 위해서는 우리의 실증적 경험 안에, 다시 말하면 대상들objects 가운데 있어야 하기 때문이다. 우리는 생각할 수 없는 것은 생각할 수 없다. what we cannot think what we cannot think. 여기에서 뒤의 what은 세계 밖을, 앞의 what은 세계 밖의 것에 대한 사유를 의미한다. 우리는 세계 밖의 것에 대해 생각할 수 없고 따라서 말할 수 없다.

5.62

This remark provides a key to the question, to what extent solipsism is a truth.

In fact what solipsism means, is quite correct, only it cannot be said, but it shows itself.

That the world is my world, shows itself in the fact that the limits of the language (the language which I understand) mean the limits of my world.

앞의 언급은 유아주의가 어느 정도까지 참일 수 있느냐는 의문에 대한 단서를 제공한다.

사실상 유아주의가 의미하는 것은 매우 올바른 것으로서 그것은 단지 스스로를 보여줄 뿐이지 말해질 수는 없는 것이다.

세계는 '나의' 세계라는 사실은 언어(나만이 이해하는 바의 언어)의 한계가 나의 세계의 한계를 의미한다는 사실에서 그 모습을 드러낸다.

———

해제　　유아주의는 불교 철학에서 부처님의 "천상천하유아독존"과 같은 것을 의미한다. 아주 간단히 "세계는 내가 아는 바로의 세계로 제한된다."는 매우 겸허하고 조심스러운 언명이다.

　비트겐슈타인은 5.61의 언급이 유아주의를 이해하기 위한 결정적인 언명이라고 말한다. 그는 유아주의가 완전한 참이라고 말한다. 엄밀하게는 유아주의가 제시하는 세계는 말해질 수는 없는 것이고 보여질 수 있을 뿐이다.

세계란 곧 나의 세계라는 사실은 언어의 한계(나만이 이해하는 언어의 한계)가 나의 세계의 한계라는 것에서 드러난다. 이것은 모든 사람 각각이 서로 독립적이고 동시에 서로에 대한 완전한 일치의 불가능성을 의미한다. 세계의 종류는 존재하는 사람의 머릿수만큼 많다. 각각은 각자의 언어에 갇힌다. 이것은 각자의 감각 인식(경험)이 각자 고유의 것이기 때문이다. 각각의 경험이 완전히 공유될 수는 없다. 인간의 외로움은 따라서 선험적인 것이다.

5.621

The world and life are one.

세계와 삶은 하나이다.

해제   여기에서의 삶은 각자의 삶을 의미한다. 각자에게 있어 세계란 곧 자기 자신의 삶이다. 자아란 없다. 거기에 있는 것은 감각 인식뿐이다. 그리고 세계는 인식되는 바의 세계 이외에 어떤 것도 아니다. 따라서 세계와 감각은 하나이다. 이것은 버클리가 말한바, "존재란 피인식Esse est percipi"이다. 세계는 존재이고 그것은 단지 인식됨에 의해 존재한다.

5.63

I am my world. (The microcosm.)

내가 나의 세계이다. (소우주론)

해제 　　　전통적으로 소우주론에 의해 의미되어 온 것은 세계로부터 완전히 독립하여 세계 전체를 지성으로 조망하는 것이었다.

비트겐슈타인은 여기서 소우주론을 다른 의미로 사용하고 있다. 그의 소우주론은 "논리는 세계에 팽배하다.Logic pervades the world."에 제시되어 있다. 논리와 세계는 하나이다. 논리란 곧 나self이다. 따라서 나는 세계에 팽배하다. 내가 곧 세계이다. 내가 곧 우주이다.

5.632

The subject does not belong to the world: rather, it is a limit of the world.

주체는 세계에 속하지 않는다. 오히려 주체는 세계의 한계이다.

———

해제 　　　비트겐슈타인은 계속 사유하는 혹은 이념을 품는 존재로서의 주체subject의 존재를 부정한다. 굳이 주체라는 용어를 쓴다면 그것은 곧 세계를 의미한다. 물론 그것은 나의 세계이다. 나는 세계를 물들이며 세계에 편재한다. 내게 지성과 같은 것은 없다. 나는 단지 세계를 구성하는 일부분의 피막일 뿐이다. 따라서 세계에는 위계가 없다. 모든 존재가 세계의 구성요소에 지나지 않는다. 세계를 종합하여 거기에서 일반적인 법칙을 알아내는 '주체subject'와 같은 것은 없다. 명제 사이에 위계가 없는 것처럼 존재 사이에도 위계는 없다. 모든 존재가 제각기 병렬되어 있는 것이 곧 세계이다. 한 마리의 개 역시 하나의 세계를 가지고 하나의 꿀벌 역시 하나의 세계를 가진다. 각각이 세계에 편재한다.

5.633

Where in the world is a metaphysical subject to be found?

You will say that this is exactly like the case of the eye and the visual field. But you really do not see the eye.

이 세계 어디에서 형이상학적 자아가 발견될 것인가?

우리는 이것은 정확히 눈과 시야의 경우라고 말할 수 있다. 이 경우 우리는 실제로 눈(눈 자체)을 보지는 않는다.

———

해제　　　형이상학적 자아는 심리적 자아 혹은 물리적 자아와는 물론 다르다. 심리적 자아는 살고자 하는 의지^{will}이고 물리적 자아는 단지 고깃덩어리로서의 우리이다. 형이상학적 자아는 사유하고 판단하는 주체로서의 자아이다.

비트겐슈타인은 이러한 자아를 부정하고 있다. 이것은 앞에서부터 누누이 말해지는 바이다. 비트겐슈타인은 매우 적절하고 날카로운 예증을 든다.

그것은 우리 눈^{eye}과 시야$^{visual\ field}$의 관계와 같다. 확실히 거기에 어떤 정경^{landscape}이 펼쳐진다. 그러나 우리가 보는 것은 정경뿐이다. 그렇다면 무엇이 그 정경을 펼쳐놓는가? 어떤 주체가 그 정경을 바라보는가? 이에 대해 우리는 물론 '눈'이라고 대답할 것이다. 이에 대해 비트겐슈타인은 아마도 "당신이 눈이라고 말할 때 그것은 어떤 것이죠? 당신이 눈 자체를 볼 수 없는 건 확실합니다. 당신이 확인할 수 없으면서 그 존재를 가정한다는 것은 근거 없는 것입니다. 당신이 아는 것은 단지 어떤 정경이 펼쳐져 있다는 것입니다. 만약 당신이 가정하는 눈과 같은 것이 있다면 그것은 사실상 정경 그 자체입니다."라고 대답할 것이다.

앞에서 비트겐슈타인은 "A says p"는 단지 "p says p"일 뿐이라 말했다. 즉 A는 p에 대한 주체라기보다는 p에 물든 p에 지나지 않는다. 마찬가지로 "A sees p"라는 것은 "p sees p"에 지나지 않는다. 거기에 눈과 같은 것은 없다. 단지 p라는 정경만이 있을 뿐이다.

5.6331

For the form of the visual field is surely not like this

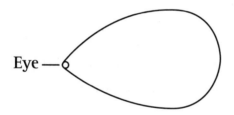

왜냐하면, 시야의 형식은 절대로 이와 같지는 않기 때문이다.

───────

해제 이 다이어그램에서는 눈이 (세계로부터) 독립해서 존재하면서 눈앞의 시야를 단일 시점으로 바라본다. (르네상스의 화가들의 시지각에 대한 생각이 이와 같았다.) 비트겐슈타인은 이러한 시지각을 부정한다.

우리가 굳이 "눈"이라고 말한다면 그것은 사실상 시야 전체에 걸쳐지는 것이다. 다시 말하면 "My eyes are my visual field."이다. 즉 "나의 눈은 시야 전체를 물들인다pervade."

따라서 우리의 시지각은 사실상 시야 그 자체이다. 따라서 세계의 정경은 르네상스 회화에서보다는 인상주의 회화에서 더 진실하다. 인상주의자들은 스스로를 세계에 편재시킨다.

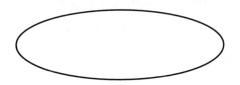

이것이 우리의 시지각이다. 어디에도 눈은 없다. 시지각 전체가 눈일 뿐이다.

5.634

This is connected with the fact that no part of our experience is at the same time a priori.

Whatever we see could be other than it is.

Whatever we can describe at all could be other than it is.

이것은 우리 경험의 어떤 부분도 선험적이지는 않다는 사실과 연관되어 있다.
우리가 보는 것은 그것이 무엇이건 보는 것 이외의 어떤 것일 수 없다.
우리가 기술할 수 있는 것은 그것 이외의 어떤 것도 절대 될 수 없다.

———

해제   5.633과 5.6331에 기초를 두고 비트겐슈타인은 철학적 실재론(동시에 합리론)을 공격하고 있다. 만약 우리가 정경을 주시하는 주체적 시지각(단일 시지각)을 가정한다면 우리 눈은 정경을 사유하게 된다. 예를 들어 시지각 내에 원통형 기둥이 있다고 하자. 계속해서 그것을 주시하는 눈은 추상화 작용을 통해 (질료가 배제된) 기하학적 형상을 분리해낸다. 대상의 기하학적 입체화는 언제나 인본주의적 단일 시지각과 관련한다. 이것이 고대 그리스 고전주의와 르네상스 고전주의가 지향하는 바였다. 그들의 예술은 기하학적 추상에 질료만 살짝 입힌 것이었다.

비트겐슈타인은 이러한 고전주의적 이념과 그것을 가능하게 하는 실재론적 이념을 부정하고 있다. 주제를 꾸준히 주시하는 단일 시지각과 같은 것은 없다. 거기에 있는 것은 계속 변해나가는 정경뿐이다. 우리는 그 정경을 바라보는 주체가 아니라 스스로 거기에 속한 정경의 한 요소일 뿐이다. 따라서 거기에는 기하학적으로 종합화된, 즉 원근법이나 단축법에 의한 정적인 세계는 존재하지 않는다.

플라톤이 주장하는 세계는 형상form에 대한 우리 인식의 선험성과 맺어져 있다. 우리는 기하학적 형상에 대한 인식의 가능성을 지닌 채로 — 철학적 용어로는 a priori라고 하는바 — 태어난다. 그러나 거기에 우리 시지각이란 것이 없다면 세계는 평면적인 것이 되고 변전하는 것이 된다. 입체는 종합과 지성의 결과이고 평면은 즉각성과 감각의 결과이다. 비트겐슈타인이 주장하는 세계는 계속 변전해 나가는 평면의 세계이다.(이러한 이념의 첫 번째 발견자들은 인상주의자들이었다.) 우리 경험에 선험적인 요소는 없다. 그것은 단지 감각의 문제이며 따라서 전적으로 경험의 문제이다.

우리에게 어떤 대상인가가 보여진다면 그것은 그것 자체 외에 아무것도 아니다. 즉 대상의 이면에 숨어 있는 기하학적 형상 같은 것은 없다. 전통적인 철학은 감각적 대상의 이면에 그것을 가능하게 하는 다른 것들이 존재한다고 주장하며 또한 철학의 의무는 그것들의 인식과 발견과 기술description이라고 말해왔다. 비트겐슈타인은 이것을 부정한다. 보여지는 것은 그 이외에 아무것도 아니다. 그 이면이나 그 이면에 존재하는 것 등은 없다. 따라서 그것만을 기술하면 된다. "생각하지 말라. 단순히 보라."

5.64

Here it can be seen that solipsism, when its implications are followed out strictly, coincides with pure realism. The self of solipsism shrinks to a point without extension, and there remains the reality co-ordinated with it.

여기에 비추어 유아주의는 그 의미가 철저히 포착된다면 순수한 사실주의와 일치한다는 사실이 보여진다. 유아주의의 자아는 어떤 연장도 없는 점으로 수축되어 그 자아와 함께하는 실재만이 남게 된다.

————

해제　　　여기에서 비트겐슈타인이 realism이라고 말하는 것은 일반적인 철학적 용어로서의 실재론을 의미하지는 않는다. 모든 철학자와 예술가들은 자신들의 철학과 작품이 모두 realistic 하다고 말한다. 여기에서의 realism은 이를테면 truth를 의미한다. 즉 실재reality에 일치한다는 의미로 사용되고 있다.

　　유아론에 있어서의 자아는 소멸이다. 자아는 수축되어 결국 점이 된다.

즉 세계의 구성적 요소가 된다. 그것은 세계를 주관하지 않는다. 따라서 자아가 세계를 본다면 희미하게 옆 눈으로만 보게 된다. 이것이 인상주의 회화이다. 이것이 실재이다.

11:
THE ORIGIN OF MATHE-MATICS

수학의 기원

수리철학에 있어 가장 중요한 문제는 수의 발생과 관련된 것이다. 수의 발생이 이미 있는 수의 발견이라고 가정할 때 수학적 실재론이고 수는 인간에 의해 고안된 것이라 할 때 수학적 유명론이다. 러셀은 전자의 입장에 서고 비트겐슈타인은 후자의 입장에 선다.

특히 비트겐슈타인은 수^{number}의 발생이 거듭되는 횟수^{repetition}에 의한 것이라고 말한다. 수의 성격에 관한 그의 이 주장과 또한 그 주장을 뒷받침하기 위한 그의 정의^{definition}와 추론은 매우 경이롭다. 그는 횟수의 한 예로 ~(not)을 든다. 예를 들어 'p'를 낮이라 정의하자. 이때 ~을 차례로 적용해 보자.

'p', '$\sim p$', '$\sim\sim p$', '$\sim\sim\sim p$', (etc)

~(not)이 차례로 적용됨에 따라 낮의 횟수와 밤의 횟수가 축적된다. 이때 이 횟수에서 수의 개념이 싹튼다. 그는 이 적용을 Ω^{omega}로 나타낸다. 즉 횟수를 Ω로 나타낸다. 이때 $\Omega^{0\prime}$, $\Omega^{0+1\prime}$, $\Omega^{0+1+1\prime}$, $\Omega^{0+1+1+1\prime}$, ... (etc) 등이 횟수의 적용이고 그 횟수를 나타내는 승수^{exponent}가 숫자로 전환된다. 0, 0+1, 0+1+1, 0+1+1+1......(etc). 이것이 수의 기원이다.

비트겐슈타인에게 있어 수는 결국 횟수이고 이 횟수는 연속적 적용 $^{successive\ application}$의 개념이다. 그는 이를테면 [0, ξ, ξ+1]로 간단히 정의한다. 임의의 어떤 수 ξ에 1을 가하면 다음 수가 연속적으로 나온다. 명제에 있어서도 마찬가지이다. 이 부분은 상당히 복잡하다. 본문으로 들어가 이것을 자세히 살펴보기로 하자.

6.

The general form of truth-function is : [$\bar{p}$, $\bar{\xi}$, $N(\bar{\xi})$]
This is the general form of proposition.

진리함수의 일반적 형식은 [$\bar{p}$, $\bar{\xi}$, $N(\bar{\xi})$]이다.
이것이 명제의 일반형식이다.

해제　　　아마도 《논고》의 모든 부분에서 이 명제가 가장 난해한 부분일 것이다. 이 부분은 또한 현재까지 전면적으로 해석되지 못했다. 분석 철학자들은 이 명제가 오류라고 혹은 애매하다고 말하고 있다. 비트겐슈타인 스스로도 이 언명에 대한 언급을 따로 하지는 않았다. 이 명제는 비트겐슈타인의 통찰과 창의력의 절정을 보여주는 언명이다. 이 언명이 수수께끼와 같은 가설을 제안하고 있다 해도 이 이론이 오류는 아니다. 또한, 이해하기에 그렇게 어려운 것도 아니다.

　　1. $\bar{p}$는 모든total 요소명제를 나타낸다. p는 임의의 요소명제이고 그 위의 ⁻bar는 '총체total'를 표현한다.

　　2. $\bar{\xi}$는 $\bar{p}$를 기반으로 도출된 임의의 단계의 임의의 진리함수 명제의 '총체'를 가리킨다.

　　3. $N(\bar{\xi})$은 $\bar{\xi}$의 모든 명제를 부정한다.

　　다음과 같은 예를 들자. 어떤 요소명제 a, b가 있다고 하자. 그렇다면 $\bar{p}$는 (a, b)이다. 요소명제 'a'와 'b'로 이루어진 '$a \vee b$', '$a \cdot b$', '$\sim a \cdot b$'의 진리함수가 있다고 하자. 이것들을 각각 p, q, r이라고 하면 그것들은 집합적으로 ξ는 (p, q, r)이 된다. 그렇다면 $N(ξ)$는 '$\sim p \cdot \sim q \cdot \sim r$'이 된다.

이제 더욱 간단히 ξ = (p, q)'라고 정의하자.

비트겐슈타인은 p, q에 $N^{negation}$을 연속적으로 가하면 p, q로 이루어진 모든 진리함수를 얻기 위한 형식이 된다고 말하고 있다.

비트겐슈타인은 "$N(p, q) = \sim p \cdot \sim q$ *Def.* 이다."고 말한다. 즉, $N(p, q)$는 '$\sim p \cdot \sim q$'이다. p, q, r의 경우라면 $N(ξ)$는 '$\sim p \cdot \sim q \cdot \sim r$'이다.

이것을 이해하기 위해 다음과 같은 식을 생각하자.

1, 4, 9, 16, 25, 36, 49, ...(etc)

우리는 이것이 $1^2, 2^2, 3^2, 4^2, 5^2, 6^2, 7^2, ...$인 것을 안다. 이것을 $[1, x, (\sqrt{x}+1)^2]$으로 표현한다면 어떨까? 물론 가능하다.

비트겐슈타인이 $[\bar{p}, ξ, N(ξ)]$에서 의미하는 것은 바로 이것이다. $\bar{p}$는 초항이고, ξ는 임의의 명제들이고, $N(ξ)$는 바로 다음의 명제들이다. ξ가 두 명제 p, q라고 하자. 그렇다면 $N(ξ)$는 $N(p, q)$이고, 이것은 다시 '$\sim p \cdot \sim q$'이다.

앞의 5.101 항목에서 살펴본 바와 같이 두 개의 명제 'p', 'q'로 이루어진 모든 진리함수는 총 16개이다. 여기에 열거한 16개의 명제 이외에 다른 명제가 있다면 그것은 이 16개 명제 중 하나와 동치일 것이다. 이 사실은 중요하다. 명제 'p'와 'q'를 기반base으로 한 명제는 무수히 많다. 그러나 그 모든 것들이 사실은 16개의 명제 중 하나이다. 명제의 이러한 성격은 예를 들면

'p', '$\sim\sim p$', '$\sim\sim\sim\sim p$',...(etc) 등의 예를 통해 간단히 보여진다. 이렇게 전 개되는 무한한 명제가 모두 'p'와 동치이다.

16개 중 '$p \vee q$'를 비트겐슈타인의 일반형식으로 나타낸다고 하자.

$p \vee q = \sim(\sim p \cdot \sim q)$ 이것은 다시 $\sim(N(p, q))$이고, 다시 $N(N(p, q))$이다. 이렇게 하여 하나의 진리함수 명제를 N^{negation}에 의해 얻는다.

다시 $p \supset q$에 대해 생각해 보자. 이것은 $\sim p \vee q$와 동치이다.

$p \supset q = \sim p \vee q = \sim(p \cdot \sim q) = \sim N(\sim p, q) = \sim(N(N(p), q)) = N(N(N(p), q))$이다.

다시 '$p \cdot q$'는 $N(\sim p, \sim q) = N(N(p), N(q))$이다.

즉, Negation을 연속적으로 적용하면 모든 진리함수를 얻어낼 수 있다. 세계가 'p', 'q' 두 개의 명제로 이루어졌다면 우리는 이 일반형식$^{\text{general form}}$에 의해 모든 명제를 손에 쥐게 된다.

[Sheffer stroke과 Peirce arrow]

대부분의 논리학 교과서와 논리 사전에는 이 두 개의 기호가 혼동되어 설명되고 있다. 이 기호에 관해 정확히 기술하고 있는 곳은 Wikipedia와 Google에 기고된 'Logic & Proof'에서이다. 결론부터 말했을 때, Sheffer stroke는 |(bar)로 표현되는 바 alternative negation이다. 즉, 그것은 '$\sim p \vee \sim q$'를 의미한다. 즉 '$p \mid q$'는 '$\sim p \vee \sim q$'이다. 이때 '$\sim p \vee \sim q$'는 '$\sim(p \cdot q)$'

이다. 여기서 논리 상수 '~'와 '·'만을 잡아내어 not and 즉 nand라고 보통 말한다. 이 경우 Boolean logic에서의 연산은 다음과 같다.

p	q	$p \mid q$
0	0	1
0	1	1
1	0	1
1	1	0

즉, 'p'와 'q'가 모두 참[true]인 경우만 제외하고는 모두 참이다. 즉 'p', 'q'가 모두 참인 경우 '$p \mid q$'는 거짓이 된다. 이때 논리학에서는 이 진리함수의 표현을 '$\sim p \vee \sim q$'로 하지만 Boolean logic에서는 'p nand q'로 표현한다. 이것이 위에서 말한 'not and(nand)'이다.

Peirce arrow는 ↓로 표현되는바 '$p \downarrow q$'='$\sim p \cdot \sim q$'로 정의된다. 이 경우의 진리함수 표는 다음과 같다.

p	q	$p \downarrow q$
0	0	T
0	1	F
1	0	F
1	1	F

Peirce arrow는 'p'와 'q' 모두 거짓일 때만 참이 된다.

여기에서 중요한 것은 Sheffer stroke이건 Peirce arrow이건 어느 것 하나만으로도 진리함수를 표현하는 모든 연결기호(혹은 논리 상수)를 배제할 수 있다는 것이다. 말한 바대로 현재 Boolean logic에서는 Sheffer stroke를 사용한다. 그러나 버트런드 러셀, 프레게, 비트겐슈타인 등은 Peirce arrow를 Sheffer stroke와 혼동하여 잘못 사용했다.

우리 역시도 그들의 착각에 맞추어 논의를 전개하기로 하자. 즉 Sheffer stroke인 |를 이를테면 '$p\,|\,q$'는 '$\sim p \cdot \sim q$'가 되는 것으로 정의하기로 하자. 이 기호를 사용했을 때 예를 들면 '$p \lor q$'에서 or 기호를 어떻게 배제하는지 살펴보자.

$p \lor q = \sim(\sim p \cdot \sim q) = \sim(p\,|\,q) = p\,|\,q.\,|.\,p\,|\,q$이다. 이제 $\lor$가 사라지고 |들만 남는다.

다시 단순히 p의 경우를 살펴보자.

$p = \sim(\sim p)$이다. 따라서 $p = \sim(p\,|\,p) = p\,|\,p.\,|.\,p\,|\,p$가 된다.

다시 $\sim p \lor q = \sim(p \cdot \sim q) = \sim(\sim p\,|\,q) = (p\,|\,p.\,|.\,q) = (p\,|\,p.\,|.\,q)\,|$ $(p\,|\,p.\,|.\,q)$이다.

모든 연결사(논리 상수)가 제거된다. 이것이 Boolean logic에서 stroke를 채택한 이유이다. 모든 연산이 stroke를 통해서 처리됨에 의해 비로소 nand 에 의한 연산이 가능해지기 때문이다.

비트겐슈타인의 진리함수의 일반형식(general form of truth function 역시도 이 stroke(사실은 Peirce arrow)를 사용함에 의해 가능해진다. 물론 Peirce의 arrow는 단 두 명제 'p', 'q'에서만 사용 가능하다. 그것으로 충분하다. 왜냐하면, Boolean logic에서의 연산은 2진법으로 진행되기 때문이다.

비트겐슈타인의 $\bar{\xi}$는 몇 개의 명제라도 가정하고 있다. $\bar{\xi} = (p, q, r)$이라면, $N(\bar{\xi}) = \text{'}{\sim}p \cdot {\sim}q \cdot {\sim}r\text{'}$로 정의된다. 즉 비트겐슈타인은 Peirce stroke의 사용을 확장하고 있고 또한 그것을 이용하여 진리함수 전체를 끌어내고 있다.

N^{negation}을 연속적으로 사용하면 물론 무수한 명제가 나온다. 그러나 예를 들어 두 명제 'p', 'q'를 가정하면 결국 16개의 명제로 수렴된다. 'p', 'q', 'r'의 세 명제라면 256개로 수렴된다. 무작위의 N의 적용이 아무리 많은 명제를 만든다 해도 모든 진리함수를 가능하게 하는 것은 이것이 이유이다.

6.02

And this is how we arrive at numbers. I give the following definitions

$x = \Omega^{0\prime} x \, Def.$

$\Omega' \Omega^{\nu\prime} x = \Omega^{\nu+1\prime} x \, Def.$

So, in accordance with these rules, which deals with signs, we write the series

$x, \Omega'x, \Omega'\Omega'x, \Omega'\Omega'\Omega'x, \ldots\ldots$

in the following way

$\Omega^{0\prime}x, \Omega^{0+1\prime}x, \Omega^{0+1+1\prime}x, \Omega^{0+1+1+1\prime}x, \ldots\ldots$

therefore, instead of "$[x, \xi, \Omega'\xi]$",

I write "$[\Omega^{0}{}'x,\ \Omega^{v}{}'x,\ \Omega^{v+1}{}'x]$".

And I give the following definitions

$0+1 = 1$ *Def.*

$0+1+1 = 2$ *Def.*

$0+1+1+1 = 3$ *Def.*

(and so on)

그리고 이것이 우리가 숫자에 다다르는 양식이다. 나는 다음과 같이 정의하겠다.

$x = \Omega^{0}{}'x\ Def.$

$\Omega'\Omega^{v}{}'x = \Omega^{v+1}{}'x\ Def.$

기호를 다루는 이 법칙에 따라 나는 다음의 수열

$x,\ \Omega'x,\ \Omega'\Omega'x,\ \Omega'\Omega'\Omega'x,\ ......$ 를 다음과 같은 양식으로 기술하겠다.

$\Omega^{0}{}'x,\ \Omega^{0+1}{}'x,\ \Omega^{0+1+1}{}'x,\ \Omega^{0+1+1+1}{}'x,\ ......$

따라서, "$[x,\ \xi,\ \Omega'\xi]$" 대신에 나는 "$[\Omega^{0}{}'x,\ \Omega^{v}{}'x,\ \Omega^{v+1}{}'x]$"를 쓴다.

또한, 나는 다음과 같이 정의하겠다.

$0+1 = 1$ *Def.*

$0+1+1 = 2$ *Def.*

$0+1+1+1 = 3$ *Def.*

(기타 등등)

해제　　　지금의 이 항목은 수의 발생 — 결국 수학의 발생인바 — 과 관련하여 매우 중요한 언명으로서 수리철학에 관한 비트겐슈타인의 핵심적인 견해를 요약하고 있다. 현재의 수학이 아무리 복잡하고 다양한 분석의 양식을 가지고 있다 해도 결국 중요한 것은 "숫자"의 발생이다. 숫자는 이를테면 금화이다. 금화가 제시되면 잔돈푼은 저절로 떨어진다. 비트겐슈타인은

이제 그 금화의 발생에 대해 말하고 있다.

비트겐슈타인은 앞에서 $N(\bar{\xi})$의 연속적인 적용이 모든 진리함수의 일반 형식이라고 말했다. 여기에서 중요한 것은 적용^{application}이다. 연속된 적용에 의해 다음 항목이 나타난다는 것과 숫자의 발생은 같은 것이라고 비트겐슈타인은 주장한다. 여기에서 Ω^{omega}는 적용을 나타낸다. ν^{nu}는 승수를 나타내는 기호이다. $Def.$는 "정의 된다^{defined}."는 것의 비트겐슈타인 방식 표기이다.

비트겐슈타인은 먼저 두 개의 사항을 정의한다. 먼저 x를 $\Omega^{0\prime}x$로 정의하고 $\Omega'\Omega^{\nu\prime}x$는 $\Omega^{\nu+1\prime}x$로 정의한다. 이 정의를 기반으로 연속적인 적용은 어떻게 표현할 수 있는지를 살펴보기로 하자. 예를 들어 우리가 ~의 연속적인 적용을 생각해 보자.

$p, \sim p, \sim\sim p, \sim\sim\sim p, \sim\sim\sim\sim p, ...(etc)$

같은 식으로 Ω를 어떤 종류의 적용이라고 하면, $x, \Omega'x, \Omega'\Omega'x, \Omega'\Omega'\Omega'x, ...$ 등이 된다. 비트겐슈타인은 앞의 두 가지 정의에 의해 이것을 $\Omega^{0\prime}x$, $\Omega^{0+1\prime}x$, $\Omega^{0+1+1\prime}x$, $\Omega^{0+1+1+1\prime}x$, ...로 대체한다.

우리는 앞에서 모든 진리함수를 $[\bar{p}, \bar{\xi}, N(\bar{\xi})]$으로 표현했다. 이것을 위의 정의에 의해 $[\Omega^{0\prime}x, \Omega^{\nu\prime}x, \Omega^{\nu+1\prime}x]$로 표현한다. 여기서 다시 위의 승수를 다음과 같이 정의하자.

0+1 = 1 *Def.*

0+1+1 = 2 *Def.*

0+1+1+1 = 3 *Def.*

0+1+1+1+1 = 4 *Def.*

(기타 등등)

6.021

A number is the exponent of an operation.

숫자는 연산의 승수이다.

해제　6.02와 6.021 항목은 수학의 발생과 관련한 비트겐슈타인의 견해를 가장 잘 나타내고 있다. 비트겐슈타인은 수의 발생을 간단히 "횟수"라고 정의하고 있다. 즉 number는 repetition이다. 중요한 것은 Ω라는 연산^{operation}이 연속적으로 작용할 때 그것은 $\Omega^0 x$, $\Omega^{0+1'} x$, $\Omega^{0+1+1'} x$, $\Omega^{0+1+1+1'} x$, …… 등으로 표현될 수 있다고 비트겐슈타인이 정의한다는 사실이다. 만약 우리가 x를 밤^{night}이라고 정의하자. 그리고 Ω를 밤의 횟수라고 가정하자. 그렇다면 예를 들어 $\Omega^{0+1+1'} x$는 두 번의 밤이 왔다는 뜻이 된다. 이렇게 "몇 번"이 곧 수의 발생이라고 비트겐슈타인은 주장하고 있다.

밤의 존재는 $\Omega^0 x$이고 다시 한 번의 밤은 $\Omega^{0+1'} x$, 또다시 새로운 밤은 $\Omega^{0+1+1'} x$의 밤이 된다. 이때 Ω의 승수인 0, 0+1, 0+1+1, …(etc)를 생각하자. 비트겐슈타인은 여기에서 수학이 시작된다고 말하고 있다.

아라비아인들은 어느 순간

0+1 = 1

0+1+1 = 2

0+1+1+1 = 3

…

(and so on)으로 정의했다.

물론 로마인들은

0+1 = I

0+1+1 = II

0+1+1+1 = III

0+1+1+1+1 = IV

…

(and so on)으로 정의했다.

그러나 결국은 같은 얘기에 다른 기호를 사용했을 뿐이다.

승수란 결국 횟수이다. 이 승수의 독립이 곧 산수의 시작이고 산수의 시작은 곧 수학의 시작이 될 것이었다.

여기에서 또 하나의 중요한 이론은 비트겐슈타인 고유의 "and so on"이다. 비트겐슈타인은 숫자^{number}의 도입이 어떤 선험적 요소(논리형식과 같은)에 의하는바 and so on 역시도 하나의 선험적 형식이라고 말하고 있다. 그는 단지 횟수의 누적이 숫자로 환산되고 그것이 연속된 것$^{and\ so\ on}$이 자연수의 집합을 이룬다고 생각한다. 이것이 가능한 것은 수^{number} 역시 논리형식과 마찬가지로 선험적인 것이기 때문이다.

여기에서 수리철학과 관련한 비트겐슈타인의 입장이 뚜렷이 드러난다. 거기에 수의 실재^{reality}는 없다. 수는 고안되었고 이용될 뿐이다. 어떻게 그것이 고안될 수 있었는가에 대해 우리는 단지 그것이 인간이기 때문이라고 말할 수밖에 없다.

이 점에서 비트겐슈타인은 러셀과 의견을 달리한다. 러셀은 수는 인간에서 독립하여 객관적으로 존재하는 실재이고 우리에게 있어서의 수는 단지 거기에 존재하는 것을 우리가 발견했을 따름이다. 따라서 러셀의 철학에 있어 수학은 차별화된 지위를 갖는다.

비트겐슈타인은 수학에 어떤 실체를 부여하지 않는다. 그것은 추론을 위한 것이다. 누구도 수학을 원하지 않았다. 단지 실제적 문제에 있어서의 응용 가능성이 수학의 존립 이유이다.

12:
PRO-POSITIONS OF LOGIC

논리 명제

개요　　　　인간 지식^{human knowledge}의 성격과 종류에 대한 분석을 철저히 진행시켜 놓았다는 점에서 중세 말 이래의 철학의 분석적 효용은 매우 탁월했다. 보편적이고 필연적이면서도 종합적인(경험적인) 지식의 가능성에 대한 의심은 이미 14세기 초에 윌리엄 오컴에 의해 전면적으로 제기된다. 그러나 그가 제기한 의심은 곧 어둠 속에 묻히게 된다. 인간은 원하지 않는 통찰을 암흑 속에 묻는다. 인간의 지적 역사에서 탁월함과 인지도에 있어서 가장 대비되는 운명을 겪은 책 중 하나가 오컴의 《논리 총서^{Summa Logicae}》일 것이다. 냉정한 진실은 따뜻한 환각에 패배한다.

인간은 계속해서 필연적인(선험적인) 지식이 가능하다고 믿었고 그러한 신념하에 17세기의 과학혁명은 꽃을 피운다. 인간 지식의 선험성에 대한 근세의 의심이라는 새로운 변주는 데이비드 흄^{David Hume}에 의해 극적으로 제기된다. 흄은 인과율의 존재에 의문을 품는다. 인과율은 귀납추론이 겪어야 마땅한 운명을 겪어야 한다. 그것은 법칙이 될 수 없다. 그것은 환각이다.

흄은 인간 지식은 단지 두 종류밖에 없다고 말한다.
1. 논증적 지식^{demonstrative knowledge}
2. 사실의 문제^{matters of fact}

첫 번째 지식은 단지 분석적 지식이다. 예를 들면 "삼각형은 각이 세 개인 도형이다." 혹은 "'$p \cdot q$'이면 '$p \lor q$' 이다." 등의 지식은 분석적 지식이다. 주부를 '분석'하면 거기에 이미 술부가 들어 있다. '삼각형'이란 주어 안에는 이미 '세 개의 각, 도형'이라는 술부가 들어 있다. 따라서 이 지식의 참과 거짓을 알아내기 위해 이 언명을 실재(경험)와 비교할 필요는 없다. 그 자체로 참이기 때문이다. 이것이 항진명제이다.

두 번째의 지식이 경험적 지식이다. 이것은 물론 주부에 대해 어떤 지식인가가 더해지는 경우이다. 예를 들어 "이 컵은 흰색이다."라는 명제는 두 번째 지식의 범주에 든다. '이 컵'에는 '흰색'이라는 내용이 들어 있지 않다. '흰색'이라는 사실은 '이 컵'에 대한 어떤 종류의 경험적 지식이다. 이 지식은 물론 필연적이거나 선험적일 수 없다. 단지 경험적 지식이다.

첫 번째 지식은 필연적이지만 세계에 대한 어떤 정보를 주는 것은 아니고, 두 번째 지식은 세계에 대한 어떤 정보를 주지만 필연적일 수 없다. 이것이 우리 지식에 대한 흄의 규정이었다. 이 이외에 다른 인간 지식은 있을 수 없다.

문제는 과학지식은 "필연적이며 동시에 새로운 정보를 주는" 지식이라는 사실이다. $f = ma$(f; 힘, m; 질량, a; 가속도)의 예를 들자.

1. f를 아무리 분석해도 거기에서 ma가 나오지 않는다.
2. 이 지식은 힘과 질량과 가속도의 관계를 규정하는 모든 경우에 참이다.
3. 1.에 의해 이 지식은 경험적 지식이며,
4. 2.에 의해 이 지식은 선험적 지식이다.
5. 이것이 가능한 지식인가?

이 문제의 해결에 전면적으로 몰두한 철학자가 칸트이며 그 결과는 그의

'순수이성비판'이다. 거기에서의 지식의 분류는 다음과 같다.

분석적analytic	선험적a priori
종합적synthetic	경험적empirical

여기서 '분석적–선험적' 지식이 흄이 말하는 논증적 지식demonstrative knowledge이고 '종합적–경험적' 지식이 다시 '사실문제matters of fact'로서 경험적 지식이다. 칸트가 종합적synthetic이라고 말할 때 그 의미는 '새로운 정보를 주는'이다. 따라서 'synthetic–empirical' knowledge의 존재는 당연하다.

문제는 과학지식은 'synthetic–a priori'한 지식에 속한다는 사실이다. 앞에서든 예 $f = ma$의 경우에서처럼 과학지식은 경험적 지식이며 동시에 선험적인(필연적인) 것이다. 이러한 지식의 가능성에 대한 마지막 옹호자가 칸트이다. 칸트가 구축한 세계는 그러나 그의 사후 곧 붕괴한다. 에른스트 마흐, 아베나리우스 등의 논리실증주의자들은 칸트의 노고를 아주 쉽게 붕괴시킨다. 몇 번의 실험에 의해. 이제 세계는 흄이 제시한 길을 따라간다.

비트겐슈타인의 '논리 명제propositions of logic'는 흄의 논증적 지식과 같은 것이다. 그 명제는 항진명제이며 선험적인 명제이다. 그 명제의 참과 거짓을 알아내기 위해 그 명제를 세계와 비교할 필요가 없다. 그것은 선험적으로 참이고 무조건적으로 참이다.

비트겐슈타인은 누누이 "논리 명제의 참은 이미 그 구성요소에 의해 이미 보여진다.”고 말한다. 그 명제는 단지 분석적이기 때문이다.

물론 분석적이기 때문에 — 새로운 지식을 주지 않기 때문에 — 쓸모없다는 가정은 옳지 않다. 분석적 지식 또한 지식이다. ‘하나의 물 분자가 수소 원자 두 개와 산소 원자 하나의 결합’이라는 사실을 아는 것은 매우 중요하다. 우리의 지식은 이렇게 분석에 의해서도 얻어진다. 새로운 지식은 경험에 의해 얻어지고 경험에 의해 얻어진 지식의 정체를 알아내는 것은 이제 분석이 할 일이다. 비트겐슈타인은 “논리 명제의 존재가 세계의 본질에 대해 무엇인가를 말해준다.”고 거듭 강조한다. 이 부분은 본문에서 자세히 다뤄진다.

비트겐슈타인은 수학의 명제도 논리 명제라고 말한다. 그는 수학의 본질은 항등식 — 그는 방정식^{equations}이라고 말하지만 — 이라고 말한다. 따라서 수학적 명제는 당연히 항진명제이다. 동일성 기호$^{\text{identify sign}}$에 의해 전개되어 나가기 때문이다. 수학의 방법론 역시도 논리의 일종이다.

본문에서 자세히 논의하겠지만, 수학의 전개는 분석에 의한다. 수학이 추상화된 기호로 항등적으로 전개되어 나가고 그 참이 실재와 비교될 필요가 없다는 점에서 수학 명제야말로 논리 명제의 대표선수이다.

그는 논리의 존재를 선험적인 것으로 본다. 마찬가지로 그는 수학 역시도 선험적인 것으로 본다.

비트겐슈타인의 지식은 명제로 표현된다. 이것이 말해질 수 있는 것$^{\text{what can be said}}$이다. 그 분류는 다음과 같다.

[명제]

1. proposition of logic(analytic tautology)
2. proposition with sense(thought, non-logical proposition)

전자의 명제가 칸트가 말하는 analytic-a priori knowledge이고, 후자의 명제가 synthetic-empirical knowledge이다. 전자와 후자의 성격을 모두 가진 명제가 인과관계^{Kausalnexus}의 명제이다. 이 명제의 과학적 용어가 소위 인과율이다. 또한, 칸트의 용어로는 synthetic-a priori knowledge이다. 비트겐슈타인은 이것에 대한 믿음이 미신이라고 말하고 있다.

The propositions of logic are tautologies.

논리 명제는 항진명제이다.

해제 '논리 명제'와 '논리적 명제'의 차이를 먼저 구분해야 한다. 논리 명제propositions of logic는 이를테면 논리 그 자체에 관한 것이다. 그것에 관한 다른 하나의 부가적 성격을 말하자면 그것들은 분석적 명제analytic propositions라는 사실이다. 즉 술부predicative가 이미 주부subject 속에 들어 있는 명제이다. 예를 들어 "삼각형은 각이 세 개인 도형이다."라는 명제는 논리 명제이다. '각이 세 개인 도형'은 이미 '삼각형'에 들어 있기 때문이다.

다른 하나의 예를 통해 '논리 명제'의 성격에 대해 말해 보자.

"'$p \cdot q$'이면 '$p \vee q$'이다."

라는 명제는 논리 명제이다. 다음의 진리함수 표를 보자.

p	q	$p \cdot q$	$p \vee q$
T	T	T	T
F	T	F	T
T	F	F	T
F	F	F	F

'$p \cdot q$'가 참일 때 '$p \vee q$'는 참이다. 즉, $p \cdot q$의 참은 '$p \vee q$'의 참의 부분집합이다. 이 경우 '$p \vee q$'는 '$p \cdot q$'의 논리결과logical consequence이다. 따라서 위의 명제는 논리 명제이며 — 같은 말이지만 — 항진명제이다.

'논리적 명제'는 논리적 형식을 준수하는 경험적empirical 명제이다. 이 명제가 일반적인 명제이다. 이 명제의 참과 거짓은 부차적인 중요성밖에 가지지 않는다. 이 명제가 논리형식을 준수하느냐 그렇지 않으냐가 중요하다. 예를 들면 "자주색의 나이는 오후 세 시이다." 등은 논리적 명제가 되지 못한다.

논리 명제와 논리적 명제의 차이는 논리 명제는 단지 형식form에 관한 것이지만 논리적 명제는 구체적 사실을 담고 있다는 것이다. 엄밀하게는 '논리적 명제'라는 용어는 과잉이다. 명제이며 비논리적일 수는 없기 때문이다.

6.11

The propositions of logic therefore say nothing. (They are analytical propositions.)

따라서 논리 명제는 무엇도 말하지 않는다. (그것들은 분석적 명제들이다.)

———

해제　　　데이비드 흄은 우리가 분석적 명제analytical proposition라고 부르는 것을 논증적 지식demonstrative knowledge이라고 불렀다. 아마도 항진명제와 경험명제를 선명하게 가른 최초의 철학자가 윌리엄 오컴William Ockham이고 다음으로 데이비드 흄일 것이다. 이 논증적 지식을 분석적 지식이라고 부른 사람은 칸트이다. 그는 먼저 분석적 지식은 선험적 지식이라고 말한다.

이 분석적 지식은 어떤 정보를 우리에게 말해주지 않는다. 이때 말해주지 않는 어떤 것은 무엇인가? 그것은 경험적 지식이다. 이를테면 "$p \cdot q$'

이면 '$p \lor q$'이다." 라는 명제는 분석적이고 선험적이다. 따라서 새로울 것이 없다. '$p \cdot q$'에는 '$p \lor q$'가 이미 들어 있다. '$p \cdot q$'가 참이면 '$p \lor q$'는 무조건 참이다. 다른 종류의 명제, 즉 논리 명제가 아닌 논리적 명제에 대해 알아보자. "지금 비가 온다." 이 명제는 물론 논리형식을 지키고 있다. 즉 nonsensical 하지 않다. 그리고 우리에게 새로운 지식을 보태주고 있다. 비가 오고 있다는. 따라서 이 명제는 경험적 명제이다. 만약 비가 오고 있지 않다면 단지 거짓 지식을 주었을 뿐이다. 따라서 항진명제일 수 없다.

다음과 같은 명제를 생각하자. '$x^2 - 1$은 $(x+1)(x-1)$이다.' 이 명제가 세계에 대해 우리에게 무엇인가 새로운 지식을 보태주는가? 그렇지 않다. 단지 항진명제일 뿐이다. 실재와의 대비가 필요 없다. 수학적 명제는 모두 논리명제이다.

6.111

Theories which make a proposition of logic appear substantial are always false. One could e. g. believe that the words "true" and "false" signify two properties among other properties, and then it would appear as a remarkable fact that every proposition possesses one of these properties. This now by no means appears self-evident, no more so than the proposition "All roses are either yellow or red." would seem even if it were true. Indeed our proposition now gets quite the character of

a proposition of natural science and this is a certain symptom of its being falsely understood.

논리 명제가 실체를 가진 종류의 명제처럼 보이게 만드는 모든 이론은 거짓이다. 우리는 예를 들면 "참"과 "거짓"이 다른 속성 가운데에 두 속성이라고 믿을 수 있다. 그럴 경우 모든 명제가 이 두 속성(참과 거짓) 중 하나를 가진다는 사실이 분명한 것으로 보일 수 있다. 이것은 결코 자명한 것으로 보이지는 않는다. "모든 장미는 노란색이거나 붉은색이다."라는 명제가 그것이 참이라 할지라도 자명한 것으로 보이지 않는 것 이상으로 그렇다. 정말이지 우리 명제(논리 명제)는 자연과학의 명제의 특징을 지니고 있고 이것이 그 명제들이 잘못 이해되게 만드는 어떤 징후이다.

———

해제　　　비트겐슈타인은 논리 명제proposition of logic는 내용이 진공인 하나의 형식으로만 보고 있다. 예를 들어 '$p \cdot q. \supset .p \vee q$'라는 명제는 p와 q의 내용에서 독립하여 참이다. 물론 '$p \vee q. \supset .p \cdot q$'라는 명제는 내용에서 독립하여 항상 참일 수는 없다. 그러나 후자의 명제는 논리 명제일 수 없다. 그것은 항진명제가 아니기 때문이고 따라서 논리 명제의 세계에선 존재하지 않는 명제이기 때문이다.

논리 명제가 항상 참이라는 사실로부터 논리 명제 역시도 내용을 가진 일반 명제로 생각되기 쉽다. 왜냐하면, 모든 명제가 참 혹은 거짓이라는 두 개의 속성 중 하나를 갖기 때문이다. 그러나 사실상 모든 명제가 참 혹은 거짓의 속성을 갖는 것이 자명하지는 않다. 예를 들어 "모든 장미는 노란색이거나 붉은색이다."라는 명제는 그것이 사실이라 할지라도 자명하지 않기 때문이다. 우리의 논리 명제는 그것이 소유하는 "참"이라는 속성 때문에도 자연과학이 지니는 속성을 지닌다. 그리고 이것이 논리 명제를 잘못 이해하게 되는 이유이다.

6.112

The correct explanation of the propositions of logic must assign to them a unique status among all propositions.

논리 명제에 대한 올바른 설명은 반드시 그것들(논리 명제들)에게 모든 명제들(일반적인 명제를 포함하는) 중에서 독특한 지위를 부여하는 것이 되어야 한다.

———

해제 비트겐슈타인은 계속해서 논리 명제의 성격에 관한 설명을 부가적으로 하고 있다. 그가 논리 명제라고 부르는 것은 현대적 용어로 말하면 형식논리formal logic의 명제들이다. 형식논리의 명제들의 특징은 실재reality와 대비될 필요 없이 그 내재적 이유로 참이라는 독특성을 가진다는 것이다.

6.113

It is the characteristic mark of logical propositions that one can perceive in the symbol alone that they are true ; and this fact contains in itself the whole philosophy of logic. And so also it is one of the most important facts that the truth or falsehood of non-logical propositions cannot be recognized from the propositions alone.

우리가 기호(symbol) 그 자체에 의해 논리 명제들이 참이라는 사실을 알아낼 수 있다는 사실이 그것들의 특징적 표지이다. 이 사실은 또한 그 자체 내에 논리의 모든 철학을 내포한다. 비논리 명제의 참과 거짓은 명제 그 자체에 의해 인식될 수는 없다는 것은 또한 매우 중요한 사실 중 하나이다.

———

해제　　　여기에서 비트겐슈타인의 logical proposition은 '논리적인 명제'가 아닌 '논리 명제'를 의미한다. 다시 말하면 여기에서의 logical proposition은 앞의 proposition of logic과 같은 말이다.

앞에서도 말한 바와 같이 논리 명제는 이를테면 단지 기호만으로 전개되는 언제나 '참'인 명제를 의미한다. 비논리 명제non-logical proposition는 경험적 명제이다. 여기에서 중요한 것은 비논리 명제를 '논리적이지 않은 명제'와 혼동해서는 안 된다는 것이다. 비트겐슈타인 특유의 용어사용terminology은 혼란을 줄 소지가 있다. non-logical proposition은 단지 '논리 명제가 아닌 일반적인 명제'이다. 그 일반적인 명제의 참과 거짓은 실재와의 비교에 의해 드러난다. 즉 이것은 경험적 명제이다.

논리 명제는 이를테면 '$\sim(p \cdot \sim p)$'와 같은 것이다. 이것은 p의 참과 거짓에 상관없이 참이다.

비논리 명제는 이를테면 '"$p \cdot q$'이다."와 같은 것이다. 우리는 이 명제의 참과 거짓을 알기 위해 실재와 비교해 보아야 한다. 이것은 물론 p와 q 각각이 논리적 명제라는 전제하에 그렇다. 이 명제는 비논리 명제이지만 비논리적 명제는 아니라는 사실을 아는 것이 중요하다.

마지막으로 비논리적인 명제는 다음과 같은 것이다. "자주색은 세 살 먹었다." 이것은 일단 논리형식을 지키지 않고 있다. 따라서 명제 자체가 아니다. 세계에는 이러한 형식이 자리 잡고 있지 않다. 따라서 이것은 논의의 대상이 아니다.

The fact that propositions of logic are tautologies shows the formal — logical — properties of language, of the world.

That its constituent parts connected together in this way given a tautology characterizes the logic of its constituent parts.

In order that propositions connected together in a definite way may give a tautology they must have definite properties of structure. That they give a tautology when so connected shows, therefore that they possess these properties of structure.

논리 명제가 항진명제라는 사실은 언어의, 또한 세계의 형식적 — 논리적 — 속성을 보여준다. 그 구성 부분들이 이러한 양식으로 연결되어 있을 때 항진명제를 제시한다는 것은 그 구성 부분들의 논리를 특징짓는다.

어떤 특정한 양식으로 결합한 명제들이 항진명제를 산출하기 위해서는 그 명제들은 특정한 구조적 속성을 가져야 한다. 따라서 그렇게 연결되어 있을 때 그 명제들이 항진명제가 된다는 것은 그것들이 이러한 구조적 속성을 가졌다는 사실을 보인다.

해제 위의 언명은 약간은 번거롭게 논리 명제의 특징에 대해 언급되고 있는 것이다. 아주 간단하게 다음의 예를 들어보자. '$p \cdot q. \supset .p \vee q$'의 명제를 다시 예로 들자. 이 명제는 풀어쓰면 "$p \cdot q$이면 $p \vee q$이다."라는 명제이고 이것은 항상 참이다. 예를 들어 "비가 오고 더우면" 항상 "비가 오거나 덥다."이다. 따라서 이 명제는 항진명제이다. 이 명제가 항진명제라는 사실은 "$p \vee q$는 $p \cdot q$에서 나온다.("$p \vee q$" follows from "$p \cdot q$")"는 의미

이다. 즉 $p \cdot q. \supset .p \vee q$가 논리 명제일 때 — 즉 항진명제 일 때 — 이 명제는 $p \cdot q$와 $p \vee q$ 사이에 어떤 구조적 속성을 보여준다. 비트겐슈타인이 6.12를 통해 내내 말하고자 하는 바는 이것이다. 항진명제와 그 명제의 속성들 사이의 구조적 특징에 대하여는 다음 항목(6.1201)의 예증에서 잘 말해지고 있다.

6.1201

That e. g. the propositions "p" and "$\sim p$" in the complex "$\sim(p \cdot \sim p)$" give a tautology shows that they contradict one another. That the propositions "$p \supset q$", "p" and "q" combined together in the form "$(p \supset q) \cdot (p): \supset :(q)$" give a tautology shows that q follows from "p and $p \supset q$." That "$(x).fx: \supset :fa$" is a tautology shows that fa follows from $(x).fx$, etc.

예를 들어 "p"와 "$\sim p$"라는 명제가 "$\sim(p \cdot \sim p)$"라는 관계를 이루어 항진명제를 산출했다면 그것은 "p"와 "$\sim p$"가 서로 모순명제임을 말한다. "$p \supset q$", "p" 그리고 "q"라는 명제가 "$(p \supset q) \cdot (p): \supset :(q)$"로 결합하여 항진명제를 산출한다면 q는 "p 그리고(and) $p \supset q$"라는 명제의 논리적 결과(follows from)임을 보여준다. "$(x).fx: \supset :fa$"가 항진명제라면 fa가 $(x).fx$의 논리적 결과임을 보인다.

해제　　　여기에서 비트겐슈타인은 논리 명제(항진적인 명제)가 자기의 구성요소들의 관계를 어떻게 선험적으로 구성하고 있는가를 예증을 들어 설명하고 있다. 《논고》의 이 부분 역시 매우 brilliant한 논리를 내포하고 있는 중요한 부분이다.

“~(p・~p)”는 논리 명제이다. 다시 말하면 이 명제는 구조에 의해 이미 참이다. 비트겐슈타인은 이것의 대우를 사용하여 논리 명제를 설명하고 있다. 구성요소들의 어떠한 관계에 의해 그 명제를 항진명제로 만드는 것이 아니라 그것들의 항진명제(논리 명제)임에 의해 그 구성요소들이 어떤 관계에 있다는 사실을 알 수 있다. 이것은 논리에 있어 중요한 요소이다. 언어 즉 세계의 형식이 어떠어떠하다면 그 형식의 구성요소들이 어떤 구체적 관계를 맺고 있는가를 알 수 있기 때문이다. 우리가 교과서적인 것으로 배우는 논리학은 바로 이것이다.

　‘~(p・~p)’가 항진명제라고 하자. 사실 항진명제이다. 이 명제는 ‘~p∨p’로도 표현할 수 있다. 이것이 참이라면 ~p와 p는 서로 배치되는^{contradict} 관계를 표현하게 된다.

　“(p⊃q)・(p):⊃:(q)”라는 명제에 대해 생각해 보자. 이것 역시 항진명제이다. 이 복잡한 형태의 명제 구성은 현대식으로 표현하면 “(p⊃q)•p:⊃:q”이다. 그리고 이것은 항진명제이다. 이때 “q는 ‘p⊃q’에서 나온다.(논리적 귀결이다.)”고 말할 수 있다.

　만약 a・b⊃c가 항진명제라고 하자. 그렇다면 당연히 c는 a의 논리적 귀결이기도 하고 b의 논리적 귀결이기도 하다. 이것은 물론 이해를 위한 하나의 가정이다. 실제로 “(p⊃q)・p:⊃:q”는 항진명제이다. 이때 당연히 q는 p⊃q의 논리적 귀결^{logical consequence}이며 동시에 p의 논리적 귀결이다.

　다시 “(x).fx:⊃:fa”가 항진명제라는 사실은 $fa, fb, fc, ...$ 등등이 $(x).fx$

의 논리적 귀결이라는 사실을 말한다. 이것은 바꿔 말하면 "모든 x에 대해 fx가 성립한다."면, "$fa, fb, fc, \ldots$ 등등도 성립한다."는 것이다.

The propositions of logic demonstrate the logical properties of propositions by combining them so as to form propositions that say nothing.

This method could also be called a zero-method. In a logical proposition, propositions are brought into equilibrium with one another, and the state of equilibrium then indicates what the logical constitution of theses propositions must be.

논리 명제는 아무것도 말하지 않는 명제를 구성하기 위해 명제의 속성들을 결합시킴에 의해 그 명제의 속성들을 제시한다.

이 양식은 영위법(zero-method)으로 불릴 수도 있다. 논리 명제에 있어서는 명제들은 상호 간에 평형상태에 있게 되며 또한 그 평형상태는 이 명제들의 논리적 구성이 어떠해야 하는 가를 제시한다.

———

해제　　논리 명제들은 모두 정언명제이다. 거기에 유예나 조건은 없다. 그 참과 거짓을 확인하기 위해 실재와 비교할 필요가 없기 때문이다. 예를 들어 "$(p \supset q) \cdot p : \supset : q$이다."라는 논리 명제를 예로 들면 이것은 물론 항진명제이다. 우리는 더 간단한 예로 "$\sim(p \cdot \sim p)$이다." 라고 말할 수도 있다. 전자의 경우나 후자의 경우나 명제들은 무엇도 말하지 않는다. 그것들은 항진명제이고 세계에 대한 어떠한 정보를 알려주지 않는다. 이것들은 단지 형식상의 문제이다. 이 논리 명제들은 'p', '$\sim p$', 'q' 등의 명제들로 명제의 속성을 구성한다.

이때 논리 명제의 구성양식이 소위 영위법$^{zero\text{-}method}$이라고 할 수 있다. 거기에서 물적인 요소는 모조리 증발시키고 오로지 형식만을 남긴다.

"비가 온다."라는 명제를 생각해 보자. 여기에는 "비"와 "온다."라는 질료가 개입되어 있다. zero-method는 전류 혹은 전압을 0 상태에 놓는다는 전제하에 — 또 상당한 정도로 거기에 접근하는바 — 계측 결과를 정확히 얻어내기 위한 것이다. 즉, 전류, 저항, 전압 등은 단지 "자국"만을 남기고 사라진다. 여기에서 "자국"이 곧 형식이다. 그러므로 논리 명제는 영위법$^{zero\text{-}method}$에 비교될 수 있다.

다시 "$(p \supset q) \cdot p : \supset : q$이다."라는 논리 명제를 생각하자. 이 논리 명제는 그 자체로 참이다. 이때 이 명제는 평형상태$^{state\ of\ equilibrium}$에 있다고 할 수 있다. 이 명제는 얼어붙은 것과 같은 균형을 가진다. 여기에서 변수^{variable}는 없다. 모든 것이 '영원' 속에 고정된다. 이때 우리는 고정된 명제들의 논리적 구성은 어찌 되어야 하는가를 명확히 알 수 있다.

6.122

If follows from this that we can actually do without logical propositions; for in a suitable notation we can in fact recognize the formal properties of propositions by

mere inspection of the propositions themselves.

이것으로부터 우리는 사실상 논리 명제 없이도 해나갈 수 있다는 사실이 따라 나온다. 왜냐 하면, 적절한 표기에서라면 우리는 사실상 명제 그 자체를 검증함에 의해 명제의 형식 속성 을 알아챌 수 있기 때문이다.

해제   "Red and green make orange."라는 문장을 예로 들어보자. "붉은색과 녹색을 섞으면 주황색이 된다." 이때 누군가가 이 명제의 전제로

1. "Red is a color."
2. "Green is also a color."
3. "Orange is a color, too."

라는 명제들이 필요하다고 하자. 그러나 이 주장은 color는 red, green, blue, violet, orange 등의 하나의 전제라는 사실을 염두에 두지 않은 것이 다. 그것들이 색^{color}이라는 것을 따로 말할 필요는 없다. 각각의 색들은 그것 이 제시되었을 때 이미 일반개념으로서의 '색^{color}'이라는 사실이 배경으로(선 험적으로, 형식 속성으로) 들어가 있기 때문이다.

이것은 숫자에 있어서도 마찬가지이다.

"5 plus 7 makes 12."

여기에서 5 is a number. 등등은 필요하지 않다. 5, 7, 12 등에 대해 number는 형식 속성이기 때문이다.

이처럼 형식 속성은 이미 내재된 것이고 또한 경험에 호소할 필요가 없 는 것이다. 그 대상을 들여다보기만 해도 거기에 이미 하나의 참인 전제로서 존재하기 때문이다.

비트겐슈타인은 논리 명제도 그와 같은 성격을 지닌다고 말하고 있다. 우리가 논리 명제들을 진행시켜 나갈 때 반드시 그것을 실재와의 비교에 의해 참조해야 할 필요가 없다. 예를 들어 '~(비가 온다. • 비가 오지 않는다.)'라는 명제의 참과 거짓을 판별하기 위해 '~(p • ~p)'를 참고할 필요가 없다. '~(비가 온다. • 비가 오지 않는다.)' 혹은 '~(붉은색이다. • 붉은색이 아니다.)' 등에는 이미 '~(p • ~p)'가 형식 속성formal property으로 자리 잡고 있기 때문이다.

6.1221

If, for example, two propositions 'p' and 'q' in the combination '$p \supset q$' yield a tautology, then it is clear that q follows from p.

For example, we see from the two propositions themselves that 'q' follows from '($p \supset q$) • p' but it is also possible to show it in this way : we combine them to form '($p \supset q$) • $p : \supset : q$', and then show that this is tautology.

만약 'p'와 'q'라는 두 개의 명제가 결합하여 "'$p \supset q$'이다."라는 명제를 만들었을 때 이 (만들어진) 명제가 항진명제라면 'q'는 'p'의 논리적 귀결이 된다는 사실은 명백하다.

다시 예를 들어 우리는 두 개의 명제 즉 'q'와 '($p \supset q$) • p' 자체로부터 'q'가 '($p \supset q$) • p'의 논리적 귀결(logical consequence)이라는 사실도 알 수 있다. 그러나 이것은 또한 다음과 같은 양식으로도 보여질 수 있다. "($p \supset q$) • $p : \supset : q$"로 조합하면 여기에서 이 명제는 곧 항진적이라는 사실을 알 수 있다.

비트겐슈타인은 다시 논리 명제proposition of logic는 하나의 형식 속성으로서 반드시 조건적일 필요가 없는unconditional — 혹은 당연한 — 명제 라는 사실을 부연 설명하고 있다.

먼저 "'$p \supset q$'가 항진명제라면 'q'는 'p'의 논리적 귀결이다."라는 명제를 예로 들자. 이것은 논리 명제의 한 예이다. 진리함수 표를 살펴보기로 하자.

p	q	$p \supset q$
T	T	T
F	T	T
T	F	F
F	F	T

위와 같은 진리함수에서 '$p \supset q$'가 항진적이라면 'p'가 T이고 'q'가 F인 항목은 배제되어야 한다. 즉, 세 번째 열은 사라져야 한다. 이것은 'q'가 'p'의 논리적 귀결임을 말한다. (T T • F)는 (T F • F)의 논리적 귀결이기 때문이다.

비트겐슈타인은 다른 각도에서 논리 명제를 설명한다. '$(p \supset q)$ • p'라는 명제를 가정하자. 'q'가 이 명제의 논리적 귀결임은 분명하다.

p	q	$p \supset q$	$(p \supset q)$ • p
T	T	T	T
F	T	T	F
T	F	F	F
F	F	T	F

'q'의 진릿값 (T T F F)는 '$(p \supset q) \cdot p$'의 진릿값(T F F F)의 논리적 귀결이다.

따라서 제시된 명제는 항진명제 혹은 같은 얘기지만 논리 명제이다.

비트겐슈타인은 이것을 논리기호만을 사용하여 나타낼 수 있다고 한다. 그리고 사실 나타내질 수 있다.

'$(p \supset q) \cdot p$' : $\supset$: 'q'

위의 기호는 현대식으로는 $((p \supset q) \cdot p) \supset q$라고 표현될 수 있고 당연히 "'$(p \supset q) \cdot p$'이면 '$q$'이다." 라고 읽힐 수 있고 또한 그것은 항진명제이다.

비트겐슈타인이 여기에서 밝히고자 하는 것은 논리 명제의 선험성이다. 그것은 실재와 비교할 필요 없이 참이다. 형식 속성이기 때문이다.

6.1222

This throws some light on the question why logical propositions cannot be confirmed by experience any more than they can be refuted by it. Not only must a proposition of logic be irrefutable by any possible experience, but it must also unconfirmable by any possible experience.

이 사실은 왜 논리 명제들이 경험에 의해 논박될 수 없는 것 이상으로 경험에 의해 확인될 수도 없는가의 사실에 대한 어떤 빛을 던져준다. 논리 명제는 어떤 가능한 경험에 의해서도 논박될 수 없을 뿐만 아니라 또한 어떤 가능한 경험에 의해서도 확증될 수 없다.

이 부분은 논리의 선험성에 대한 문제이다. 논리는 그 내재적 동기에 의해 참인 것이지 우리 경험으로부터의 검증에 의해 참인 것은 아니다. 논리는 '무조건^{unconditional}'적이다. 그것은 경험과는 관련 없다. 일반적인 명제는 실재(경험)와 비교되어 참과 거짓이 판별된다. 그러나 논리 명제는 실재에서 독립한다. 명제의 뜻은 명제의 형식에서 독립한다. vice versa.

6.1231

The mark of a logical propositions is not general validity.

To be general means no more than to be accidentally valid for all things. An ungeneralized proposition can be tautological just as well as a generalized one.

논리 명제의 표식이 일반적 유효성(적용성)은 아니다.

일반적이 된다는 것의 의미는 단지 모든 대상에 대해 우연히 유효하다는 것을 의미한다. 비일반화된 명제 역시도 일반화된 명제와 마찬가지로 항진적일 수 있다.

해제   비트겐슈타인은 논리 명제와 일반화에 준한 명제를 구분한다. 일반화된 명제는 $(x).fx$의 꼴을 취한다. 이를테면 "모든 x에 대해 f이다"와 같은 형식이다. "이것이 참이라 해도 이 명제가 논리 명제는 아니다."라고 비트겐슈타인은 말하고 있다.

예를 들어 x를 식물, f를 광합성을 한다고 정의하자. 또한 "모든 식물이

광합성을 한다."는 것을 참이라고 하자. 이때 이 명제는 일반화된 명제이다. '모든 식물'이 일반화된 개념이기 때문이다. 그러나 비트겐슈타인은 이 일반성은 단지 우연적 일반성이라고 말하고 있다. 사실이 그렇다. '모든 식물'은 단지 우리가 여태까지 경험한 식물 만에 대한 것이기 때문이다. 따라서 일반명제가 곧 논리 명제는 아니다.

일반화된 명제와 논리 명제가 둘 다 항진적^{tautological}이라는 점에 있어 같다는 이유로 이 둘을 같은 형식의 논리로 볼 수도 있다. 그러나 일반화된 명제는 궁극적으로 '항진적'이지는 않다. 단지 우연적 유효성을 지닐 뿐이다. 그 일반성은 제한된 일반성이고 경험적 일반성일 뿐이다. 다음과 같은 명제를 생각하자.

"x is a dog."

이때 a dog은 일반화된 개념이고 따라서 이 개념을 충족시키는 대상을 전제할 때 항진적이라고 생각할 수 있다. 그러나 'a dog'은 경험적 개념 empirical concept이지 선험적 개념은 아니다. 비트겐슈타인의 철학에 입각하면 플라톤적 의미에 있어서의 모든 개념은 경험적 개념이다. 따라서 이 명제는 논리 명제가 아니다.

만약 앞에서 예로 든 '모든 식물'과 같은 일반성을 지닌 대상이 "광합성을 한다."는 것을 우리가 여태까지 경험한 모든 식물에 대해 유효했기 때문에 항진적이라 한다면 '멜루'라는 전혀 일반화되지 않은 대상도 "짖는다."는 점에 있어서 경험상 항상 그러했기 때문에 항진적이라 해야 할 것이다. "항진적이냐 그렇지 않으냐."의 문제에 있어 일반화는 어떤 특권도 갖지 못한다.

그 명제는 우리의 경험의 테두리 안에 있다는 점에서 전혀 일반화되지 않은 명제와 성격을 같이하기 때문이다.

The propositions of logic describe the scaffolding of the world, or rather they represent it. They have no 'subject-matter'. They presuppose that names have meaning and elementary propositions sense; and that is their connexion with the world. It is clear that something about the world must be indicated by the fact that certain combinations of symbols — whose essence involves the possession of a determinate character — are tautologies. This contains the decisive point. We have said that some things are arbitrary in the symbols that we use and that some things are not. In logic it is only the latter that expresses: but that means that logic is not a field in which we express what we wish with the help of signs, but rather one in which the nature of the natural and inevitable signs speaks for itself. If we know the logical syntax of any sign-language, then we have already been given all the propositions of logic.

논리 명제는 세계의 발판(비계)을 묘사한다. 혹은 오히려 발판을 표상한다. 논리 명제는 물적 주제를 지니지 않는다. 그것들은 이름은 의미를 지니고 요소명제는 뜻을 지닌다는 것을 전제한다. 그것이 논리 명제가 세계와 맺고 있는 관계이다. 세계에 대한 어떤 것인가가 기호의 어떤 조합 — 그 본질은 확정적 성격의 소유를 포함하는바 — 이 항진명제라는 사실에 의해 제시되어야 함은 분명하다. 이 사실은 (중요한) 결정적인 요점을 포함한다. 우리는 어떤 것들은 우리가 사용하는 기호에 있어 자의적이고 어떤 것들은 자의적이지 않다고 말해왔다. 논리에 있어서는 오직 후자만이 (무엇인가를) 표현한다.: 그것은 다음과 같은 사실을 의미한다. 논리는 우리가 원하는 것을 기호의 도움을 얻어 표현하는 영역이 아니다. 오히려 자연적이고 불가피한 기호들의 본질이 스스로를 표현하는 영역이다. 만약 우리가 어떤 기호 언어의 논리적 문맥을 안다면 우리는 이미 모든 논리 명제를 부여받은 것이다.

해제　　　이 길고 제법 복잡한 언명은 다시 논리 명제(논리적 명제가 아닌)의 성격에 관한 부연설명이다.

　논리 명제가 세계 전체는 아니다. 단지 세계의 형식form일 뿐이다. 건물과 그 건물의 비가시적 설계도를 상상해 보자. 이때 이 비가시적 설계도가 곧 논리 명제이다. 모든 (물질적) 명제들은 이 비가시적 명제(논리 명제)에 준해야 한다. 따라서 이 논리 명제들 — 이를테면 비가시적 설계도들 — 은 물질적 대상을 가져서는 안 된다. 그것은 순수형상이어야 한다. "비가 온다."라는 명제를 예로 들면 거기에는 "비"와 "온다."라는 물질적 주제subject-matter가 있다. 그러나 논리 명제는 이러한 주제를 가져서는 안 된다. 그것은 형식의 규정이기 때문이다.

　만약 논리 명제가 세계와 어떤 직접적 관계를 맺는다면 그것은 "이름은 의미를, 요소명제는 뜻을 가진다."는 것이다. 비트겐슈타인의 이 언명은 매우 중요하다. 모든 논리 명제는 사실은 항진적이다. 그리고 항진적이라는 의미는 이 명제들은 분석적 명제라는 뜻이다. 예를 들어 "'$p \cdot q$' $\supset$ 'q'"라는 명제를 생각하자. 이 명제는 물론 항진명제이다. 그리고 'p'는 '$p \cdot q$'의 한 인수이다. 이것은 마치 "$(x+1) \cdot (x-1) \supset (x+1)$"라는 명제와 같다. 우리가 일반적으로 말하는 방식으로는 "$(x+1) \cdot (x-1)$은 $(x+1)$이라는 인수를 가진다."이다. 즉 $(x+1)$은 $(x+1)(x-1)$의 분석의 한 요소이다. 물론 $(x-1)$도 분석의 한 요소이다.

이처럼 논리 명제는 사실은 분석의 도구이다. 이것이 모든 분석은 결국 세계와 닿는 이유가 된다.

우리는 어떤 세계에 산다. 그 세계는 사실은 우리의 언어이고 그 언어는 어떤 형식(논리)에 의해 지배받는다. 이것은 우리의 언어 분석의 종점이 세계와 닿는다는 사실에 의해서만 가능하다.

우리가 10층 건물의 10층에 산다고 가정하자. 우리가 어떻게 안전을 확신하면서 살 수 있을까 하는 의문을 품는다고 하자. 우리는 "9층이 부동하다."는 사실을 확인하고는 만족해한다. 그러나 그 만족은 잠시 후에 또 다른 불안으로 바뀐다. "9층이 안전하다는 건 어떻게 확신할 수 있는가?"

여기에 대한 답변은 다시 8층의 확고부동함에 의할 것이다. 이러한 과정은 계속된다. 마지막으로 1층의 확고함을 위해 기초를 확인한다고 하자. 그러나 기초는 땅속에 묻혀있다. 따라서 확인 불가능하다. 이제 딜레마에 부딪힌다. 우리는 10층까지의 삶의 안정성을 계속해서 그 밑의 층의 안정성에 의존해 왔다. 그런데 그 마지막 기저의 안정성은 정해지지 않는다. 그렇다면 삶은 변덕스럽고 불안정한 것인가? 전통적인 지적 체계에 따르면 그렇다.

현대의 분석철학과 실존주의에서는 그러나 이러한 이유로 삶이 불안하다거나 무의미하다고 말하지는 않는다. 오히려 그 반대이다. 여기에 실존적 명제와 실존적 삶이 있다. 이것은 분명한 사실이다. 그렇다면 무엇이 세계와 닿는가? 물론 분석의 종점이 세계와 닿는다. 건물의 기초가 세계와 닿는 것과 마찬가지로.

만약 기저에 분석의 종단이 없다면 현존도 존재하지 않는다. 따라서 종단은 있어야 한다. 이것이 '단순자에 대한 요청demand for the simples'이다. 거기에 반드시 분석의 종단이 있어야 한다. 이것은 실증적으로 보여줄 수도 또 그럴 필요도 없다. 왜냐하면, 단지 논리적인 것이기 때문이다.

우리는 분석의 종단에 있는 '그 무엇'의 예를 들 수 없다. 물질의 분석의 종단인 소립자의 예를 들 수 없다. 아마 영원히 들 수 없을 것이다. 왜냐하면, 분석은 영원히 계속될 것이기 때문이다. 명제가 곧 세계이다. 명제는 계속 분석된다. 그리고 그 끝에 물질에 있어 소립자와 같은 것이 존재한다. 이것이 요소명제이다. 이제 우리의 세계는 안정성을 갖는다. 기초가 있기 때문이다. 이것은 논리상의 문제이다. 논리가 세계와 맺는 관계는 먼저 이것 — 분석의 종단 — 의 존재를 전제함에 의하여서이다.

세계에는 (즉 언어에는) 기호의 어떤 조합에 의해 반드시 항진명제가 되어야 하는 경우가 있어야 한다. 비트겐슈타인은 세계에 어떤 확정적 성격을 가지는 기호의 조합이 존재해야 하는바 그것이 항진명제라고 말하고 있다. 여기서 중요한 것은 이 항진명제가 있어야 하는 이유이다. 이것은 거기에 '분석'이 없다면 논리는 없기 때문이다. 분석은 항등식의 양식으로 전개된다.

다음의 예를 보자.

$$(x^3-x^2+x-1){:}\supset{:}x^2(x-1)+(x-1)$$

$$x^2(x-1)+(x-1){:}\supset{:}(x^2+1)(x-1)$$

$$(x^2+1)(x-1){:}\supset{:}(x+i)(x-i)(x-1)$$

이 과정은 모두 분석의 과정을 통해 전개된다. 이것은 대단히 중요하다. 우리는 "x^3-x^2+x-1"이라는 비밀에 싸인 정식이 $(x+i)(x-i)(x-1)$로 분석된다는 사실을 알게 됐다. 만약 "x^3-x^2+x-1"을 하나의 명제라고 한다면, $(x+i)$, $(x-i)$, $(x-1)$ 등은 요소명제이다. (그렇게 가정하자.)

위의 과정은 모두 논리의 문제이고 모두 항진명제이다. 이것이 우리가 세계를 파악하는 양식이다.

논리의 세계는 정언적인 세계이다. 거기에서 표현의 자유는 없다. 우리는 예를 들어 p라는 명제와 q라는 명제에 대해 수없이 많은 진리함수를 만들 수 있다. 논리형식$^{\text{logical form}}$만 지킨다면 우리의 명제는 어쨌든 뜻^{sense}을 지닌다. 예를 들어 'p'를 "비가 온다."로 'q'를 "바람이 분다."로 가정하여 '$p \cdot q$', '$p \lor q$', '$p \supset q$' 등등의 명제를 자유롭게 만들 수 있다. 이때 이 명제들은 우리 상상의 소산이고 따라서 진리함수는 실험^{experiment}의 형식으로 만들어진다. 이 자유롭게 만들어진 명제들의 참과 거짓은 그러나 아직 유예되어 있다. 실재^{reality}와 비교되어야 하기 때문이다.

$(p \supset q) \cdot p{:}\supset{:}q$라는 명제는 어떤가? 이 명제는 우리가 실험의 형태로

만들 수는 없는 명제이다. 이 명제는 정언적이다. 왜냐하면, 항상 참이기 때문이다. 이러한 것들이 논리 명제이다.

논리는 단숨에 그리고 한 번에 주어진다. 왜냐하면, 그것은 우리 자신이기 때문이다. 논리 명제가 항진적인 이유는 그것이 우리 자신이기 때문이다. 우리 자신은 무조건 참이다. 그렇지 않다면 모순이 발생한다. 우리면서 우리가 아닐 수는 없기 때문이다.

이 논리는 또한 언어의 종류에 따라 바뀌는 것도 아니다. 만약 우리가 어떤 기호 언어(표의 언어가 아닌)의 문법을 알 수 있다면 우리는 그 언어에서 논리 명제는 어떻게 형성되는가를 단숨에 알 수 있다.

6.125

It is possible — indeed possible even according to the old conception of logic — to give in advance a description of all "true" logical propositions.

모든 '참인' 논리 명제에 대한 기술을 먼저 제시한다는 것은 가능하다. 이것은 심지어 논리에 관한 과거의 개념에 있어서도 그렇다.

해제　　이 언명은 자구적^{literal}인 것은 아니다. 모든 항진명제를 한꺼번에 제시할 수는 없다. 단지 우리는 이 명제들이 제시되면 본능적으로 그것이 논리 명제인 것을 알 수 있다. 왜냐하면, 그것은 우리 자신이기 때문이다.

독수리를 상상해 보자. 독수리에는 날고, 움켜쥐고, 예리한 시지각을 행사하고 등의 본능이 있다. 이러한 것들은 이미 독수리에게 한꺼번에 주어진 것이다. 그러나 독수리에게 주어진 모든 것들을 독수리 자신도 열거하지는 못한다. 그렇지만 어쨌건 필요한 상황이 닥치면 그것을 행사한다. 독수리의 본능 자체가 독수리이기 때문이다.

마찬가지로 논리도 우리에게 이미 주어져 있다. 그것이 우리의 본능이기 때문이다.

6.1251

Hence there can never be 'surprise' in logic.

따라서 논리에는 '놀람'이 있을 수 없다.

해제　　　　논리에서는 모든 것이 이미 한꺼번에 주어져 있다. 따라서 논리에서 예기치 못할 것은 없다.

6.126

One can calculate whether a proposition belongs to logic, by calculating the logical properties of the symbol.

And this is what we do when we 'prove' a logical proposition. For without bothering about sense or meaning, we construct the logical proposition out of

others using only rules that deal with signs.

The proof of logical propositions consists in the following process : we produce them out of other certain operations that always generate further tautologies out of the initial ones. (And in fact only tautologies follow from a tautology.)

우리는 하나의 명제가 논리(논리 명제)에 속하는가 그렇지 않은가를 기호의 논리적 속성을 계산함에 의해 계산해 낼 수 있다.

그리고 이것이 우리가 하나의 논리 명제를 '증명'할 때 하는 것이다. 왜냐하면, 우리는 명제의 뜻 혹은 의미에 대한 성가심 없이 단지 기호를 다루는 법칙을 사용함에 의해 다른 논리 명제들로부터 논리 명제를 구성하기 때문이다.

논리 명제의 증명은 다음의 과정으로 구성된다. 우리는 최초의 항진명제로부터 다음의 항진명제를 산출하는 어떤 연산을 연속적으로 적용함에 의해 다른 논리 명제로부터 그것들을 산출해 낸다. (또한, 오로지 항진명제만이 항진명제에서 나온다.)

해제　　　비트겐슈타인은 어떤 명제가 논리 명제인가 그렇지 않은가를 계산해 내는 과정과 그 명제를 증명해 내는 과정은 사실상 같은 것이라고 말하고 있다.

논리 명제는 물론 항진명제이다. 그리고 논리 명제는 뜻sense이나 의미meaning를 지니지 않는다. 그것은 단지 형식논리일 뿐이다. 어떤 명제가 제시되었을 때 오로지 그 명제에 내재해 있는 기호의 속성을 따라가면 그 항진성이 스스로 증명될 때 그것이 논리 명제이다.

비트겐슈타인이 이 언명의 후반부에 말하는 논리 명제의 증명 양식에 대해서는 예증을 들어 설명하겠다.

다음과 같은 수학적 명제가 있다고 하자.

$$(x^3-x^2+x-1):\supset:x^2(x-1)+(x-1)$$
$$x^2(x-1)+(x-1):\supset:(x^2+1)(x-1)$$
$$(x^2+1)(x-1):\supset:(x+i)(x-i)(x-1)$$

$$(x^3-x^2+x-1):\supset:(x+i)$$

이 명제의 의미를 x^3-x^2+x-1이라는 정식이 $(x+i)$라는 인수를 갖는다는 의미로 해석하기로 하자. 그렇다면 다음의 과정이 따른다.

$(x^3-x^2+x-1):\supset:x^2(x-1)+(x-1)$이 첫 단계이다.

$x^2(x-1)+(x-1):\supset:(x^2+1)(x-1)$이 두 번째, 다시 $(x^2+1):\supset:(x+i)$이고, 따라서 $x^3-x^2+x-1:\supset:(x+i)$이다.

명제의 연산 역시도 이 과정을 따른다.

다음의 명제를 보도록 하자.

$(p\supset q)\cdot p\cdot q:\supset:q$

이것은 $(p\supset q)\cdot p\cdot q:\supset:(p\supset q)\cdot q$이 되고, 다시 $(p\supset q)\cdot q:\supset:q$이 된다.

Logic is not a body of doctrine, but a mirror-image of the world. Logic is transcendental.

논리는 교의의 집적이 아니다. 그것은 거울에 맺힌 세계의 상이다. 논리는 선험적이다.

　　　　이 언명 역시 플라톤이나 데카르트의 실재론과 합리론을 정면으로 반박하고 있다. 실재론이나 합리론은 그 기저에 이데아, 공준, 신 등의 제1원리$^{Causa\ Prima}$를 설정하고 거기에서 세계를 존재하게 하는 원리들을 도출해 낸다. 즉 실재론은 '교의의 집성$^{body\ of\ doctrine}$'이다.

비트겐슈타인은 그러한 것은 없다고 말하고 있다. 거기에 있는 것은 명제들뿐이고 이 명제들은 논리의 비준을 받아야 한다. 논리는 손에 쥐어지는 것이 아니다. 그것은 단지 세계 즉 언어의 형식이다. 논리가 철학의 전부이다. 전통적인 철학에서는 형이상학이 모든 학문의 왕이었다. 그러나 비트겐슈타인은 형이상학의 존재를 부정하고 있다. 형이상학의 대상들은 경험의 소여 내에 있지 않기 때문이다.

새로운 철학에서는 논리가 모든 것이다. 그리고 논리는 투명한 것이다. 우리는 그러한 논리가 왜 그렇게 존재해야 하는지 모른다. 그것을 우리가 발명해 내지 않은 것은 분명하다. 우리는 이미 그 세계 속에서 살게 된다. 이러한 의미에 있어 논리는 선험적이다.

6.2

Mathematics is a logical method.

The propositions of mathematics are equations, and therefore pseudo-propositions.

수학은 논리적 방법이다.

수학의 명제는 방정식이며 따라서 사이비 명제이다.

해제　　　비트겐슈타인은 수학 역시도 논리의 숫자에의 적용이라고 보고 있다. 또한, 수학의 명제는 항등식의 형태로 나타나고 항등식은 identity sign(=)에 의해 전개되므로 진짜 명제라기보다는 유사명제라고 보고 있다.

현대 수학은 방정식equation과 항등식identity을 엄격히 다른 개념으로 구분하고 있다. 20세기 중반까지도 항등식은 방정식의 특수한 형태로 생각했다. 그러나 방정식과 항등식은 이를테면 '일반적인 명제'와 '논리 명제'가 다르듯이 다르다. 방정식은 아직 참이 아닌 식이고 항등식은 어떤 경우에나 참이 되는 경우를 말한다. 비트겐슈타인이 방정식이라고 말할 때 그것은 사실 항등식을 가리키고 있다. 논리 명제가 항진명제인 것처럼 항등식도 일종의 항진명제이다. 어떤 상숫값에도 성립하는 방정식이기 때문이다.

6.21

A proposition of mathematics does not express a thought.

수학 명제는 사유를 표현하지 않는다.

해제　　　비트겐슈타인에게 있어 '사유'란 '뜻을 지닌 명제proposition with sense'이다. 수학적 명제는 뜻을 지니지 않는다. 뜻이란 어떤 상황에 대한 논리적 인식이기 때문이다. 수학에 상황은 없다. 수학은 정의와 분석을 동일성 기호로 연쇄시키는 사이비 명제들의 집합일 뿐이다.

Indeed in real life a mathematical proposition is never what we want. Rather, we make use of mathematical propositions only in inference from propositions that do not belong to mathematics to others that likewise do not belong to mathematics.

정말이지 실생활에서 우리는 수학적 명제를 원하지 않는다. 오히려 우리는 수학에 속하지 않는 명제에서 똑같이 수학에 속하지 않는 명제에 이르는 추론에 있어 수학적 명제를 사용할 뿐이다.

───────

해제   수학의 본질에 대한 비트겐슈타인의 견해는 그것 역시 수의 세계에 있어서의 하나의 논리라는 것이다. 논리의 성격을 규명하는 데 있어 가장 중요한 사항은 그것은 우리에게 심어진 '인간적 본능'과 같은 것이란 사실이다. '논리 없는 세계'는 형용모순이다. 논리 없이는 세계가 이미 없고 세계란 이미 논리를 내재하기 때문이다.

수학에도 이와 같은 성격이 있는가? 비트겐슈타인은 있다고 말한다. 그것은 우리가 실생활에서 이미 수학을 추론의 도구로 사용하고 있기 때문이다. 다음과 같은 함수를 생각해 보자.

$$x \xrightarrow{\ f\ } y$$

x를 채용된 사원, y를 생산품의 양으로 정의하자.

이때 $y=x^2+1$로 규정된다고 하자. 우리는 곧 한 명을 채용했을 때 2개를 생산할 수 있다는 사실을 알고, 두 명을 채용했을 때 5개를 생산할 수 있다는 사실을 안다. 우리는 "2명을 채용했다."는 명제에서 "5개의 생산품이 나온다."라는 명제를 추론한다. 누구도 $y=x^2+1$ 등의 방정식을 원하지 않는다. 그러나 "몇 명을 채용한다."는 명제에서 "몇 개의 생산품이 나왔다."는 사실을 추론하기를 원한다. 이것이 수학의 의미^{meaning}이다.

수학은 계량화의 가장 강력한 도구이다.

6.22

The logic of the world, which is shown in tautologies by the propositions of logic, is shown in equations by mathematics.

논리 명제에 의해 항진명제에서 보여지는 세계의 논리는 수학에 있어서는 방정식에서 보여진다.

———

해제   "'$p \cdot q' \supset 'p$'"라는 명제는 논리 명제에 속한다. 항진명제이기 때문이다. 마찬가지로 수학에 있어서의 항진명제는 방정식이다. 여기서 비트겐슈타인은 약간의 혼란을 겪고 있다. 그는 항등식을 방정식의 의미로 쓰고 있다. $(x^3-x^2+x-1)=(x^2+1)(x-1)$이라고 하면 이것은 하나의 항등식으로서 수학 세계의 논리이다. 다시 $ax+bx=(a+b)x$와 같은 항등식도 마찬가지다.

Frege says that the two expressions have the same meaning but different senses. But the essential point about an equation is that it is not necessary in order to show that the two expressions connected by the sign of equality have the same meaning, since this can be seen from the two expressions themselves.

프레게는 두 표현(항등식의 좌변, 우변)이 같은 의미를 갖지만 다른 뜻(sense)을 가진다고 말한다. 그러나 항등식에 관한 본질적인 요점은 동일성 기호(=)에 의해 연결된 두 표현이 동일한 의미를 가진다는 사실을 보여줄 필요가 없다는 것이다. 왜냐하면, 이 사실은 두 표현 그 자체에 의해 보여지기 때문이다.

해제 비트겐슈타인은 먼저 수학이 뜻sense을 가진다는 프레게의 주장을 일축한다. 어떤 명제가 뜻을 가지기 위해서는 그것이 '사실(fact)'에 관한 묘사이어야 한다. 수학은 사실 혹은 사례에 관한 얘기는 아니다. 그렇다면 의미meaning는? 의미와 뜻은 어떻게 다른가? 의미는 '존재의 뜻the sense of being'이라고 할 수 있고 뜻은 묘사description이다.

비트겐슈타인은 동일성 기호에 의해 연결된 두 표현이 같은 의미를 가진다는 사실은 이미 그 기호에 내재해 있기 때문에 따지는 수고를 할 필요가 없다고 말한다. 즉 항등식의 양변의 의미는 각각의 표현 그 자체에 의해 '보여지기' 때문이다. '$ax+bx=(a+b)x$'라는 항등식에 대해 생각해 보자. '$ax+bx$'라는 표현과 '$(a+b)x$'라는 표현이 같은 의미를 갖는다는 사실은 두 표현을 들여다보면 그 각각의 표현에 이미 내재해 있다는 사실을 알 수 있다. 비트겐슈타인의 입장은 이 두 표현의 동일성^{identity}을 안다는 것과 그 표현 자체의 내재적 뜻을 안다는 것은 다르다는 것이다. 그는 항등식으로 뜻을 알 수 없다고 말한다.

이것은 6.2322에서 자세히 밝혀진다.

6.2321

And, that the propositions of mathematics can be proved means nothing else than that their correctness can be seen without our having to compare what they express with the facts as regards correctness.

또한, 수학명제가 증명될 수 있다는 것은 그 명제들의 올바름이 그것들이 표현하는 것을 — 올바름에 관하여 — 사실과 비교할 필요 없이도 보여지는 것에 지나지 않는다.

———

해제 수학 명제의 증명은 실재^{reality}와의 비교에 의하지는 않는다. 수학 역시도 논리와 마찬가지로 단지 형식상의 문제에 지나지 않는다. 수학의 특징은 그 올바름 혹은 그렇지 않음의 판별과 관련하여 우리 경험에 호소하지 않는다는 것 즉 실재와의 비교에 의하지 않는다는 것이다.

6.2322

It is impossible to assert the identity of meaning of two expressions. For in order to be able to assert anything

about their meaning, I must know their meaning, and I cannot know their meaning without knowing whether what they mean is the same or different.

두 표현의 의미의 동일성을 단언하는 것은 불가능하다. 의미와 관련하여 어떤 것에 대해 단언하기 위해서는 그것들의 의미를 알아야 하는바, 그것들의 의미를 알기 위해서는 그것들이 의미하는 바가 같은 것인가 다른 것인가를 알지 못하고는 그것을 알 수 없기 때문이다.

———

해제　　　항등식에 있어서 양변의 의미의 동일성을 단언하는 것이 불가능하다. 두 개의 표현이 같다고 말하는 것은 말 그대로 "같다"일 뿐이다. 그것은 각각의 의미에 대한 탐구가 아니다. 항등식의 두 개의 표현은 같다. 의미가 같다는 사실을 확인했기 때문에 같은 것이 아니라 단지 같을 뿐이다.

어떤 대상에 대해 우리는 그것의 의미를 생각해 볼 수 있다. 그러기 위해서는 물론 그 의미를 알아야 한다. 그러나 우리가 대상의 의미를 안다는 것이 무엇을 의미하는가? 그것은 단지 비교에 의해서일 뿐이다. 어떠한 것이 다른 것과 같은 것을 의미하는가 혹은 다른 것을 의미하는가를 미리 알아야 한다. 즉 하나의 체계 안에 있는 모든 것들과의 비교가 있어야 한다. 따라서 동일성 기호만으로 각각의 의미를 알 수는 없다.

이 시스템에 대한 탐구가 F. 소쉬르의 '일반언어학'이다.

6.2323

An equation merely marks the point of view from which I consider the two expressions: it marks their equivalence in meaning.

항등식은 두 개의 표현을 바라보는 견지를 표시하는 것이다. 그것은 두 표현의 동일성을 표시한다.

해제

    i) $x^3-x^2+x-1=x^2(x-1)+(x-1)$

    ii) $x^3-x^2+x-1=(x+i)(x-i)(x-1)$

    iii) $x^2(x-1)+(x-1)=(x^2+1)(x-1)$

위의 세 표현은 모두 항등식이고 또한 동일한 것이다. 단지 우리는 각각의 정식을 어떤 견지에서 보느냐에 따라 다를 뿐이다.

    i) 의 경우에는 단지 두 식의 나열,

    ii) 의 경우에는 복소수 범위까지의 분석,

    iii) 의 경우에는 실수까지의 분석이다.

여기에서 중요한 하나는 각각의 항등식 양변의 표현이 그 의미에 있어서는 같다는 사실을 말한다는 것이다.

여기서 중요한 것은

1. 동일성 기호는 양쪽의 의미가 같다는 것을 표시한다.

2. 우리는 그 의미에 대해 모른다.

3. 우리가 아는 것은 따라서 형식에 대해서이지 의미에 대해서는 아니다.

[구조주의]

“a와 b가 같다.”는 말과 “a(혹은 b)의 의미를 안다.”는 말은 전적으로 다른 것이다. 어떤 것의 의미를 알기 위해서는 a(혹은 b)가 속해있는 집합 내의 다른 모든 것들과의 차이(그것이 있다면)를 알아야 한다. 동일성만으로 의미를 알 수는 없다.

6.2341

The essential of mathematical method is working with equations. On this method depends the fact that every propositions of mathematics must be self-evident.

수학적 방법의 본질은 항등식으로 작동한다는 것이다. 수학의 모든 명제가 당연히 자명함은 이 (항등식의) 방법에 기초한다.

———

해제　　　본질적으로 수학적 명제는 논증적^{demonstrative}이다. 즉 분석에 의해 항등식으로 전개되어 나간다. 따라서 수학의 명제는 자명한 것이다.

6.24

The method by which mathematics arrives at its equations is the method of substitution. For equations express the substitutability of two expressions, and we proved for a number of equations to new equations, replacing expressions by others in accordance with the equations.

수학이 그 항등식에 도달하는 방법은 대체의 방법이다. 왜냐하면, 항등식은 두 표현의 대체성의 표현이고 우리는 일련의 항등식에서 새로운 항등식으로 진행해간다. 이때 우리는 항등식에 맞추어 표현을 다른 표현으로 대체해간다.

———

해제 $x^3-x^2+x-1=x^2(x-1)+x-1$로 표현된다. 이때 이 둘은 대체관계에 있다. 하나를 다른 하나로 바꿔도 된다.

$x^3-x^2+x-1=x^2(x-1)+x-1=(x^2+1)(x-1)=(x+i)(x-i)(x-1)$의 전개는 위의 언명을 충분히 설명한다.

6.241

Thus the proof of the proposition 2×2=4 runs :

$(\Omega^\nu)^{\mu'}=\Omega^{\nu\times\mu'}xDef.$

$\Omega^{2\times2'}x=(\Omega^2)^{2'}x=(\Omega^2)^{1+1'}x=\Omega^{2'}\Omega^{2'}x$

$=\Omega^{1+1'}\Omega^{1+1'}x=(\Omega'\Omega)'(\Omega'\Omega)'x$

$=\Omega'\Omega'\Omega'\Omega'x=\Omega^{1+1+1+1'}x=\Omega^{4'}x$

2×2=4라는 명제의 증명은 다음과 같다 :

해제 비트겐슈타인은 앞에서 숫자는 승수exponent라고 말했다. 여기서 승수는 횟수repetition를 의미한다. 그것만 고려하면 연속된 항등식의 전개, 곧 대체에 의해 증명이 전개되어 나간다는 사실을 이해할 수 있다.

13:

THE PHILOSO-
PHY
OF
SCIENCE

과학철학

개요   과학에 대한 비트겐슈타인의 철학은 매우 단순하고 선명하다. 이 부분에서 그의 통찰은 '과학의 법칙은 법칙이 아니라 법칙의 한 형식'이라 말할 때 빛을 발한다. 이 언명은 과학을 둘러싸고 벌어지는 논쟁의 핵심과 그 법칙에 대한 우리의 심적 경향성을 날카롭게 짚고 있다.

과학은 물론 '인과율'의 집적이다. 과학자들이 인과율에 대해 말할 때 그들은 이 명제를 명제 위의 명제로 취급한다. 법칙에서 개별적 자연현상을 추론할 수 있다는 것이 인과율에 대한 과학자들의 일반적인 주장이다. 과학자들의 자부심은 이 인과율에 실려 있다. 인과율은 신성하다. 태초에 있었던 것은 빛이 아니라 뉴턴이었다.

이에 대해 비트겐슈타인은

"명백하게 보인다고 해서 그것이 참은 아니다."

라고 말한다. 즉 그 인과율이 아무리 그럴듯하게 보인다고 해서 그 자체로서 참의 보증은 되지 않는다는 것이다. 인과율 역시 경험에 근거를 둔다. 귀납추론은 연역의 토대가 되는 전제를 구축하지 못한다. 귀납추론에 의해 일반화된 명제 역시도 출신 성분에 있어 추론의 토대가 된 그 우연적 사실들과 다르지 않기 때문이다.

비트겐슈타인은 누누이 말하는바 논리 명제proposition of logic만이 참을 보장하는 추론의 토대가 된다고 말하다. 그러나 이 논리 명제는 세계의 사실에 대해 무엇도 말해주지 않는 명제이다. 그것은 단지 분석적 명제이다. 그 명제의 참은 실재와의 대비에 의해서가 아니라 그 자체 내의 구조적 형식에 의해 이미 보장된다. 따라서 과학 명제가 아니다.

과학법칙은 우리의 환상에 지나지 않는다. 우리가 이 환상을 품는 이유는 무엇일까? 그것은 우리가 논리 명제에서 느끼고 있는 완벽성을 지식의 모든 세계에서 원하기 때문이다. 논리 명제는 완결된 항진성을 갖는다. 이러한 측면에서 인과율은 논리가 지닌 형식에 대한 요구에 준한다. 즉 그것은 법칙이 아니라 '법칙의 형식'이다.

"우리는 그것이 무엇이건 과학의 법칙에 대한 선험적 믿음을 가지고 있지는 않다. 그러나 법칙의 가능성에 대한 선험적 지식을 지닌다." 왜냐하면, 거기에 논리 명제proposition of logic가 있기 때문이다. 우리가 과학법칙을 아는 것은 배워야 함에 의하여서이다. 그러나 그러한 것이 있어야 한다는 선험적인 믿음을 가지고 있다. 한 군데(논리 명제)에서 가능한 것이 왜 다른 곳(과학의 세계)에서 불가능한가?

비트겐슈타인은 인과율은 단지 심리적인 문제라고 말한다.

흄 역시도 인과율에 대해 동일하게 규정지었다.

1. 두 사건의 근접성

2. 두 사건의 선후성

3. 두 사건의 발생 양상의 유사성

등이 계속해서 우리에게 각인되어 두 사건을 법칙으로 묶는다고 흄은 말한다. 비트겐슈타인 역시도 과학법칙에 대해 동일한 의견을 보인다. 인과율은 자연에 대한 것이 아니라 우리의 심적 태도에 대한 것이다.

The exploration of logic means the exploration of everything that is subject to law. And outside logic everything is accidental.

논리에 대한 탐구는 법칙에 종속되는 모든 것의 탐구를 의미한다. 그리고 논리 밖에서는 모든 것이 우연적이다.

———

해제   비트겐슈타인이 여기서 "법칙law"이라고 말할 때 의미하는 것은 논리와 수학의 항진성이다. 그는 지금 과학에서 말하는 법칙을 의미하고 있지 않다. 논리는 세계의 형식이다. 그리고 그 형식을 벗어난 것은 (논리의 필연성과는 반대로) 우연적이다. 이것은 매우 중요한 사실이다.

세계와 우리는 무한히 자유롭지는 않다. 거기에는 준수되어야 할 법칙 — 논리라고 말해지는 — 이 있다. 그러나 이 법칙이 준수된다는 가정하에서라면 무엇도 발생할 수 있다. 그때엔 모든 것이 우연이다.

6.31

The so-called law of induction cannot possibly be a law of logic, since it is obviously a proposition with sense. — Nor, therefore, can it be an a priori law.

소위 말하는 귀납법칙은 아마도 논리의 법칙이 될 수는 없다. 왜냐하면, 그것은 뜻을 가진 (with sense) 명제이기 때문이다. 따라서 그것은 또한 선험적인 법칙이 될 수도 없다.

해제 귀납추론은 개별적인 감각적 대상에서 일반화된 개념을 추론하고(사물), 개별적인 사건들에서 역시 일반화된 인과율(사실)을 추론해낸다. 비트겐슈타인이 여기서 'the so-called law of induction'이라고 말할 때는 일반적인 과학법칙을 일컫는 것이다.

"개는 짖는다."라는 명제를 생각해 보자. 이것은 물론 하나의 법칙이고 그 법칙은 또한 귀납추론에 의해 얻어진 것이다. 이때 "개"와 "짖는다."는 것은 이 명제에 뜻sense을 부여하는 단어word들이다. 즉 구체적인 것들이고 감각 인식의 대상이다. 이때 이 명제는 보편적universal이거나 일반적general일 수 없다. 경험의 대상이기 때문이다. 물론 전형적인 실재론자들은 "개"라는 개념은 선험적인 것이라고 말하겠지만, 경험론자의 개념에 대한 입장은 그것은 단지 '경험적 유사성empirical similarity'일 뿐이다.

그렇다면 "proposition without sense"는 어떤 명제인가? 비트겐슈타인은 서슴없이 논리 명제proposition of logic라고 답할 것이다. 논리 명제는 단지 형식에 관한 것이고 따라서 구체적 대상들에서 독립해서 존재하는 것이기 때문이다.

6.321

The law of causality is not a law but the form of a law.

인과율은 법칙이 아니라 단지 법칙의 형식일 뿐이다.

해제 과학철학과 관련한 가장 논쟁적인 주제에 대한 비트겐슈타인의 견해가 나오고 있다. "과학이란 무엇인가?"라는 질문에 대한 전통적인 답변은 "그것은 인과율의 집합이다."이다. 뉴턴의 유명한 만유인력을 예로 들어보자.

$$F = k\frac{M_1 M_2}{R^2}$$

M_1, M_2는 각각 질량을 가진 물체이고 R은 두 물체 사이의 거리, k는 비례상수이다. 이 인과율을 풀어쓰면 간단하게는 두 물체 사이에는 끄는 힘이 존재한다는 것이다. 즉 두 물체와 끄는 힘 사이에는 어떤 관계가 존재한다. 그런데 그 양상은 "두 물체의 거리의 제곱에 반비례하고, 두 물체의 질량의 곱에 비례하는 힘이 존재한다." 는 것이다. 이것이 힘에 관한 하나의 정의이다. 이러한 것이 인과율이다. 과학의 인과율은 수학에 있어서는 함수로 표현된다.

$x \xrightarrow{f} y$의 함수에 대해 생각해 보자. y는 물론 결과이다. x는 독립변수이고 원인을 구성하기 위한 요소이다. 만약 f를 x의 제곱square 더하기 1이라고 정의하자. 그리고 다시 x를 고용 인원, y를 생산되는 제품이라고 간주하자. $y = x^2 + 1$의 함수가 생겨난다. 이것 역시도 인과율에 해당한다. x, y 사이의 인과율이라 할 만하다. 과학의 인과율은 수학의 함수를 닮은 것이다. 자연과학이란 다름 아닌 x와 f에 관한 탐구이다.

그러나 여기에서 수학과 과학의 차이가 감춰져 있다. 수학은 proposition without sense(proposition of logic)에 대한 것이지만 과학은 proposition with sense에 관한 것이기 때문이다. 앞에서 탐구한 바와 같이 proposition with sense는 귀납추론에 의한 것이고 따라서 선험적인 것일 수 없다. 과학의 가장 중요한 기능은 인과율을 설정해서 하나의 사건에서 다른 하나의 사건을 추론^{infer}한다는 것이다. 그렇기 위해서는 인과율의 선험성이 보장되어야 한다. 선험적이어야만 예외 없는 포괄성을 담보할 수 있기 때문이다. 그러나 proposition with sense의 경우 그것이 선험적인 것이 될 수는 없다. 이 문제는 고대 그리스 시대의 소피스트를, 중세 말의 유명론자들(가우닐론, 로스켈리누스, 피에르 아벨라르, 윌리엄 오컴), 근대의 로크, 버클리, 흄 등의 경험론자들, 현대의 프레게, 비트겐슈타인을 비롯한 분석 철학자들에 의해 계속 제기되어 온 것이다.

아주 간단히 "태양은 동쪽에서 뜬다."라는 명제를 예로 들자. 이 명제는 보편적인 것인가? 우리는 물을 수 있다. 이렇게 주장할 근거는 어디에 있냐고. 이에 대해 이 명제의 보편성을 주장하는 사람은 과거의 모든 경험에 관해 말할 것이다. 우리는 즉각 반박할 수 있다. 그렇다고 미래의 태양을 본 것은 아니지 않냐고. "상식에 입각하라."는 답변이 돌아올 것이다. 우리는 다시 한번 반박해야 한다.

"법칙은 상식의 문제는 아니다."

귀납추론이 가진 문제점은 그 추론에 의해 일반화된 법칙이 사실은 '법칙의 형식을 가지고 있지만 법칙은 아니라는 것'이다. 법칙은 논리 명제와 수학적 명제에만 항진명제의 형식으로 있을 뿐이다.

We do not believe a priori in a law of conservation, but rather a priori knowledge of the possibility of a logical form.

우리는 에너지 보존의 법칙에 대해 "선험적으로" 믿지는 않는다. 그러나 논리적 형식의 가능성에 대한 선험적 지식에 대한 믿음을 가지고 있다.

해제　　　비트겐슈타인은 여기에서 인간이 과학에 대해 지니는 심적 태도를 날카롭게 지적하고 있다. 그는 우리는 과학 법칙에 대한 선험적 지식을 가지고 있지는 않지만, 법칙의 가능성에 대한 선험적 지식을 가지고 있다고 말한다.

우리는 논리에 대한 선험적 지식을 지니고 있다. 그 선험적 지식은 물론 세계의 형식에 관한 것이고 따라서 보편적이다. 우리는 세계의 모든 현상을 논리형식의 꼴로 정리하려는 본능적 경향을 가지고 태어난다. 논리와 수학은 사실은 항진적이기 때문에 뜻^sense을 가지지는 않는다. 그것은 단지 형식일 뿐이다. 우리는 뜻을 지닌 명제를 뜻을 지니지 않은 논리형식에 맞추려는 심적 경향을 지니고 태어난다.

칸트는 synthetic a priori knowledge의 가능성을 확신한다. 여기에서 synthetic은 proposition with sense를 의미하고 a priori knowledge는 항진명제 곧 논리형식을 의미한다. 결국, 모든 철학은 "proposition with sense가 a priori 할 수 있는가, 그렇지 않은가?"를 둘러싸고 벌어진다. 이에 대해 비트겐슈타인은 다른 측면에서 접근하고 있다. 그는 당연히

synthetic한 지식이 a priori하지 않다는 전제를 가진다. 이 전제하에서, 그럼에도 불구하고, 이 지식이 법칙의 형식으로 존재하는 이유를 캐낸다. 그는 'synthetic한 지식synthetic knowledge'이 아니라 그것의 존재에 대한 a priori한 믿음에 대해 말한다.

그것은 논리 명제(수학명제)의 존재 때문이다. 우리는 우리의 모든 지식이 논리 명제의 항진성을 가질 수 있다(혹은 가져야 한다.)고 믿기 때문이다. 비트겐슈타인의 이러한 지적은 인간의 심리적 경향성에 대한 지적이다.

6.341

Newtonian mechanics, for example, imposes a unified form on the description of the world. Let us imagine a white surface with irregular black spots on it. We then say that whatever kind of picture these make, I can always approximate as closely as I wish to the description of it by covering the surface with sufficiently fine square mesh, and then saying of every square whether it is black or white. In this way I shall have imposed a unified form on the description of the surface. The form is optional, since I could have achieved the same result by using a net of a triangular or hexagonal mesh. Possibly the use of a triangular mesh would have made the description simpler : that is to say, it might be that we could describe the surface more accurately with a coarse triangular mesh than with a fine square mesh (or conversely), and so on. The different nets correspond to different systems for describing the world. Mechanics determines one form of description of the world by saying that all propositions used in the description of the world must be obtained in a given way from a given set of propositions — the axioms of mechanics. It thus supplies the bricks for building the edifice of science, and it says, 'Any building that you want to erect, whatever it may be, must somehow be constructed with these bricks, and with these alone.'

뉴턴역학은, 예를 들면, 세계의 묘사에 대해 통합된 형식을 부여한다. 불규칙한 검은 점들이 찍혀 있는 흰 표면을 상상하자. 우리는 곧 이 점들이 어떠한 종류의 그림을 만들건 간에 표면을 충분히 섬세한 정사각형 그물코로 덮음에 의해 또한 각각의 정사각형이 검은색 혹은 흰색이라고 말함에 의해 내가 원하는 만큼 가장 근접하게 표면을 묘사해 갈 수 있다고 말한다. 이러한 양식으로 나는, 표면의 묘사에 대해 통합된 형식을 부여하는 것이 될 것이다. 그 형식은 선택적이다. 삼각형이나 육각형의 그물코를 가지고도 동일한 결과를 얻을 수 있었기 때문이다. 삼각형의 그물코의 사용이 (표면의) 묘사를 더 간단하게 할 수도 있었다. : 즉 우리는 성긴 삼각형 그물코로 섬세한 정사각형보다 표면의 묘사를 더 간결하게 할 수도 있었다.(혹은 그 반대일 수도 있었다.)등등... 다른 그물들은 세계를 묘사하는 데 있어 다른 체계에 대응한다. 역학은 세계를 묘사하는 데 사용되는 모든 명제들은 주어진 명제, 즉 역학의 공리로부터의 형식에서 획득된다고 말함에 의해 세계에 대한 하나의 묘사 형식을 결정짓는다. 역학은 그러한 식으로 과학이라는 건조물의 건설을 위한 벽돌을 공급하고는 다음과 같이 말한다. "당신이 짓고자 하는 어떤 건물이든지 — 그것이 무엇이건 — 반드시 이 벽돌로 또한 이 벽돌로만 건설되어야 한다."

———

해제　　　이제 비트겐슈타인은 근대에서 시작하여 현대까지도 교육되고 있는 '역학'의 형이상학적 본질에 대해 말하고 있다. 물론 여기에서의 역학은 대체로 뉴턴역학을 의미하고 있다. 뉴턴역학은 세계에 대해 단일한 설명을 제시한다. 그것은 물론 존재하는 것으로서의 세계는 아니다. 다시 말하면 존재하는 것으로서의 세계의 본질에 대한 탐구는 아니다. 그러한 탐구는 중세가 끝나며 끝났다. 데카르트 이래 존재에 대한 철학자와 과학자의 견해는 무표정한 물리적 대상으로서의 무기물일 뿐이다. 근대역학은 이러한 무기물 ― 유기물도 무기물로 환원시키는바 ― 과 힘과 운동에 대한 학문이다. 여기에서 중요한 것은 힘이다. 힘이 운동의 독립변수이다.

비트겐슈타인은 역학을 "세계를 덮은 일정한 기하학적 형상의 그물코"로 설명하고 있다. 역학의 작동은 일련의 역학 법칙을 세계에 (비트겐슈타인이 '표면'이라고 표현하고 있는) 적용시킴에 의한다. 여기에서 각각의 그물코들은 각각의 대상object에 적용된다.

다시 $F = k\dfrac{M_1 M_2}{R^2}$ 에 대해 생각해 보자. 이것이 이를테면 어떤 단일한 그물코의 그물이다. 우리는 이 법칙(사실은 법칙의 형식인바)을 사용하여 지구의 운동, 금성의 운동 등에 대한 추론을 할 수 있다. 이때 지구, 금성 등등이 표면의 색깔이다. 이것이 근대역학의 체계에 대한 비트겐슈타인의 견해이다.

6.343

Mechanics is an attempt to construct according to a simple plan all the true propositions that we need for the description of the world.

역학은 세계의 묘사를 위해 우리가 필요로 하는 모든 참인 명제를 단일한 계획에 준해 구성하고자 하는 시도이다.

———

해제   뉴턴의 만유인력의 법칙은 우주의 운동에 관한 단일한 법칙이다. 그리고 거기에서 역학의 다른 법칙들이 연역될 수 있다. 물론 뉴턴은 1. 관성의 법칙, 2. $f=ma$, 3. 작용—반작용의 (참이라고 믿어지는) 세 법칙을 통해 우주 전체의 운동을 단일하게 설명할 수 있었고 이것이 만유인력의 법칙이다.

6.3431

The laws of physics, with all their logical apparatus, still speak, however indirectly, about the objects of the world.

물리 법칙은 그 모든 논리적 장치에도 불구하고 여전히 — 아무리 간접적이라 한들 — 세계의 대상들에 대해 말한다.

———

해제   비트겐슈타인은 다른 과학법칙과 논리학에 대한 관계를 대상과 형식 간의 문제로 정리한다. 과학법칙은 논리적 형식을 가지지만 그것은 어쨌건 물적인 세상에 대한 것 — proposition with sense — 이지 순수하게 형식적인 것은 아니라는 것이 그의 논지이다. 예를 들어 x를 '모든 개', f를 "짖는다."로 정의했을 때 $(x).fx$라는 명제가 생겨난다. 이 명제는 확실히 논리적 형식을 취하고 있다. 논리적 형식의 이유는 x의 일반성generality에 있다 즉, x를 모든 개로 규정함에 의해 논리 명제의 특징인 항진성을 획득하기 때문이다. 그러나 이것은 프레게Frege가 말한 바와 같은 '우리 언어의 괴상함 the awkwardness of our language' 때문이다.

'모든 개'라는 것은 없다. 그것이 대상object에 관한 한 모두가 경험의 대상이고 경험에서 모든all은 없기 때문이다. 즉 대상에 관한 한 그것이 아무리 일반화된 형식일지라도 일반화가 있을 수 없기 때문이다.

6.363

The procedure of induction consists in accepting as true the simplest law that can be reconciled with our experiences.

귀납의 과정은 우리 경험들에 들어맞는 가장 간단한 법칙을 참으로 받아들이는 데 있다.

———

해제　　　　귀납추론은 경험의 문제이다. 우리는 어떤 종류의 규칙성을 포착하고 그것과 일치하는 가장 간단한 법칙을 만든다. 우리는 회색의 돌고래들을 경험한다. 그러고는 가장 간단하게 "모든 돌고래는 회색이다."라는 법칙을 선언한다.

여기서 '가장 간단하게'가 바로 '근검의 원리the principle of parsimony'이다. 즉 더 간결한 법칙이 언제나 더 좋다고 말한다.The simpler, the better.

이 법칙은 — 물론 법칙이 아닌바 — 핑크색 고래라는 반례에 곧 부딪힌다.

This process, however has no logical foundation but is only a psychological one. It is clear that there are no grounds for believing that the simplest course of events will really happen.

이 과정은 그러나 단지 심리적인 것으로서 논리적 기반을 지니지 않는다. 그 가장 간단한 사건 과정이 실제로 발생한다는 사실을 믿는 것에 대한 근거는 없다.

해제   귀납추론은 그것이 어떤 많은 모집단에 근거한다 해도 결국은 경험에 관한 것이다. 따라서 이 추론의 결과로 나온 법칙에 대한 우리의 믿음은 논리적(형식적)인 것이라기보다는 (그럼직함에 대한) 심리적인 것이다. 과학 철학자들은 과학법칙의 채택은 그 간결성에 의한다고 말해왔다. 그러나 비트겐슈타인은 간결성과 항진성 사이에 무슨 관계가 있냐고 묻고 있다. 그는 아마도 간결하건 그렇지 않건 과학법칙이라고 말해지는 것은 논리법칙을 법칙이라고 부르는 그 의미에서 법칙은 아니라고 말할 것이다.

6.37

There is no compulsion of making one thing happen because another has happened. The only necessity that exists is logical necessity.

다른 사건의 발생이 어떤 하나의 사건의 발생을 강제하지는 않는다. 존재하는 유일한 필연성은 논리적 필연성일 뿐이다.

해제　　　　이 언명 역시 인과율에 대한 반박이다. 인과율은 "원인이 결과의 발생을 강제한다."는 법칙이다. 그러나 비트겐슈타인은 하나의 사건이 다른 하나의 사건의 발생을 강제할 수는 없다고 말한다. 물론 이것은 상식상의 문제는 아니다. '일출'이라는 사건은 '동쪽에서'라는 사건을 강제한다는 것은 상식상 분명하다. 그러나 논리는 상식상의 문제가 아니다. 논리는 형식의 문제이고 따라서 항진적이어야 한다. 어쨌건 내일의 태양을 보지는 못했다.

따라서 일반적으로 인과율이라 불리는 것은 필연성이라는 속성을 갖지 못한다. 필연성은 항진명제(논리 명제)에만 있을 뿐이다.

6.371

The whole modern conception of the world is founded on the illusion that the so-called laws of nature are the explanations of natural phenomena.

세계에 대한 모든 현대적 개념은 소위 말하는 자연법칙이 자연현상에 대한 설명이라는 착각 위에 기초한다.

———

해제　　　　소위 말하는 자연법칙은 법칙의 자격을 갖지 않는다. 따라서 자연현상을 포괄적으로 설명할 수 없다. 우리의 지식은 우리 경험의 한계로 제한된다. 자연법칙은 기지의 사건에 대한 우리의 경험에 기초하여 만들어졌다. 그러나 이 법칙이 우리 경험을 벗어난 것에 대해 적용될 수 있다는 보증을 받지는 못한다.

우리 지식은 우리 감각 인식의 범위로 한정된다. 그것도 지금 이 순간의 감각 인식으로 한정된다. 심지어 과거의 것조차도 우리의 지식이 아니다. 이미 왜곡되어 있는 지식이기 때문이다.

14:
META-
PHYSICS

형이상학

비트겐슈타인의 형이상학에 대한 정의는 "형이상학은 정의 ^{definition}될 수 없다."는 것으로 시작한다. 따라서 형이상학에 대한 그의 언급은 '형이상학이라고 말해져 온 것들'에 대해서이다. 그는 먼저 명제 사이의 위계는 없다고 말하는바 이것은 세계 전체에 혹은 삶 전체에 이유와 의의를 부여하는 우월한 명제 — 윤리적인 혹은 종교적인 — 의 존재를 인정하지 않는다는 선언이다.

형이상학은 '존재하는 것을 존재하게 하는 제1원리의 탐구(아리스토텔레스)'로 알려져 왔다. 비트겐슈타인은 그러나 제1원리, 제2원리 등이 있다는 사실을 인정하지 않는다. 거기에 있는 것은 사실들^{facts}뿐이고 이것의 총체가 인간 지식이다. 이것을 넘어서는 것은 없다. 만약 전통적인 정의에 의한 형이상학이 있다면 그것은 세계 전체와 삶의 존재의의에 대해 말해야 한다. 세계 전체를 말하기 위해서는 세계 밖에서 세계를 조망해야 한다. 그러나 "내가 나의 세계이다.^{I am my world.}" 어떻게 세계를 벗어나서 세계를 보겠는가? 내가 어떻게 나를 벗어나겠는가?

형이상학은 세계의 필연에 대해 말해야 한다. 제1원리는 필연적인 것이기 때문이다. 그러나 세계는 우연이다. 세계에는 기저^{substance}가 있다. 거기에서 세계의 내용과 형식의 틀이 정해진다. 그로부터 세계의 사건들은 완전히 우연에 처한다. 따라서 세계에 필연은 없다.

"있는 것은 그대로 있고 발생하는 것은 그렇게 발생한다."

필연 역시도 — 만약 그러한 것이 있다면 — 우연의 위에 있는 것이다. 그러나 모든 명제가 등가이듯 발생하는 사건도 등가이다. 어떤 것이 어떻게 언제 발생할지 알 수는 없다.

"과학 법칙에 대한 믿음은 미신이다."

법칙의 체계로서의 자연과학은 존재하지 않는다. 마찬가지로 필연적인 이론의 체계로서의 형이상학은 존재하지 않는다. 형이상학, 윤리학, 미학, 신학, 정치철학 등은 더 이상 지식 체계가 아니다. 그것들의 존재 이유는 — 그러한 것이 있다면 — 스스로가 존재하지 말아야 하는 이유를 밝혀주기 위해서일 뿐이다.

비트겐슈타인은 신앙에 대해 말하지 않는다. 또한, 신에 대해 말하지 않는다. 그는 단지 사람들이 신이라고 부르는 존재에 대해 말한다. 그는 신은 세계에 부재하다고 말한다. 신 역시 거기에 대응하는 상징을 가지지 못하므로 지상 세계에 그 존재를 위한 자리를 가지지 않는다. 따라서 그것 역시도 침묵 속에 지나쳐야 할 대상이다.

비트겐슈타인에게 있어서의 윤리는, 즉 좋은 삶은 '오늘을 사는 삶'이다. 이것만이 유일한 윤리적 지침이다. 그는 '오늘을 사는 것이 영원^{eternity}을 사는 것'이라고 말한다. 이 점에 있어 그의 윤리는 당연히 실존주의자들의 그것과 같다. 원리와 철학이 증발한 삶, 의미와 이유가 증발한 삶, 부조리에 물든 인간 조건 등이 우리의 오늘이다. 그래도 우리에게 순간을 엮어나가는 자유는 주어져 있다.

비트겐슈타인은 '자유의지는 미래가 우연 속에 있기 때문에 가능하다.'고 말한다. 여기에서 그는 전형적인 결정론^{determinism}의 윤리학에 대해 말하고 있고 또한 이점에 있어 결정론을 말하는 오컴의 철학과 맞닿는다.

All propositions are of equal value.

모든 명제는 등가이다.

해제 오컴의 '이중진리설Principle of twofold Truth' 혹은 쿠자누스Nicolaus Cusanus의 '등거리론Equi-distance Theory'에 상당하는 비트겐슈타인 철학 고유의 선언이다.

오컴은 우리 지식에서 보편자 혹은 공통의 본질을 잘라냄에 의해 신과 인간을 갈라놓는다. 이것은 물론 인간을 신에게서 멀리하게 하기 위해서는 아니다. 오히려 반대이다. 그는 신에 대한 인간 지식의 주장이 우리 지식의 보편적 속성을 주장함에 있다는 사실을 간파했다. 개별자를 종합하는 보편적 개념의 발생은 결국 신에게까지 이른다. 그러고는 신의 속성도 인간 지식의 테두리 내에 가둔다.

오컴이 우리 지식에서 보편적 개념에 대한 지식을 잘라냄에 의해 우리는 신에 대한 지식을 주장할 수는 없게 되었다. 거기에 더해 인간 사이의 위계도 사라졌다. 보편개념의 존재는 추상화 정도에 의한 위계를 형성하기 때문이다.

이제 신은 천상에 머무르고 인간은 지상에 머무르게 되었다. 신과 인간 사이에 지식에 의한 계시와 이해는 없게 되었다. 신에 대한 지식은 지식 위의 지식, 즉 일반화된 보편지식이었다.

오컴은 이러한 지식의 위계를 폐기한다. 그것은 신의 폐기를 의미하는 것은 아니다. 단지 신에 대한 인간 지식을 폐기한다. 신에 대해 인간의 언어로 말해서는 안 된다는 것이 그의 요점이었다.

인간의 지식은 오로지 지상에만 미친다. 인간은 지상에 있고 신은 천상에 있다. 인간은 인간의 이유를 신은 신의 이유를 가진다. 둘 사이에 소통은 없다. 인간은 지상의 실증적인 사실에 대해서만 말해야 한다. 따라서 인간의 명제 사이에 위계는 없다.

쿠자누스의 등거리론은 이러한 상황에 대한 과학적 유비이다. 우주에서 선택받은 천체는 없다. 모두 신에게서 등거리에 있다. 마찬가지로 인간 사이에도 위계는 없다. 모두 신에게서 등거리에 있다. 이 등거리는 '신에 대한 무지'라는 거리이다. 누구나 신에 대해 등거리에 있는 것은 누구나 신에 대해 무지하기 때문이다. 따라서 인간은 신을 알 수 없다.

인간은 보편, 영원, 구원, 영혼, 윤리 등에 대해 말하면 안 된다. 그것은 지상적인 것이 아니다. 이 사실을 아는 것이 바로 지知이다. 즉 인간의 가장 고귀한 지식은 그의 무지 — 명제 위의 명제에 대해 모른다는 — 에 대한 지식이다. 이것이 '무지의 지에 대하여De docta Ignorantia'이다.

비트겐슈타인은 세계를 명제의 총체로 간주한다. 명제는 무엇인가에 대한 묘사이다. 명제들 사이에 위계가 없다는 것은 대상들 사이에 위계가 없다는 것을 뜻한다. 이것과 관련해서는 위의 두 철학자에 대한 언급으로 충분하다.

그렇다면 실증적인 것들에 대한 명제 사이에도 위계는 없는가? 여기에서 주의할 사항이 있다. Melody라는 이름의 개가 있다고 하자.

(i) Melody is a dog.

(ii) A dog bites.

위의 두 명제 중 후자가 전자보다 더 높은 위계를 가진다고 생각할 수 있을까? 전자는 '한 마리의 개'에 대한 명제이고, 후자는 '개 일반'에 대한 이야기이다. 일반이 개별자보다 더 상위의 개념이 아닌가? 좀 더 추상화된 명제이므로.

이에 대한 분석철학자들의 대답은 "후자의 명제에 있어서 a dog이란 개념은 선험적으로 존재하는 개념이 아니라 경험에 의한 추상화에 따른 것이다. 즉 그것 역시 자기 경험의 테두리에 있는 개에 관한 것이지 자기 경험을 넘어선 개 일반에 대한 얘기는 아니다. 개 일반이란 것은 없다. 따라서 a dog 역시 개별적인 개들에 대한 것이다. Melody와 a dog의 차이는 전자가 단수인 데 비해 후자가 복수라는 사실에만 있다."이다.

우리는 경험에서 개념을 추출한다. 그러나 추출된 개념은 응고화되어 스스로가 먼저 존재한 듯이 당당하다. 이것이 누차 말하는바 프레게가 말하는 '우리 언어의 괴상함'이다. 개념의 선험성은 착각일 뿐이다. 분석철학에 있어서의 개념concept은 경험적 개념empirical concept이다.

따라서 명제 사이에 위계는 없다. 모든 명제는 끝까지 분석될 경우 결국 요소명제에 닿는다. 이 점에 있어 모든 명제는 등가이다.

The sense of the world must lie outside the world. In the world everything is as it is and happens as it does happen. In it there is no value — and if there were, it would be of no value.

If there is a value which is of value, it must lie outside all happening and being-so. For all happening and being-so is accidental.

What marks it non-accidental cannot lie in the world, for otherwise this would again be accidental. It must lie outside the world.

세계의 뜻은 세계 바깥에 있어야 한다. 세계 내에서는 있는 것은 그대로 있고 발생하는 것은 그대로 발생한다. 세계 안에서는 가치(가치 체계)는 없다.

만약 가치가 있다면 그것은 무가치일 것이다. 만약 가치 있는 가치가 있다면 그것은 모든 발생과 존재 밖에 있어야 한다. 모든 발생과 존재는 우연이기 때문이다.

그것을 비우연적인 것으로 만드는 것은 세계 내에 존재할 수 없다. 그렇지 않다면 이것은 다시 우연적이기 때문이다. 그것은 세계 밖에 있어야 한다.

해제   이 언명은 형이상학에 관한 비트겐슈타인의 의견의 표명이다. 아주 간단히 말했을 때 비트겐슈타인은 "세계 내에 형이상학은 없다."고 말하고 있다. 따라서 형이상학에 준하는 존재론, 인식론, 윤리학, 미학, 신학, 정치철학 등은 세계 내에 존재하지 않는다. 비트겐슈타인은 형이상학을 '가치value'의 문제로 보고 있다. 그의 주장은 무서울 정도로 과격하고 단호하다.

"세계 내에 가치는 없다. 만약 있다면 그것은 사실은 무가치일 뿐이다. 그들은 침묵 속에 지나쳐야 할 것들을 지상에 끌어들이고 있다. 아마도 명예

욕 때문에. 영주가 되고 싶어서. 슬럼가에서."

우리는 세계 자체의 뜻^{sense}을, 즉 세계의 가치^{value}를 알 수는 없다. 우리가 무엇인가의 뜻을 알기 위해서는 그 대상의 바깥쪽에 있어야 한다. 화가가 대상을 묘사하기 위해서는 대상 밖에 있어야 한다. 그러나 우리는 세계 밖에 있을 수 없다. '나 자신이 곧 세계$^{I\ am\ my\ world}$'이기 때문이다.

우리가 세계의 뜻을 안다는 것은 세계가 어떤 필연적 법칙에 따라 운영된다는 것을 의미한다. 그러나 세계 안의 모든 것은 우연이다. 사건과 존재 모두가 우연이다. 세계 내의 존재와 사건은 어떤 필연이나 명령에 따르지는 않는다. 플라톤은 세계 내의 모든 것은 이데아에 준하는 필연성을 지닌다고 말했다. 그러나 그러한 것은 없다.

세계 내에는 가치체계는 없다. 즉 윤리적 의미는 없다. 만약 가치가 있다면 그것은 가치를 위장하고 있을 뿐이다. 왜냐하면 (윤리적) 가치는 하나의 당위를 의미하고 당위는 필연인바 필연은 발생과 존재의 우연성 밖에 있어야 하기 때문이다.

결국, 윤리와 우연은 충돌한다. 이에 따라 '세계 밖'과 '세계 안'도 충돌한다. 윤리는 — 만약 그것이 존재한다면 — 세계 밖에 있어야 한다. 왜냐하면, 윤리는 명령이며 필연이고 따라서 우연의 지배를 받는 세계 안에 자기의 자리를 가질 수는 없기 때문이다. 그것은 세계 밖으로 밀려 나가야 한다. 세계 밖은 침묵 속에서 지나쳐야 할 세계이다.

신과 과학이 폐기된 시대에 우리는 세계의 뜻과 의미에 대해 모르게 되었다. 정언명령과 같은 것은 사라졌으며 인과율과 같은 것도 사라졌다. 그리고 그 자리에 우연만이 남았다. 세계 내에 윤리가 존재하지 않는다는 것 ─ 엄밀히는 존재하지 않는다기보다는 침묵 속에 지나쳐야 하는 것인바 ─ 은 보편적 가치체계의 증발을 의미한다.

"신은 죽었다."

6.42

Hence also there can be no ethical propositions.

Propositions cannot express anything higher.

따라서 윤리적 명제는 있을 수 없다.
명제는 어떤 고차의 것을 표현할 수 없다.

───

해제   명제는 세계 안에 있는 것만을 대상으로 한다. 윤리는 세계 안에 있지 않다. 따라서 윤리적 명제는 없다. 모든 명제는 분석될 경우 결국 요소명제에 닿는다. 그리고 그 요소명제는 실재^{reality}에 대한 것이다. 따라서 모든 명제는 등가이다. 명제 사이에 질적 차이는 없다. 명제는 단지 어떤 사례의 발생과 비발생에 대한 것이고 그것은 우연이다.

이 구체적인 성격의 명제 위에 필연적 성격을 지니는 ─ 의미를 지니는 ─ 명제는 없다. 즉 명제가 다루는 모든 것은 세계 내의 사례라는 점에 있어 더 고차의 것을 다룰 수는 없다. 더 고차의 것은 필연에 관한 것이기 때문이다.

윤리적 명제는 당위를 말한다는 점에 있어 더 고차적인 것이며 필연적인 것이다. 그러나 세계 안에 그러한 것을 위한 자리는 없다.

6.422

When an ethical law of the form, 'Thou shalt ... ' is laid down, one's first thought is, 'And what if I do not do it?' It is clear, however, that ethics has nothing to do with punishment and reward in the usual sense of the terms. So our question about the consequences of an action must be unimportant. — At least those consequences should not be events. For there must be something right about the question we posed. There must indeed be some kind of ethical reward and ethical punishment but they must reside in the action itself.

'그대는 … 해야 한다.'라는 형식의 윤리적 법칙이 놓일 때 우리의 첫 번째 질문은 '그렇게 하지 않는다면 뭐가 어때서?'이다. 그러나 윤리가 그 용어들의 일반적인 의미에 있어서 벌과 보상과 관련되어 있지 않다는 사실은 명백하다. 따라서 행위의 결과에 대한 우리의 의문은 중요하지 않음에 틀림없다. — 최소한 그 결과들은 사건이 되어서는 안 된다. 우리가 제기한 의문에는 무엇인가 중요한 것이 있음에 틀림없기 때문이다. 거기에는 진정으로 어떠한 종류의 윤리적 보상과 윤리적 벌이 있음이 분명하다. 그러나 그것들은 행위 그 자체에 내재해 있어야 한다.

해제   비트겐슈타인은 윤리와 미적 판단ethics and aesthetics은 선험적transcendental이라고 말한다. 따라서 윤리적 명령의 준수 혹은 비준수는 '사건'일 수는 없다. 그것은 단지 행위 그 자체에 내재해 있어야 한다. 다시 말하면 윤리적 행위의 실제적 결과는 없지만 행위 그 자체에 대한 만족 혹은 불만족은 있다.

윤리가 법률과 다른 점은 윤리의 비준수가 어떤 사회적 처벌과 관련되지는 않는다는 점에 있다. 윤리는 사건은 아니다. 그것은 세계 내에 실재reality

를 가지고 있지 않다. 그것은 전적으로 자기 개인의 문제이다. 따라서 그 명령의 준수의 결과 역시도 사건은 아니다.

6.423

It is impossible to speak about the will in so far as it is the subject of ethical attributes.

And the will as a phenomenon is of interest only to psychology.

그것이 윤리적 속성의 (하나의) 주제인 한 의지에 대해 말하는 것은 불가능하다.
현상으로서의 의지는 단지 심리학의 관심이다.

———

해제　　위의 언명은 다시 자아subject 혹은 영혼soul의 부재에 대한 주제와 맺어져 있다. 판단의 주체로서의 자아 혹은 영혼과 같은 것은 없다. "철학의 큰 오류 중 하나는 'I(나)'를 가정했다는 사실에 있다." 형이상학적 주체로서의 자아는 없다. 만약 그러한 것이 있다면 그것은 단지 물질적인 것으로서의 과학(심리학)의 주제일 뿐이다. 이때의 자아는 영혼이 아닌 의지will이다.

만약 의지의 존재로부터 윤리의 존재를 연역한다면 그것은 착오이다. 의지는 윤리와 관련 없다. 의지와 다른 물질과의 질적 차이는 없다. 그것 역시 세계의 사건일 뿐이다. 그것은 단지 과학의 주제일 뿐이다. 우리는 어떤 동물 종의 본성에 대해 탐구하듯 그것에 대해 탐구한다. 그것이 인간이라는 종의 모든 것이기 때문이다.

6.4311

Death is not an event in life: we do not live to experience death.

If we take eternity to mean not infinite temporal duration but timelessness, then eternal life belongs to those who live in the present.

Our life has no end in just the way in which our visual field has no limits.

죽음은 삶의 사건은 아니다. 우리는 죽음을 경험하며 살지는 않는다.

만약 우리가 영원을 무한한 시간적 지속이 아니라 시간의 소멸이라고 간주한다면 영원한 삶은 현재를 사는 사람들에게 주어진다.

우리의 삶은 우리의 시야가 한계를 가지지 않은 것처럼 끝을 지니지 않는다.

———

해제　　《논고》 전체가 하나의 시집이 지니는 아름다움을 지니는바 6.3411처럼 아름다운 시는 없다.

　죽음은 세계 안에 있는 것은 아니다. 우리가 죽음 바깥에 있을 수는 없기 때문이다. 따라서 그것은 사건은 아니다.

　앞에서 비트겐슈타인은 "I am my world."라고 얘기한다. 즉 세계 속에 자신을 편재^{pervade}시키는 삶 외에 다른 삶의 가능성에 대한 신념은 잘못되었다고 말한다.

　시간에 있어서도 마찬가지이다. 나의 순간이 모든 순간이다. 즉 나의 시간을 영원 속에 편재시키면 시간 밖에 있기보다는 시간 속에 있어야 한다. 시간과 관련한 모든 우리의 착각은 우리가 시간 밖에서 시간을 계측하며 산다고 믿는 데에 있다.

우리가 아무리 높이 올라가 아무리 많은 것을 본다고 해도 세계는 우리에게서 벗어난다. 다시 말하면 우리는 세계 밖에서 세계를 볼 수는 없다. 마찬가지로 아무리 긴 시간을 가정한다 해도 혹은 물리적 삶을 아무리 늘린다 해도 영원을 살지는 못한다. 그러나 순간 속에 스스로를 소멸시키면 시간은 사라지고 자신은 영원 속에 있게 된다.

이것은 (공간적) 세계 속에 우리를 소멸시키면 우리가 모든 세계가 되는 것과 같다.

우리를 세계에 편재시키면 우리 시야는 무한대를 향하게 된다. 우리는 모든 곳에 살기 때문이다. 우리가 우리의 시간을 지우고 그것을 단지 시간 속에 편재시키면 우리는 영원한 시간을 얻게 된다.

6.4312

The temporal immortality of the human soul, that is to say, its eternal survival after death, is not only in no way guaranteed, but this assumption in the first place will not do for us what we always tried to make it do. Is a riddle solved by the fact that I survive for ever? Is this eternal life not as enigmatic as our present one? The solution of the riddle of life in space and time lies outside space and time.

인간 영혼의 시간적 불사(immortality), 즉 죽음 이후에도 그것이 영원히 존속한다는 것은 먼저 보장되는 사실도 아니고 우리가 그 가정으로 하여금 그 유효성을 가지게 하려고 애써 온 바로 그것에서 유효하지 않다. 내가 영원히 산다면 그 수수께끼는 풀릴 것인가? 이 영원한 삶도 현재의 우리 삶만큼 수수께끼가 아니겠는가? 공간과 시간 내에 있어서의 삶의 수수께끼에 대한 해답은 공간과 시간 밖에 있다.

———

해제   비트겐슈타인은 '영속적인 삶'이 의미를 가진다면 그것은 '삶의 의미'에 대한 수수께끼의 해결에 있다고 본다. 비트겐슈타인은 죽음에 대한 생물적 두려움에 입각한 불사에의 희망에 대해 말하고 있지 않다. 그는 삶의 의미의 해결이 모든 것의 해결이라고 생각하고 있다.

그는 종교에서 가정되어 온 불사에 대해
첫째로, 확정된 약속도 아닐뿐더러
둘째로, 그것이 실현된다 해도 무의미한 것이라고 말하고 있다.

불사의 존재가 된다면 삶이 무엇이고 무엇을 위한 것인가를 알게 될 거라는 가정을 하지만 그렇다 해도 그것을 알기는 불가능하기 때문이다. 영원히 산다 해도 삶의 수수께끼는 풀리지 않는다. 영원한 삶 역시도 현재의 우리의 삶의 연장에 지나지 않는다. 그것 역시 공간과 시간 내에 — 즉 세계 안에 — 있다. 그러나 삶의 해명은 공간과 시간 바깥에 있다. 삶의 의의는 그 삶을 사는 사람에게는 알려지지 않는다. 삶 바깥에서 그것을 볼 수 없기 때문이다.
따라서 영원한 삶은 쓸모없다.

6.432

How the world is, is completely indifferent for what is higher. God does not reveal himself in the world.

세계의 양태 — 세계가 어떠어떠하다는 것 — 는 더 고차적인 것들에 대해 완전히 무관심하다. 신은 세계에 스스로를 계시하지 않는다.

해제   비트겐슈타인은 거듭해서 명제의 등가성과 가치의 부재의 관련성에 대해 말하고 있다. 세계는 이러저러하다. 그러나 그 이러저러함에 고차적인 명제(형이상학적 명제)는 포함되지 않는다. 신학적 명제 역시 더 고차적인 명제임을 자처한다. 실증적인 것을 넘어서는 것, 즉 신에 대한 얘기이기 때문이다. 그러나 세계 안에는 더 고차적인 명제가 없는 것처럼 신도 없다.

위의 언명은 신앙을 무의미로 만들기 위한 것은 아니다. 단지 신은 지상 세계에 모습을 나타내지 않는다는 언명이다. 비트겐슈타인은 신에 대해 말하지 않고 신에 대한 언명에 대해 말하고 있다. 어떤 사람들은 신에 대해 많은 것들을 말한다. 그러나 신은 공간과 시간 내에 존재하지 않는다. 따라서 신에 대해서는 침묵해야 한다. 신앙은 있을 수 있지만 신학은 없다. 신과 윤리에 대한 비트겐슈타인의 유일하게 유의미한 언명은 "그것은 우리의 심적 경향성이다(철학적 탐구)."이다.

6.44

It is not how things are in the world that is mystical, but that it exists.

신비스러운 것은 세계의 사물들이 어떠하다는 것이 아니라 세계가 존재한다는 것이다.

———

해제   세계가 주어져 있다면 "어떻게" 주어진다. 이것은 당연하다. 그러나 애초에 세계가 주어진다는 사실 자체는 매우 신비스러운 것이다. 여기서 "어떻게"는 시간과 공간 내의 사건이지만 세계 자체를 존재하게 만드는 것은 세계 밖의 무엇이기 때문이다.

6.5

When the answer cannot be put into words, neither can the question be put into words.

The riddle does not exist.

If a question can be framed at all, it is possible to answer it.

답변이 언어로 표현될 수 없다면 질문 또한 언어로 표현될 수 없다.

수수께끼는 존재하지 않는다.

질문이 어떤 식으로든 구성될 수 있다면 그것에 대한 답변 역시 가능하다.

———

해제   비트겐슈타인은 탐구 대상을 두 영역으로 한정한다. 하나는 논리 명제이고 다른 하나는 일반명제이다. 전자는 논증적 혹은 수학적 항진명제에 대한 것이고 후자는 경험적 사실에 대한 것이다. 이것 외에 우리에게 주어진 것은 없다. 따라서 우리에게 답변 없는 질문은 있을 수 없다. 일반적인 명제는 실재와 비교되면 언제든 답변 가능하고 논리 명제는 그 존재 자체가 답변이기 때문이다.

6.51

Scepticism is not irrefutable, but obviously nonsensical, when it tries to raise doubts where no questions can be asked.

For doubt can exist only where a question exists, a question only where an answer exists, and an answer only where something can be said.

회의주의가 반박될 수 없지는 않다. 그것이 어떤 질문은 물어질 수 없는 곳에서 의심을 제기할 때 명백히 말이 안 될(nonsensical) 뿐이다.

의심은 질문이 존재하는 곳에서만 존재하고, 질문은 답변이 있는 곳에서, 답변은 무엇인가 말해질 수 있는 곳에서 존재하기 때문이다.

———

해제　　　회의주의에 대한 비트겐슈타인의 답변이다. 이 답변을 간단히 요약하면 "회의주의는 말해질 수 없는 영역, 곧 시간과 공간을 벗어난 영역에 대한 의심을 품기 때문에 그 자체가 모순이다."라는 것이다.

여기서 비트겐슈타인은 회의주의자가 제기하는 질문에 대한 나름의 답변을 함에 의해서가 아니라 오히려 회의주의 그 자체의 존재 이유가 있느냐는 반박을 함에 의해 회의주의를 극복한다.

회의주의자들은 인간 지식의 가능성에 대한 의문을 제기한다. 비트겐슈타인은 '인간 지식'에 대한 정의를 앞에서 말한 경험적 명제와 논리 명제로 제한한다. 물론 그가 명시적으로 이것과 관련한 언명을 하지는 않았다. 그러나 《논고》와 《탐구》 전체에 걸쳐 이 두 개의 지식만을 지식으로 인정한다. 회의주의자들의 회의는 이 둘을 벗어난 것들에 대한 인간 지식의 가능성에 관한 것이다.

비트겐슈타인은 이것이 초점을 벗어난 것이라고 말한다. 회의주의자들은 인간 지식의 가능성이 없는 것에 대한 의심을 제기한다. 그러한 질문 자체가 '침묵 속에서 지나쳐야 할 답변'을 강제한다. 그러고는 그 답변이 근거 없다고 말할 준비를 하고 있다. 우리는 "당신은 제기하지 말아야 할 질문을 하고 있소."라고 말해야 한다.

모든 질문과 답변은 실증적인 것과 논리 명제에 대해서만 가능하다. 이것이 '말해질 수 있는 것^{what can be said}'이다.

6.52

We feel that even when all possible scientific questions have been answered, the problems of life remain completely untouched. Of course there are then no questions left, and this itself is the answer.

모든 가능한 과학적 의문이 해결되었을 때에도 우리는 삶의 문제가 완전히 취급되지 않은 채로 남겨져 있다고 느낀다. 물론 이때 어떤 의문도 남아있지 않게 되고 이것 자체가 (삶의 문제에 대한) 답변이다.

비트겐슈타인이 과학이라고 말할 때 그것은 사태^{state of affairs}의 발생과 비발생의 총합이다. 즉 우리의 실증적인 감각이 포착하는 사실들이다. 이것들에 대한 완전한 탐구가 있다 해도 삶의 의미, 삶의 목적, 삶의 이유 등에 대한 의문은 답변되지 않는다.

중요한 것은 이때 의문 자체의 증발이 있다는 것이다. 삶의 문제는 과학적 탐구의 유무와 관계없이 거기에 존재한다. 과학적 탐구가 끝났을 때 우리가 더 이상 할 수 있는 것은 없다. 그때에 비로소 삶의 문제는 탐구될 수 없다는 사실을 깨닫는다. 그리고 이것 자체가 삶의 문제에 대한 답변이다. 의문 자체가 무의미했다.

6.521

The solution of the problems of life is seen in the vanishing of the problems.

삶의 문제에 대한 해결은 그 문제에 대한 사라짐에서 보여진다.

해제 이것의 해제는 앞의 명제에 있다.

The correct method in philosophy would really be the following: to say nothing except what can be said, that is, propositions of natural science — that is, something that has nothing to do with philosophy — and then, whenever someone else wanted to say something metaphysical, to demonstrate to him that he had failed to give a meaning to certain signs in his propositions. Although it would not be satisfying to the other person — he would not have the feeling that we were teaching him philosophy — this method would be the only strictly correct one.

철학의 올바른 방법은 정말이지 다음과 같을 것이다: 말해질 수 있는 것 즉 자연과학의 명제 즉 철학과는 관련 없는 어떤 것 외에는 말하지 말 것. 그리고 누군가가 형이상학적인 것을 말하려 할 때마다 그에게 그의 명제에 어떤 기호에 의미를 부여하는 데에 있어 그가 실패했다는 것을 보여주는 것이다. 비록 이것이 다른 사람에게 불만족스러울지라도 — 그는 우리가 그에게 철학을 가르치고 있다고는 느끼지 않을 것이다 — 이 방법이 유일하게 올바른 (철학하는) 것이다.

해제   '말해질 수 있는 것'은 앞에서도 말한 바와 같이 사실의 총체이고 따라서 자연과학의 명제들이다. 비트겐슈타인은 올바른 철학적 방법은 무엇을 함에 의해서가 아니라 무엇을 하지 않음에 의해 가능하다고 말한다. 즉 실증적 사실을 벗어난 어떤 것에 대해서도 말하지 않는 것이 먼저 올바른 철학적 태도이다. 다음으로는 다른 누군가가 실증적 사실을 벗어난 무엇인가에 대해 말할 때, 즉 (전통적으로) 철학으로 간주되는 것에 대해 말할 때, "당신이 ~라고 말할 때, ~의 의미는 무엇입니까?"라고 먼저 묻고 다음으로

는 "당신의 ~는 거기에 대응하는 상징symbol을 지니지 못한 공허한 기호입니다."라고 말해주는 데에 있다. 즉 그에게 그가 묘사하는 명제의 어떤 기호들이 공허하다는 사실을 밝혀주는 데에 있다.

물론 공허한 수사를 멋진 철학으로 알아온 많은 사람들은 이러한 태도를 매우 냉소적인 태도로 간주하면서 불편해할 것이다. 그러나 이 양식 외에 철학의 양식은 없다.

6.54

My propositions serve as elucidations in the following way; anyone who understands me eventually recognizes them as nonsensical, when he has used them − as steps − to climb up beyond them. (He must, so to speak, throw away the ladder after he has climbed it up.) He must transcend these propositions, and then he will see the world aright.

나의 명제는 다음 양식으로 설명(해명)들로 작동한다: 누구라도 나를 이해하는 사람들은, 그것들 자체를 넘어서는 계단으로 나의 명제들을 사용했을 때 그것들이 말도 안 된다 (nonsensical)는 것을 인식할 것이다. (그는 이를테면 사다리를 오른 후 그것을 멀리 치워야 한다.) 그는 이 명제들을 초월해야 한다. 그때에야 그는 세계를 올바르게 보게 된다.

———

해제 "도를 도라 할 때 이미 도가 아니다."라는 장자의 말에 대응하는 언명이다. 비트겐슈타인은 논리는 보여 지는 것이지what must be shown 말해지는 것은 아니라고 내내 말해왔다. 하지만 그는 논리에 관련한 명제들에 대해 계속 말해왔다. 이것은 모순이다. 비트겐슈타인은 이 모순에 대한 예비된 지적에 대해 나름의 예비 된 답변을 내놓고 있다. 그는 모든 것을 내려놓는다. 이것은 마치 "모든 크레타인은 거짓말쟁이이다."라고 말하는 한 명의 크레타 인에 대한 얘기와 같다.

비트겐슈타인은 자기의 명제가 nonsensical하다고 말한다. 보여져야 하는 것을 말할 때 그것은 nonsensical하기 때문이다. 비트겐슈타인은 "단지 묘사하라. 설명하지 말라."고 말한다. 《논고》는 생각에 관한 것이다. 그러나 자기 철학의 전개를 위해 보여져야 할 것을 말하는 것은 불가피하다.

또한, 이 세계에 누구도 논리형식 바깥에 있을 수 없다. 그럼에도 스스로는 논리형식에 대해 말해왔다. 따라서 자신의 명제들을 따라와서 그것들을 이해한 사람들은 다시 스스로를 세계 속에 소멸시켜야 한다. 여태까지의 탐구는 단지 방법론적인methodological 것이었다. 이것이 사다리를 치우는 것이다.

7.

What we cannot speak about we must pass over in silence.

말할 수 없는 것에 대하여는 침묵 속에서 지나쳐야 한다.

해제　　　　누누이 말한 바와 같이 실증적 사실 외에는 어떤 것에 대해서도 말할 수 없다. 논리적으로 설명하면 대응하는 대상을 갖지 못한 기호를 포함하는 명제는 말해지면 안 된다.

이에 따라 전통적인 철학은 소멸하게 된다. 거기에는 존재론, 인식론, 미학, 윤리학, 신학 등등이 포함된다. 우리는 철학에 대해 침묵해야 한다. 이것만이 철학적인 삶의 태도이다.

이제 세계는 삼등분된다.
1. 말해질 수 있는 것what can be said
2. 보여지는 것what must be shown
3. 침묵 가운데 지나쳐야 하는 것what should be passed over in silence

이 세 개의 세계 중 1번과 2번 세계가 비트겐슈타인의 say/show distinction의 주제이다. 말해질 수 있는 세계는 물론 proposition with sense이다. 그것은 실증적인 세계로서 과학의 세계이다.

2번의 보여져야 하는 세계가 논리의 세계이다. 이 세계는 물론 말해질 수 없다. 무엇인가에 대해 말하기 위해서는 우리는 그 밖에 있어야 하지만 논리 밖에는 있을 수 없다. 왜냐하면, 논리는 곧 우리 자신이기 때문이다. 우리 자신이 우리 자신 바깥에 있을 수는 없다. 우리가 우리 자신에 대해 말할 수 없는 이유는 여기에 있다. 이 세계의 존재는 우리의 언어가 어떤 종류의 형식을 따른다는 사실로 확인된다. 즉 그것이 무엇인가에 대해서 말할 수는 없지만, 그 존재는 확실하다고 말할 수 있다. 이것이 논리이며 이 책은 주로 그것에 관한 탐구이며 설명이다.

세 번째의 침묵의 세계는 이를테면 의미의 세계이다. 우리는 항상 의미로 덕지덕지 덮인 언어를 사용하고자 하는 유혹에 노출된다. 의미는 먼저 선험적인 개념의 존재를 전제한다. 그러고는 철학과 신학으로까지 자신의 영역을 넓혀 나간다. 이 영역은 그러나 세계 내in the world에 자신의 영토를 가지고 있지 않다. 세계 내에 존재하기 위해서는 그것들이 반드시 propositions with sense, 즉 실증적 대상 — 비트겐슈타인의 표현으로는 objects — 이어야 한다. 즉 내포하고 있는 기호에 대응하는 실재reality를 가져야 한다. 그러나 이 명제들은 그것을 가지고 있지 않다. 따라서 세계 밖에 속하는 것이며 우리는 이것에 대해 말할 수 없다.

중요한 것은 분석철학이 이 존재를 부정하지는 않는다는 것이다. 물론 긍정도 하지 않는다. 단지 모른다는 것이다. 이러한 통찰은 상당한 의미를 지닌다. 신앙이나 윤리의 존재에 대해 말하는 것 이상으로 그 부존재를 말하는 것도 오류이기 때문이다. 중요한 것은 밀어내는 것이다. 그것들이 세계 내에 들어와 자기의 영역을 주장하면 우리는 그것을 세계 밖으로 밀어내야 한다.

오컴은 그의 《논리 총서Summa Logicae》를 통해서 이중진리설을 말한다. 그리고 천상의 진리에 대해서 우리가 알 수 있는 것은 없다고 말한다. 비트겐슈타인도 이와 동일한 것을 말하고 있다. 단지 두 철학자의 중심의 위치가 다를 뿐이다. 오컴은 중심을 하늘에 놓고 비트겐슈타인은 지상에 놓는다. 오컴의 논리학은 신을 구원하기 위한 것이었고 비트겐슈타인의 논리학은 삶을 구원하기 위한 것이었다.

비트겐슈타인은《철학적 탐구》에서 말한다.

"Die Philosophie ist ein Kampf gegen die Verhexung unseres Verstandes durch die Mattel unserer Sprache."

"철학은 언어에 의한 우리 지성의 현혹에 대항하는 싸움이다."

확실히 그렇다. 우리 언어는 논리형식의 옷을 입은 채로 때때로 무의미한 기호를 포함하는 언명을 한다. 이것이 언어에 의한 지성의 현혹이다. 많은 사람들은 우리 언어가 멈춰야 하는 경계선을 모른다. 나쁜 철학자들 역시도 그것을 모른다. 그들은 현란한 언어로 '침묵 속에 지나쳐야 할 것들'에 대해 말한다. '황금, 자만심, 허영의 질병에 걸린 채로(트리스탄 차라).' 그들은 '빈민가의 영주들slum landlords'이다.

비트겐슈타인은 세계 밖에 있는 것들에 대해 의미심장하게 말하는 사람들에게 실증적인 것만을 말하라고 권하고 있다. 고상한 세계 — 명제 위의 명제의 세계 — 는 불모의 땅이지만 눈에 보이는 소박한 세계는 풍요로운 대지이다. 그 어리석음이라고 말해지는 세계야말로 거짓과 거드름과 허위의식에서 자유로운 세계이다.

WITTGENSTEIN
TRACTATUS REVIEW